通貨・貿易の問題を考える

現代国際経済体制入門

野崎久和

日本経済評論社

はしがき

　拙著『国際経済システム読本——国際通貨・貿易の今を考える』(梓出版, 2008年) を上梓して早6年が経つ．この6年間に，国際通貨・貿易の世界では，リーマン・ショックを契機とした世界金融危機やユーロ危機の勃発，世界貿易機関 (WTO) ドーハ・ラウンドの頓挫・停滞，環太平洋パートナーシップ協定 (TPP) の進展等々，重大な出来事が相次いだ．本書は，前述した拙著を改訂・アップデートする一方，新たに起こった世界金融危機，ユーロ危機，TPPなどに関して詳述を加えた．

　本書の目的は，現代の国際通貨貿易問題を考える上で必要となる基本的な事項を，国際通貨貿易体制の歴史的な側面を踏まえながら論じることにある．そして，そうした目的に沿うように，本書の構成は全3部10章とした．まず，第I部「戦後国際通貨貿易体制の確立」は2章からなり，現代の国際通貨貿易体制の礎となった「IMF・GATT体制」に焦点を当てる．第1章「IMF・GATT体制の構築」では，第2次世界大戦の勝者である連合国の中心的な存在であったアメリカ合衆国が，どのような「戦後構想」のもとにIMF・GATT体制を構築したのか，その背景にはどのような要因があったのかを考察する．第2章「冷戦の勃発とIMF・GATT体制」では，終戦直後に米ソ冷戦が勃発・拡大したことを契機に，アメリカが西欧諸国と日本に積極的な経済・軍事支援を行った結果，日欧が戦後復興を果たし，IMF・GATT体制の本格的なメンバーとなったこと，そしてIMF・GATT体制が「パックス・アメリカーナ」と呼ばれる「アメリカの平和」の経済的な礎になったことを論じる．

　第II部「国際通貨体制」は4章からなる．第3章「IMF体制」では，まずIMF体制の特徴と問題点を論じる．IMF体制は金ドル本位制と固定相場

制を柱に比較的安定した国際通貨体制となり，西側諸国の経済発展に大きく寄与した．しかし，そのIMF体制も1970年代に入り，基軸通貨である米ドルに対する信認の低下を契機に崩壊したことを次に論じる．IMF体制の崩壊とともに，主要国は変動相場制に移行し，各国通貨の為替相場は常時変動するようになった．第4章「変動相場制」では，為替相場の変動要因に触れ，変動相場制の下，為替相場の変動が経済にどのような影響を及ぼすようになったのかを考察する．第5章「通貨危機」では，IMF体制の崩壊後，多発するようになった通貨危機に関し，特にその代表例として1992年の英ポンド危機と1997年のアジア危機について論じる．また，そうした通貨危機に対しその後どのような対応策が取られてきたのかを考察する．第6章「米ドル，ユーロの動向と国際通貨体制の今後」では，まずその信認の低下がIMF体制崩壊の原因となった米ドルが，皮肉にも変動相場制の下，「ドル本位制」と呼ばれるほどにその役割が「復権」したことを述べる．しかし，ドル本位制も2008年のリーマン・ショックを契機としたアメリカ発の世界金融危機・経済危機で揺らいだが，そうした危機がなぜ生じ，ドルにどのような影響があったのかを考察する．そして，IMF体制下，ドル危機のたびに域内経済・為替情勢が多大な影響を受けた欧州諸国が，長年のプロセスを経て1999年に単一通貨ユーロの導入に漕ぎ着けたことに触れる．そのユーロ体制も，2010年以降ギリシャなど財政不安国の政府債務問題を契機に，ユーロ危機と言われるような事態に陥っているが，その背景・問題点について論じる．そして，章の締めくくりとして，今後の国際通貨体制に関して考察を行う．

　第III部「国際貿易体制」も4章からなる．第7章「GATT体制」では，戦後の国際貿易ルールを司ったGATT体制に関し，その主な特徴を論じる．第8章「保護主義の台頭」では，GATT体制の下，各国の関税率が大幅に下がり，関税引き下げが国際貿易の拡大に大きく寄与したが，その一方で世界各国で台頭してきた保護主義につきアメリカを中心に考察する．第9章「WTO体制」では，アメリカをはじめ世界的に広がった保守主義に対抗し

自由貿易を発展・維持させるために，GATT を発展拡大して構築された WTO について概観し，WTO 最初の多角的貿易交渉であるドーハ・ラウンドが頓挫・停滞してきたことを論じる．第 10 章「自由貿易協定の急増・拡大」では，GATT・WTO ラウンドの難航もあって，1990 年代以降急増するようになった自由貿易協定（FTA）に関して考察する．そして，とりわけ日本の場合を例に取り上げ，国論を二分するほどにまでなった TPP 協定に関して詳述する．

以上の論点を通じて，現代の国際通貨貿易体制の基本をご理解いただき，通貨・貿易の世界で起こっている様々な出来事に関心を持っていただければ，筆者にとって望外の喜びである．なお，本書では TPP のように流動的で現在進行形の事項も多数扱っており，現時点（2014 年 1 月）で利用可能な情報を盛り込んだつもりである．しかし，読者が本書に接せられる時には，本書の内容が既に時代遅れになっている可能性もあろうが，その際は何卒ご容赦願いたい．

本書は，筆者がこれまで実に多くの方々から賜ったご指導・ご鞭撻の産物である．こうした方々のお名前をすべて記すわけにはいかないが，とりわけ次の方に御礼を申し上げたい．まず，筆者がイギリスのワーリック大学大学院留学中に指導していただいた当時国際学部長のロバート・スキデルスキー名誉教授（一代貴族），ケンブリッジ大学大学院のレズリー・ジェイムズ先生．丸紅株式会社調査部勤務時の上司であった故井上宗迪元国際福祉大学教授．そして，今般の「社会・経済を学ぶ」シリーズ出版のご手配を頂き，筆者にも参加を呼び掛けていただいた小田清北海学園大学経済学部教授と，日本経済評論社にあって本書の出版の労をとっていただいた清達二氏に，さらに学生の立場から本書を熟読し校止も手伝ってくださった伊藤亜惟さん（北海学園大学大学院経済研究科在学）に感謝申し上げたい．

目次

はしがき … iii
図表一覧 … xii
略語一覧 … xiv

第Ⅰ部　戦後国際通貨貿易体制の確立

第1章　IMF・GATT体制の構築 …… 3

1. アメリカの戦後構想とIMF・GATT体制 … 4
   (1) 国際連合　4
   (2) IMF・IBRD　6
   　コラム　IMF・世界銀行と日本人職員　9
   (3) GATT　10
2. IMF・GATT体制構築の背景 … 11
   (1) アメリカの大義　11
   (2) アメリカの国益　15
   (3) アメリカのリーダーシップの源泉　16

第2章　冷戦の勃発とIMF・GATT体制 …… 21

1. アメリカの対西欧支援 … 23
   (1) 冷戦の勃発　23
   (2) マーシャル・プランとNATO　24
   　コラム　冷戦の象徴：ベルリン　27
   (3) 西欧の経済統合　29
2. アメリカの対日支援 … 30

(1)　単独講和・日米安全保障条約　30
　　　(2)　経済復興　33
　　　(3)　IMF・GATT 体制への参画　34
　3.　パックス・アメリカーナの確立　　　　　　　　　　　　　　37

第 II 部　国際通貨体制

第3章　IMF 体制　47

　1.　金本位制　　　　　　　　　　　　　　　　　　　　　　　51
　　　(1)　金本位制の成立　51
　　　(2)　金本位制の利点と問題点　52
　　　(3)　イギリスの役割と金本位制の崩壊　55
　2.　IMF 体制　　　　　　　　　　　　　　　　　　　　　　　56
　　　(1)　IMF 体制の特徴　57
　　　(2)　IMF 体制の問題点　59
　　　(3)　IMF 体制の崩壊　60
　　　　コラム　もう1つのニクソン・ショック　63

第4章　変動相場制　67

　1.　為替変動の要因　　　　　　　　　　　　　　　　　　　　68
　　　(1)　為替相場決定理論　68
　　　(2)　為替変動の要因　71
　　　(3)　為替市場のプレイヤー　72
　2.　為替変動の経済・企業活動への影響　　　　　　　　　　　76
　3.　変動相場制の種別　　　　　　　　　　　　　　　　　　　78
　　　　コラム　為替相場制度　79
　4.　変動相場制の功罪　　　　　　　　　　　　　　　　　　　80

第 5 章　通貨危機……………………………………………………… 83

 1.　通貨危機の頻発　　　　　　　　　　　　　　　　　　　　83
  (1)　ポンド危機（「通貨戦争」）　84
  (2)　アジア危機　86
 2.　通貨危機への対応策　　　　　　　　　　　　　　　　　　　88
  (1)　IMF 支援とワシントン・コンセンサス　88
  (2)　アジア危機後の対応策　91

第 6 章　米ドル，ユーロの動向と国際通貨体制の今後……………… 97

 1.　「ドル本位制」　　　　　　　　　　　　　　　　　　　　　98
  (1)　石油危機　98
   コラム　中東戦争　100
  (2)　アメリカにおける金融イノベーション・金融自由化の進展　103
  (3)　アメリカ経済の再生　108
 2.　アメリカ発世界金融危機・経済危機　　　　　　　　　　　111
  (1)　世界金融危機　111
  (2)　世界経済危機　116
 3.　ユーロ誕生とユーロ危機　　　　　　　　　　　　　　　　117
  (1)　ユーロ誕生　117
  (2)　ユーロ危機　122
 4.　新たな通貨引き下げ競争？　　　　　　　　　　　　　　　129
 5.　国際通貨体制の今後　　　　　　　　　　　　　　　　　　133
  (1)　続く変動相場制　133
  (2)　基軸通貨の今後　135

第 III 部　国際貿易体制

第 7 章　GATT 体制 ……………………………………………… 143

1. 最恵国待遇・内国民待遇・数量制限の禁止　143
   - (1) 最恵国待遇　143
   - (2) 内国民待遇　145
   - (3) 数量制限の一般的禁止　145
     - コラム　日本初のセーフガード暫定措置　147
2. 関税引き下げ　148
3. 多角主義　151
   - コラム　アンチ・ダンピング　152

第 8 章　保護主義の台頭 ………………………………………… 154

1. 主な貿易理論　154
   - (1) リカードの「比較生産費説」(1817 年)　154
   - (2) 産業内貿易・企業内貿易　157
   - (3) プロダクト・ライフ・サイクル論　157
2. 保護主義　159
   - (1) 保護主義のプロセス　159
   - (2) 保護主義の手段　162
3. アメリカの通商政策　167
   - (1) 非関税障壁の拡大　168
   - (2) アメリカの通商法　172
   - (3) 日米 2 国間協議　173
   - (4) 地域主義指向　179
   - (5) GATT・WTO 体制からの転換　179

第9章 WTO体制 …… 182

1. WTO設立の背景　182
2. WTO協定書　183
3. WTOの目的と基本原則　185
4. WTOの意義・特徴　187
   - (1) 法人格化　187
   - (2) 対象分野の拡大　188
   - (3) 一括受諾方式の採用　192
   - (4) 紛争解決機能の大幅な拡充　192
   - (5) WTOルールの確定化　193
5. WTOドーハ・ラウンド　193

第10章 自由貿易協定の急増・拡大 …… 199

1. FTAの急増　199
   - コラム　地域統合の類型　200
2. 世界の主要なFTAの動向　202
   - (1) 欧州　202
   - (2) アメリカ　203
   - (3) アジア諸国　206
   - (4) その他諸国　207
3. 日本のFTA・EPA政策　208
   - (1) 日本のFTA・EPAの現状　208
   - (2) 日豪EPA　211
   - (3) 環太平洋パートナーシップ協定　212
   - (4) 日中韓FTAとRCEP　219
   - (5) 日EU・EPA　221
4. FTAの効果とWTOとの関係　221

(1) FTAの効果　221
　　(2) FTAとWTOとの関係　222

参考文献　225
あとがき　229
索引　231

図表一覧

表 1-1　国際金融通貨機構を巡る米英案の比較
表 1-2　戦前の悪しき通貨・通商政策と IMF・GATT 体制
表 2-1　西欧諸国・日本の IMF・GATT 自由化条件の充足時期
表 3-1　日本の国際収支表
表 3-2　金によるアメリカの対外短期債務カバー率
表 3-3　アメリカの国際収支表（1963-71 年）
表 5-1　1990 年代以降の主な通貨危機
表 5-2　IMF を軸とした国際金融支援パッケージ
表 6-1　1 人当たりの実質 GDP の年平均伸び率（日米独比較）
表 6-2　世界の公的外貨準備における各通貨のシェア
表 6-3　世界の銀行外貨建て資産・国際債発行残高における各通貨のシェア
表 6-4　2008 年の主たる米金融機関の経営危機・破綻
表 6-5　世界各国の実質 GDP 成長率の推移
表 6-6　欧州における通貨統合の歴史
表 6-7　財政赤字・政府債務残高の対 GDP 比率
表 6-8　財政不安国のデフォルトが各国銀行に及ぼす衝撃度
　　　　（損失規模の自己資本に対する比率，2011 年）
表 6-9　各国の実質 GDP 成長率と失業率
表 6-10　各国の ESM 拠出額のシェア
表 7-1　国別セーフガード発動件数
表 7-2　GATT ラウンド一覧表
表 8-1　ワインとラシャの生産に要する労働者数
表 8-2　製品のライフ・サイクルと生産・貿易の流れ
表 8-3　日本の主要な高関税品目
表 8-4　非関税障壁の種別
表 8-5　アメリカの対日 2 国間取り決めなど
表 8-6　アメリカの通商法

表 8-7　日米構造協議（SII）における指摘事項
表 9-1　WTO 協定書
表 9-2　WTO ドーハ・ラウンドの交渉内容（「枠組合意」）
表 10-1　世界の発効済み FTA 件数の推移（年代別）
表 10-2　主要国・地域の FTA カバー率（発効済み，2012 年）
表 10-3　TPP 交渉で扱われる分野

図 2-1　パックス・アメリカーナと戦後東西対立の図式
図 3-1　金本位制と金ドル本位制の仕組み
図 3-2　金本位制の国際収支調整機能
図 3-3　基礎的不均衡
図 4-1　円・ドル相場の推移（1973 年 1 月～2013 年 9 月，各月末）
図 5-1　アジア通貨の暴落
図 6-1　アメリカの実質 GDP 成長率，失業率，コア・インフレ率の推移
図 7-1　主要国の関税負担率と世界貿易額の推移
図 8-1　保護主義の経路（輸入の場合）
図 10-1　日本の EPA 取り組み状況

略語一覧

ABS（Asset-backed securities）：資産担保証券
AFTA（ASEAN Free Trade Area）：ASEAN 自由貿易地域
ASEAN（Association of South-East Asian Nations）：東南アジア諸国連合
CDO（Collateralized debt obligation）：債務担保証券
CDS（Credit default swap）：クレジット・デフォルト・スワップ
CIA（Central Intelligence Agency）：米中央情報局
EC（European Community）：欧州共同体
ECB（European Central Bank）：欧州中央銀行
ECSC（European Coal and Steel Community）：欧州石炭鉄鋼共同体
EEC（European Economic Community）：欧州経済共同体
EFSF（European Financial Stability Facility）：欧州金融安定ファシリティー（あるいは欧州金融安定化基金）
EFSM（European Financial Stability Mechanism）：欧州金融安定メカニズム
EMU（Economic and Monetary Union）：経済通貨同盟
EPA（Economic Partnership Agreement）：経済連携協定
ERM（Exchange Rate Mechanism）：為替相場メカニズム
ESM（European Stability Mechanism）：欧州安定メカニズム
EU（European Union）：欧州連合
FRB（Federal Reserve Board）：米連邦準備制度理事会
FTA（Free Trade Agreement）：自由貿易協定
FTAA（Free Trade Area of the Americas）：米州自由貿易地域
G7（Group of Seven）：先進7カ国
G20（Group of Twenty）：20カ国・地域
GAB（General Arrangements to Borrow）：一般借入協定
GATS（General Agreement on Trade in Services）：サービスの貿易に関する一般協定
GATT（General Agreement on Tariffs and Trade）：関税と貿易に関する一般協

定

GCC（Gulf Cooperation Council）：湾岸協力会議

GDP（Gross domestic product）：国内総生産

GNP（Gross national product）：国民総生産

GSP（Generalized system of preferences）：一般特恵（関税）制度

IBRD（International Bank for Reconstruction and Development）：国際復興開発銀行（世界銀行）

IMF（International Monetary Fund）：国際通貨基金

ITO（International Trade Organization）：国際貿易機構

MBS（Mortgage-backed security）：不動産ローン担保証券

MFN（Most favored nation treatment）：最恵国待遇

MOSS（Market-oriented Sector Selective Talks）：市場指向・分野選択型協議

NAFTA（North American Free Trade Agreement）北米自由貿易協定

NATO（North Atlantic Treaty Organization）：北大西洋条約機構

NTB（Non-tariff barrier）：非関税障壁

OAPEC（Organization of Arab Petroleum Exporting Countries）：アラブ石油輸出国機構

OECD（Organization for Economic Cooperation and Development）：経済協力開発機構

OEEC（Organization for European Economic Cooperation）：欧州経済協力機構

OPEC（Organization of Petroleum Exporting Countries）：石油輸出国機構

QE（Quantitative Easing）：量的金融緩和

RCEP（Regional Comprehensive Economic Partnership）：東アジア地域包括的経済連携協定

RMBS（Residential mortgage-backed security）：住宅ローン担保証券

SII（Japan-US Structural Impediments Initiative Talks）：日米構造（障壁）協議

TD（Tariff barrier）：関税障壁

TPP（Trans-Pacific Partnership）：環太平洋パートナーシップ

VER（Voluntary export restraints）：輸出自主規制

WTO（World Trade Organization）：世界貿易機関

第Ⅰ部　戦後国際通貨貿易体制の確立

第1章
IMF・GATT 体制の構築

　第2次世界大戦後の世界秩序は，アメリカがリーダーシップを発揮して構築された．アメリカの戦後構想の背景には，20世紀前半に起こった2つの世界大戦があった．第1次世界大戦（1914-18年）は人類史上初の世界大戦となり，犠牲者は1千万人近くにも達した．このような世界大戦を未然に防ぐべく，アメリカのウィルソン大統領が主導して国際連盟（連盟）が設立され，連盟加盟各国が協力して国際平和と安全を維持する「集団安全保障体制」が敷かれた．しかし，アメリカは議会が条約を批准せず，国際連盟不参加となった．また，ドイツやソ連などの加盟も遅れた．こうしたことから，連盟を通じた集団安全保障体制はほとんど機能しなかった．そうした中，1929年10月のニューヨーク株式市場の大暴落を契機に「大恐慌」と呼ばれる世界不況が起こり，世界は不安定な状況が強まった．そして，1939年には第2次世界大戦が勃発，1945年に終結するまでの間に，世界中で5千万人以上の犠牲者を伴う人類史上最悪の世界戦争となった．

　こうした大惨劇を繰り返さないような第2次世界大戦後の世界秩序を構築する動きが，連合国の盟主的存在であったアメリカを中心に戦時中から模索された．その動きは，連合国勝利の結果，戦後世界秩序の礎となり，新しい体制や機構に結実していった．すなわち，国際平和と安全の維持に関しては，国際連合（国連）を設立し，国連を通じた「集団安全保障体制」が構築された．さらに，国際平和と安定の基盤として，国際社会の経済発展・繁栄が必須であるとの認識から，国際経済の枠組みとして IMF・GATT 体制が構築された．本章では，IMF・GATT 体制構築の経緯と背景を概観する．

1. アメリカの戦後構想とIMF・GATT体制

(1) 国際連合

　アメリカ合衆国は戦時中から，第2次世界大戦後の構想を主導的に打ち立てていった．戦後構想の第1弾は，1941年の大西洋憲章（The Atlantic Charter）に現れた．これは，時のアメリカ大統領フランクリン・D. ローズヴェルトとイギリス首相ウィンストン・チャーチルが，12月8日から12日の間，大西洋ニューファンドランド沖の艦船上で行った会談の後，8月14日に発表した確認事項である（ただ，アメリカはこの時点ではまだ参戦していない．アメリカを第2次世界大戦に向かわせたのは，米時間1941年12月7日〔日本時間8日〕に行われた日本のハワイ真珠湾奇襲攻撃である）．

　大西洋憲章は，戦争と戦後世界（「より良い将来の世界」）に向けた目標と目的を描写したもので，次の8項目に要約される．

①米英両国は，第2次世界大戦の成果としての領土拡大を求めないことに合意（「領土不拡大」）
②関係国国民が欲しない領土変更は行わない（「領土不変更」）
③すべての国民が政体を選択する権利を尊重する（「民族自決」）[1]
④貿易障壁の低減に協調的に努力する（「自由貿易」）[2]
⑤社会福祉の進展とグローバルな経済協力が重要である
⑥欠乏と恐怖から解放された世界を樹立するよう働きかける
⑦公海の自由が重要である
⑧侵略国の武装解除と戦後の軍備縮小に向け働きかける

　米英ソを中心とする連合国26カ国は1942年1月1日，この大西洋憲章を反ファシズム戦争で結束した連合国の戦争目的として共同宣言を行った（連合国共同宣言）．そして1943年10月には，米英ソ中4カ国の外相会談で，

「一般的国際機構設立の原則（モスクワ宣言）」が承認された．この原則に則って，後の国際連合の草案が1944年8月から10月にかけて，アメリカの首都ワシントンD.C.のダンバートン・オークスで開かれた米英ソ中（「4大国」）の専門家会議（ダンバートン・オークス会議）によって作成された．そして，米英ソ首脳（ローズヴェルト，チャーチル，スターリン）が1945年2月，ソ連クリミヤ半島ヤルタでの会談（ヤルタ会談）で，国際連合設立のための国際会議を招集することを決定した．この決定に基づき，連合国50カ国が同年4月25日に始まった連合国会議（於サンフランシスコ）に参集し，交渉を重ね，6月26日に国際連合憲章を採択した．国連憲章は10月24日に発効し，国際連合（The United Nations）が原加盟国51カ国で発足した．国際連合（以下，国連と略す）の本部は，米ロックフェラー財閥のジョン・ロックフェラー2世が建設敷地を寄贈したニューヨーク市のマンハッタン区に置かれた．

　国連の目的は，国連憲章に「国際平和と安全の維持」および「経済的・社会的・文化的・人道的諸問題の解決と人権・自由の促進に向けた国際協力」を含め4つが明記されている[3]．国際平和と安全の維持に関しては，国連を通じて加盟各国が協力する「集団安全保障体制」が敷かれ，紛争は平和的手段で解決を図ることとされた．そして，国際平和と安全に主要な責任を持つのが安全保障理事会（以下，安保理と略す）とされ，国連の全加盟国が安保理の決定を受け入れ履行することとされた．こうした枠組みの下，安保理には紛争解決の要請や解決条件の勧告のみならず，侵略に対する経済制裁・軍事行動等々に関する広範な任務・権限が付与された．そして安保理は，第2次世界大戦時の連合国の主要国であった4大国（「4人の警察官」：米英ソ中）にフランスを加えた5カ国を中心に構成され，5大国は常任理事国として拒否権（veto power）といった大きな特権を付与されたのである．

　こうして，世界大戦を2度と起こさないような政治的枠組みが構築された．この集団安全保障体制は元々，第1次世界大戦後の戦後構想の一環として設立された国際連盟（The League of Nations）で指向された体制である．しか

し，時のウッドロー・ウィルソン米大統領が「14 カ条（The Fourteen Points）」で第 1 次世界大戦後の構想を主唱したものの，アメリカ自身が上院の条約批准拒否のために国際連盟不参加となった．また，敗戦国ドイツや共産主義国となったソ連の加盟も遅れた．こうしたことから，国際連盟の加盟国は当初 42 カ国に留まった．また，理事会は常任理事国が英仏伊日の 4 カ国であったものの，事実上英仏中心の運営となった[4]．その英仏両国では，従前から「勢力均衡（balance of power）」思想が根強かった．こうした諸事情もあり，国際連盟の集団安全保障体制は有効に機能しなかった．そして実際，第 2 次世界大戦を防ぐことができなかったのである．

(2) IMF・IBRD

前述の大西洋憲章に沿い，米英両国は早くも 1941 年には「新たな自由な国際経済秩序」の構築に関する検討を開始した．そして通貨体制に関しては，米英両国が 1943 年 4 月，それぞれの案を提出し共同作業が開始された．英国案は近代経済学の第一人者で当時大蔵省顧問であったジョン・メイナード・ケインズが提案し，米国案は財務省次官ハリー・デクスター・ホワイトによって提案された．

両提案の概要は表 1-1 の通りだが，ケインズ案は戦後復興が急務となるイギリスなど債務国の立場に立脚している．一方，ホワイト案は最大の債権国となったアメリカの方針を前面に押し出したものであった．すなわち，ケインズ案は，戦後復興資金と戦時中の債務返済のために必要となる資金（米ドル）を国際機関から借り入れることを可能にし，また国際収支（詳細は後述）の赤字に際しては為替相場（為替レート）の柔軟な変更を通じて調整を図ろうとする内容であった．これは，為替レートを安定化させるために国際収支の均衡（対外均衡）を図ることよりも，自国経済・社会の安定のために国内の雇用を創出・確保すること（国内均衡）に重点を置いたものとなっている．また，復興や債務返済のための資金の大半は，最大の債権国アメリカに頼らざるを得ないが，その際にもアメリカが 2 国間援助・融資を供与する見返り

表 1-1 国際金融通貨機構を巡る米英案の比較

	国際清算同盟案 （英国案）	連合国国際安定基金案 （米国案）	IMF 協定
形態	国際清算同盟 (International Clearing Union)	国際安定化基金 (International Stabilization Fund)	国際通貨基金 (International Monetary Fund)
本位通貨	人工的な国際通貨バンコールと金を標準とする国際銀行通貨	国際通貨たる人工的なユニタス（金・ドルにリンク）本位	金・ドル本位
信用供与 （流動性の供給・確保）	加盟各国は国際清算同盟と貸越し，借越しの清算勘定を持ち，割り当てられたバンコールによって清算（割当総額230億ドル）*する	各国の出資によって基金を創出（総額50億ドル程度）．赤字国は，出資額の125%まで借入可能とする拠出主義	各国の出資金による基金で，各国は出資金（金25%，自国通貨75%）の2倍を限度とする借入が可能な拠出主義
為替レートの調整	常時大幅借越し国は平価切り下げを，常時大幅貸越し国は平価切り上げを行う．赤字国と黒字国にも責任を課す	基礎的不均衡時には平価の変更が可能．基本的には，赤字国にのみ責任を課す	基礎的不均衡時には平価の変更が可能
所在地	欧州	米国ワシントン D.C.	米国ワシントン D.C.

注：*1948 年当時の世界の総輸出入は約 1,200 億ドル．
資料：坂本正弘〔2001〕『パックス・アメリカーナと日本』中央大学出版部（117 頁）に加筆．

として債務国側に政治的影響力を及ぼすことを極力回避するために，国際機関を通じた資金調達を指向した案となっている．

　一方，ホワイト案は，最大の債権国であるアメリカの政治的影響力を浸透させることを目的に，各国の資金需要に対しては国際機関を通じてではなく，アメリカが2国間援助を通じて直接供与しようとした．そのため，国際機関には比較的少額の基金（ファンド）しか設けなかった．また，各国の国際収支の不均衡（特に赤字化）の改善に関しても，各国の国内政策で対応することを主眼とし，為替レートの変更には厳格な立場に立つ案となっていた．そして，ホワイトは，貸越し・借越しを認めるケインズ案がインフレを助長すると批判した．

　米英案の相違は，当時米英が置かれていた立場の違いを反映したものである．当初，多くの国がケインズ案を支持していた．高名な経済学者ケインズの説得力のある演説に影響を受けた人も多かったとも言われている．しかし

結局は，圧倒的な政治力・経済力・資金力をもったアメリカのホワイト案に沿った米英共同案が作成された．そして，連合国30カ国が1944年4月，米英共同案に沿った「国際通貨基金設立に関する専門家の共同声明」を発表した．

　その後，1944年7月には米ニューハンプシャー州のブレトン・ウッズ（Bretton Woods）で連合国通貨金融会議が開催され（参加44カ国），国際通貨基金（IMF：International Monetary Fund）協定と国際復興開発銀行（IBRD：International Bank for Reconstruction and Development）協定が調印された．IMFは戦後国際通貨体制の基幹となる国際機関として，そしてIBRDは戦後復興と発展途上国の開発のための長期資金を融資する国際機関として，それぞれ設立が合意された．国際復興開発銀行は通称，世界銀行（World Bank）と呼ばれている．ちなみに，両協定は，会議開催地の地名をとって，ブレトン・ウッズ協定とも称され，同協定に基づく戦後の国際通貨体制は「ブレトン・ウッズ体制」とも呼ばれている．

　ブレトン・ウッズ協定に基づき，国際通貨基金（IMF）は1945年12月に設立され，1947年3月に業務を開始した．IMF発足当初の加盟国は29カ国（2014年1月時点では188カ国，日本は1952年8月加盟）で，本部はアメリカ大統領府ホワイトハウスから1kmもない場所に置かれた．また，世界銀行は1945年12月に設立され，1946年6月に業務を開始した．発足当初の加盟国は28カ国（2014年1月時点では188カ国，日本は1952年8月加盟）で，本部はIMF本部の横に置かれた．このように両機構とも，本部は欧州諸国が期待した欧州ではなく，アメリカ政府のお膝元に置かれた．国連に加えIMF・世界銀行の本部もアメリカに置かれたわけだが，そこにはアメリカの戦後国際秩序の構築・維持に係る強いコミットメントが見受けられる．なお，総裁はIMFが欧州出身者，世界銀行はアメリカ出身者に事実上割り当てられ，今日までその慣行が続いている．

コラム

IMF・世界銀行と日本人職員

　アメリカのIMF・世界銀行に対する影響力は大きなものがある．影響力行使という意味合いでは，各国の両機関に対する出資比率が大きく影響する．両機関とも，融資の承認など一般的な業務は理事会で決定されるが，理事会での投票権は出資割合に応じて決められているからである．アメリカは設立以来今日まで最大の出資国であり，設立当初のIMFに対しては25％と支配的地位を占めていた（第2位はイギリスで11％）．2012年の時点でも，アメリカの出資割合はIMF 17.67％，世界銀行16.51％で，それぞれ第1位の座にある．第2位は日本で，IMF 6.56％，世界銀行9.72％である．IMFや世界銀行では，議決には85％以上の賛成が必要となっているために，アメリカは事実上「拒否権」を有することになる．また，アメリカは事実上投票割合以上の影響力を持っており，対米協調主義の日本政府の支持取り付けや，援助を取引材料にした途上国の票集めなどもたびたび行っている．しかもIMFや世界銀行では，国連とは違ってソ連や中国も長年メンバーではなかったのである（ロシアの加盟は1992年，中国は1980年）．

　職員は両機関とも国際公務員であり，その数は2012時点で，IMFが約2,700人，世界銀行が約1万人となっている．両機関とも，職員の国籍は世界の多くの国を網羅しているが，アメリカ人，イギリス人，インド人，パキスタン人などが多い．日本人職員は2012年時点で，IMFが36人，世界銀行100人である．これは，IMF・世銀全職員の1％前後にしか過ぎない．出資割合に比べ，日本人職員がいかに少ないかがよく分かる．しかも日本人職員の中には，日本政府・官庁（特に財務省）や企業から「出向」の形態で勤務している人も多い．中には「手弁当」（出向元が経費を負担する）で，赴任している人もいる．出向の場合には通常，数年の勤務で終わり，業務内容に精通し出した頃には帰任といった状況になりかねない．

　IMFや世界銀行のみならず国際機関での日本人職員数の少なさは，日本の国際社会におけるアンダー・プレゼンスの一因となっている．こうした状況に対処するため，日本政府・財界は1980年代末から，日本人の国際機関への就職活動を支援し始めた．外務省や日本経済団体連合会（経団連）は，日本人候補者の登録制度を設けたり，世界銀行の採用セミナーを日本各地で開催し，日本人採用の「特例措置」なども試みられた．そうした働きかけもあって，世界銀行の日本人職員は1985年の67名から，1995年には143名に増えた（外務省調べによる）．しかし，その後は減少傾向が続いている．これには，学生の

海外留学の減少などと同じように，日本人の「内向き志向」の強まりが影響しているのかもしれない．

　日本人が国際機関に就職するには，語学や学歴（国際機関の場合，通常大学院修士課程卒が最低ライン）の問題もあるだろう．また，国際機関で勤務することは，競争も激しく厳しいことでもある．しかし，そうした一方で「やりがい」のある仕事が多いのも事実である．世界銀行やIMFでカントリー・オフィサーやエコノミストとして1国を担当すれば，その国の経済発展・産業振興・貧困撲滅等々の意義ある仕事を相当程度に任される．こうした仕事に魅せられて，出向元である官庁や企業を退職して，世界銀行・IMFの正規職員として活躍される人もいる．日本が国際社会で活躍するために，国際機関で働く日本人が1人でも増えることが望まれる．

(3) GATT

　戦後の国際貿易体制の構築も，アメリカ主導で進められた．1943年には連合国が戦後の貿易秩序の検討を開始したが，主導権を握ったのはアメリカであった．そのアメリカは1945年11月，「世界貿易と雇用拡大のための提案」を発表し[5]，1947年4月には同提案に基づいて貿易雇用会議準備委員会が，国際貿易機構（ITO：International Trade Organization）憲章の検討を開始した．ITOはモノの貿易のみならず，雇用，投資，サービス貿易等も含め，当時としては極めて野心的な内容を持っていた．ITO憲章の検討と同時に，スイスのジュネーブでは関税引き下げを目標とした関税交渉会議が開催された（1947年4～10月：第1回GATTラウンド）．このGATT（General Agreement on Tariffs and Trade：関税と貿易に関する一般協定）は元々，ITO憲章が発効するまでの「つなぎ役」で，GATTの内容はITO憲章のジュネーブ草案の第4章「通商政策」が中心になっていた．

　ITO憲章は1948年3月，キューバの首都ハバナで開催された会議で難航の末にようやく合意・調印された（ハバナ憲章）．しかし，憲章を批准できない国が多く，特にアメリカは議会の抵抗が強く，トルーマン政権は1950年に批准を断念した．アメリカの批准断念を見て，経済疲弊が著しいイギリスなど欧州諸国や途上国も野心的な貿易自由化を指向するハバナ憲章の批准

を見送り，批准したのは結局2カ国に留まった．この結果，ITOは幻の存在となってしまった．そしてITOの代わりに，ITOのつなぎ役とされていたGATTが，次善の策として戦後の貿易ルールの礎となった．

こうした経緯で，GATTは1948年に発足した．設立当時の加盟国は23カ国で，本部はスイス・ジュネーブの元国際連盟ビルに置かれた（2013年9月時点WTO加盟国159カ国，日本は1955年GATT加盟）．なお，GATTは1995年1月1日に解消され，世界貿易機関（WTO：World Trade Organization）に発展拡大した．WTOは，ITOが半世紀近くたって蘇ったようなものである．WTOの現総裁は2013年9月1日に就任したブラジル人のロベルト・アゼベド前WTO担当大使だが，それ以前のGATT・WTO総裁8人の内，6人が欧州で，他にニュージーランド，タイがそれぞれ1名となっている．

2. IMF・GATT体制構築の背景

前述したIMFに基づく「安定した国際通貨体制」とGATTに基づく「自由貿易体制」が，リベラルな多国間主義に基づいた戦後国際経済秩序の2本柱となるが，このような「IMF・GATT体制」が指向された背景には，連合国の中心的な存在であったアメリカの意向がある．すなわち，アメリカの「大義」と「国益」が深く関与していたのである．

(1) アメリカの大義

アメリカが安定した国際通貨体制と自由貿易体制を構築しようとした背景には，アメリカをはじめとする各国の「戦前の悪しき通貨・通商政策」への反省がある．なぜ悪しき通貨・通商政策が採られたのか，その反省をどのように活かそうとしたのかを見ていこう．

1929年10月24日の木曜日に起こったニューヨーク株式市場の大暴落は，

アメリカやその他の資本主義諸国に大恐慌（世界恐慌）と呼ばれる深刻な不況をもたらした．アメリカでは，株価が年内に半値になった後も下げ続け，1932年には暴落前の7分の1の水準にまで下落した．工業生産高も3年間に半減し，輸出は4年間に約3分の1に縮小した．1933年2月には全銀行が業務を停止し，同年の失業者数は1,300万人以上と，労働者の4人に1人が失業する深刻な状態となった．アメリカの株価暴落は，世界各国に出回っていたアメリカ資本の引き揚げを誘発し，各国経済を混乱させ世界恐慌を引き起こした．この結果，世界全体の工業生産高も4割以上減少した．

　こうした不況に対し，アメリカをはじめ世界各国が，輸入品に対する関税引き上げや，ブロック経済圏構築など保護主義政策に走り，自国通貨の切り下げも行った．とりわけ，アメリカは1930年6月，輸入品に高関税を課すスムート＝ホーレイ法を制定し[6]，1932年には平均関税率が59％と米史上最高のレベルにまで達した．アメリカの関税引き上げは，世界各国からの対米輸出に急激なブレーキをかけた．この結果，欧州諸国やカナダ，メキシコなど多くの国が「報復」的に輸入関税を引き上げ（その国の数はスムート＝ホーレイ法制定以降の2年以内に実に60カ国以上にも達した），関税引き上げ競争が展開されたのである．

　また，イギリスは1932年2月に輸入関税法を制定，同年7〜8月には英帝国経済会議（オタワ会議）を開催し，英連邦諸国との間で特恵関税制度を設けた．これは，自陣のスターリング・ブロック（ポンド圏）内の国には無税あるいは低関税を適用し，ブロック外の国には高関税を課すものである．こうした政策は，それまで自由貿易を牽引してきたイギリスが，差別的な保護主義政策に転じたことを意味した．イギリスのブロック経済圏強化の動きに触発されて，フランス（フラン・ブロック），アメリカ（ドル・ブロック），日本（円ブロック）もそれぞれの経済圏を設立するに至った．また，第1次世界大戦で領土を割譲され海外植民地を失ったドイツは，「生存圏」論の主張に基づき，東欧諸国への進出に乗り出していった．日本は，円ブロックの規模が小さいこともあり，ドイツの生存圏論の影響も受けて，その後「大東

亜共栄圏」への道を拓いていった．

　各国が輸入を削減しようとする意図は，各国通貨の切り下げによっても達成された．通貨切り下げは，輸出の促進材料にもなりえた．主要国は第1次世界大戦後，自国通貨の価値を法律によって金に裏づける金本位制（詳細後述）に復帰していた．しかし，1929年10月24日のニューヨーク株式市場の大暴落の影響で，1931年5月にオーストリアの大銀行が破産，その後欧州で金融恐慌が発生した．こうした中，イギリスから金が流出し，ポンド売りが強まった．この結果，金本位制の主役であったイギリスが1931年9月21日に金本位制を停止し，管理相場制や変動相場制（詳細後述）に移行した．その後，ポンドは急落し，対米ドル・レートは8月平均の1ポンド＝4.86ドルから12月には平均1ポンド＝3.37ドルと，4ヵ月間で約30%も下落した．このため，対英輸出国は輸出激減の打撃を受け，そうした国をはじめ25ヵ国が同年中に金本位制を停止し，自国通貨の切り下げを行った．アメリカも1933年4月に金本位制を離脱，翌1934年1月の金準備法の成立まで管理相場制を導入し，金買い・ドル売りでドルを減価させた．そうした中でフランス，スイス，オランダ，ベルギー，ルクセンブルグ，イタリアの6ヵ国は1933年7月，金ブロックを発足させ，現行平価で金本位制を維持することに合意した．しかし，この金ブロックも1935年には動揺し始め，多くの国が平価の切り下げを行った．

　以上のように，1国の通貨切り下げが，他国の「報復」的な通貨切り下げを招き，通貨切り下げ競争が起こったのである．通貨切り下げは自国輸出製品の価格競争力を高める一方，他国からの輸入品の価格競争力を弱めるなど，不況にあえぐ国には万能薬のように思えたのだろうが，結局は世界貿易の縮小を招き，各国の輸出がさらなる打撃を受けた．

　関税引き上げ競争やブロック経済圏構築といった保護主義政策のために，また通貨切り下げ競争のために，世界貿易はスパイラル的に縮小していった．その結果，各国の経済状態はさらに悪化し，世界恐慌は長引いた．各国は自国経済回復のために，保護主義や通貨切り下げなど近視眼的な国内優先の政

策を採ったわけだが，そうした政策は他国の犠牲の上に自国経済を回復させようとするものであり，「近隣窮乏化政策（beggar-my-neighbor policy）」と呼ばれた．そして近隣窮乏化政策は結局のところ，国際貿易・世界経済の縮小を招き，自国の経済状況をさらに悪化させる結果となったのである（ただ，最近の学説・研究では，当時の通貨切り下げは近隣窮乏化政策ではなかった，との説が注目されているが，この点については注7を参照のこと）[7]．

長期にわたる不況のため，各国では政治・社会不安が高まった．とりわけドイツでは，それでなくても①第1次世界大戦の全責任と莫大な賠償責任を負わされ[8]，②自国民族が住む地域を周辺国に割譲され，③全植民地を放棄させられるなど[9]，戦勝国から屈辱的な扱いを受けたとの思いがうっせきしていた中で，国民の間に不満や閉塞感が拡大した．そして，そうした状況こそがアドルフ・ヒトラーの台頭を招き，第2次世界大戦の口火を切ることになったのである．

以上のような歴史的認識を念頭に，アメリカは，世界戦争を回避するといった「大義」のために，通貨切り下げ競争が起こらないよう固定相場制を軸とした「安定した国際通貨体制」と，保護主義的・差別的な措置をもたらさない「自由貿易体制」を構築することが肝要である，と考えたのである．そうした体制の下で世界経済の発展を図り，経済的な側面から世界戦争に結びつくような要因をなくそうとしたのである．要するに，アメリカをはじめとする各国の戦前の悪しき通貨・通商政策が第2次世界大戦の一大要因になったとの反省を基に，戦後はそうした悪しき通貨・通商政策を採れないような体制を構築しようとしたのである．その要点は，表1-2のようにまとめるこ

表 1-2 戦前の悪しき通貨・通商政策とIMF・GATT体制

戦前の悪しき通貨・通商政策	戦後の対応策（IMF・GATT体制）
関税引き上げ・輸入制限	関税引き下げ，輸入数量制限の禁止⇒GATT
為替管理・制限	為替管理の自由化⇒IMF
経済・貿易ブロック化	自由かつ無差別・多角的な貿易体制の促進⇒GATT
通貨切り下げ	固定相場制度の採用⇒IMF

とができる．

(2) アメリカの国益

　第2次世界大戦中，主戦場となった欧州やソ連，日本などは工業や農業の生産力が急激に低下した．その一方，本土への攻撃がなかったアメリカの工業・農業生産力は，戦争特需もあり急速に拡大した．しかし，戦争が終われば欧州，ソ連，日本もいずれは生産力を回復し，アメリカは輸出の減少から過剰生産能力の問題に直面すると予想された．また，大戦時米軍は大幅に増強され，軍人の数は終戦時には約1,200万人にも達した．平時になれば，当然のことながら軍人過剰になる．事実，1947年には軍人数は約150万人まで削減され，軍事予算も約800億ドルから約130億ドルに削減された．問題は，戦争需要が消滅していく中で，大量の帰還兵・退役軍人にどのように新たな職業機会を確保するかであった[10]．

　アメリカ政府は，自国の生産能力を維持し雇用機会を確保するために，まずは輸出に活路を求めた[11]．当時アメリカにとって最大の輸出先は欧州であったが，その欧州は戦場と化したため荒廃し経済疲弊が激しかった．しかも，欧州諸国はアメリカに対し多額の債務を抱えていた．こうした結果，欧州諸国は自ずと保護主義政策に傾くと考えられた．したがってアメリカは，最大の輸出先である欧州の経済復興のみならず，貿易自由化を進める必要性があると認識したのである．経済復興のために，ドル不足に陥った欧州に対し，アメリカは1947年6月，マーシャル・プランを発表し130億ドルにも上る無償援助供与を決めたのである（詳細後述）．そして，貿易自由化・貿易促進のためのインフラとして，IMF・GATT体制を構築したのである．また，多数のアメリカの多国籍企業が世界中で自由に活動できる環境を整えるためにも，安定した通貨制度や投資・貿易の自由化が重要である，と考えたのである．

(3) アメリカのリーダーシップの源泉

　リベラルな多国間主義をベースとした戦後国際秩序を構築するにあたり，アメリカがリーダーシップを発揮できた背景には，アメリカの圧倒的な「国力」と，アメリカの同盟国に対する多額の「債権」があった．国力に関し，まず経済面では，アメリカは終戦直後には全世界の国内総生産（GDP）の半分余りを占め，対外決済の手段となる金も約7割を保有していた．軍事力に関しても，究極の兵器である核兵器を独占し（ソ連が1949年8月に原爆実験成功するまで），圧倒的な空軍力と海軍力を誇っていた．そして，20世紀の両世界大戦を勝利に導いた連合国の中心的な存在という確たる立場を有し，各国に影響力を及ぼす政治力もあったのである．

　また，アメリカが戦時中に武器貸与法（Lend-Lease Acts，1941年3月成立）に基づき，ドイツをはじめとする枢軸国と戦うイギリスやソ連等に，「民主主義の兵器廠役」として総額500億ドル以上の莫大な軍事物資を供与していたこともアメリカの交渉力を高めた[12]．実際のところ，アメリカの野心的な自由貿易路線に対し，戦勝国といえども経済・産業が疲弊し，また従前より特恵的・差別的な貿易圏を有するイギリスや欧州諸国など多くの国では反発が強かったが，アメリカは軍事物資援助の返済を免除することを条件に納得させたのである．また，イギリスに対してはさらに，米英金融協定で37億5千万ドルもの莫大な新規融資を供与することも約束したのである．こうしたアメリカの「寛容な姿勢」と「巨額の資金支援」が，リベラルな多国間主義に基づく戦後国際秩序を他国に容認させる上で強力な梃子となったのである．

　こうしたアメリカの寛容な姿勢は，第1次世界大戦後の国際秩序構築時には――アメリカの「国力」が十分に備わっていたにもかかわらず――残念ながら余り発揮されなかった．すなわち，敗戦国ドイツには莫大な賠償金が課されたが，その賠償金を受け取る英仏など連合国は対米債務が約100億ドルもあり，その債務返済のためにドイツからの賠償を必要としていた．しかし，ドイツには賠償能力がなく，復興も進まず社会不安が広がっていた[13]．こう

した状況に対し，英仏などは，アメリカが英仏に対する債務返済を減額・免除すれば，ドイツの賠償減額に応じるとした．しかし，アメリカは拒否した．代わりに，アメリカは，対独借款を供与することでドイツ経済の復興を図り，そのドイツが賠償金を英仏などに払えば，英仏などが対米債務の返済を行えると考え積極的に動いたのである．当初，こうした資金還流策は奏功し，欧州は比較的安定した時代に入った．しかし，1929年前後のアメリカの株価急騰，及び同年10月24日の株価大暴落に伴って，アメリカはドイツから資本を引き揚げ始め，欧州は金融危機・大恐慌に飲み込まれていったのである．

ドイツの賠償金は1929年には1,320億金マルクから358億金マルクに，そして1932年には30億金マルクまで減額された．しかし，ドイツ・ナチス政権は1933年に賠償金支払い打ち切り宣言を行い，ドイツ国民の屈辱感を利用して対外侵略の道を突き進んでいったのである．そして，英仏など連合国も結局，対米債務をほとんど返済できなかったのである．こうした経験が生かされたのか，アメリカは第2次世界大戦後には，前述したように武器貸与法に基づく融資の返済免除を容認し，戦後国際秩序構築に向けて積極的にリーダーシップを発揮したのである．

注
1) 「民族自決」に関しては，多数の植民地を抱えるイギリスのチャーチルが難色を示したが，ローズヴェルトはこの条項が「白人世界」に限定されたものと説明して，両者が妥協した．
2) 「自由貿易」に関しても，植民地との特恵的貿易制度を持つイギリスのチャーチルが反対したが，これに関してもローズヴェルトは既存の貿易制度は例外とすると示唆するなどして，妥協がなされた．
3) 残る2つの目的は，「諸国間の友好関係の発展」と，これら3つの「目的を達成するための諸国の行動の調和の中心となること」である．
4) そして，日本は1933年，イタリアは1937年に国際連盟を脱退した．ソ連は，1917年11月のレーニン率いるボルシェヴィキ革命により共産主義政権となったことから，当初国際連盟加盟は除外された．その後，1934年には再加盟したものの，1939年に除名された．ドイツは1926年に加盟したものの，1933年に脱退した．

5) 同提案は，アメリカの「1934 年互恵通商協定法」が原型となっている．同法は，アメリカが 1930 年 6 月にスムート＝ホーレイ法を制定し輸入関税率を大幅に引き上げたことが，関係国との間で関税引き上げ競争を招き，その結果，世界貿易が縮小し，アメリカの輸出も急減したことを教訓に，1934 年にローズヴェルト政権の国務長官であったコーデル・ハルが，自由貿易を推進すべく強力に推し進めたものである．

同法の内容は，議会が大統領に最高 50％ までの関税引き下げの交渉権限を付与し，協定の締結国には無条件最恵国待遇（後述）を与え，互恵的に関税引き下げを行うものである．同法に基づき，アメリカは 1947 年までに 32 カ国と互恵通商協定を結んだが，過半数は中南米諸国であった．

ハル国務長官は，根っからのウィルソン主義者のリベラルな国際協調主義派で，「自由・無差別貿易」が世界貿易の拡大と雇用機会をもたらし，そうした経済繁栄が世界平和の礎になる，との強い信念を持っていた人物であった．

6) 歴史的にみると，北東部工業地帯を地盤とした共和党は保護主義・高関税政策を主張する一方，南部農業地域をベースとした民主党は自由貿易を重視した．

7) 最近の学説・研究では，イギリスをはじめとする通貨切り下げに関し，各国の金融緩和に基づく限り，それはそれぞれの国の内需拡大に寄与し，結果として貿易相手国の輸出にも好影響を与えたとして，近隣窮乏化政策ではなく，大恐慌を長引かせた要因でもない，との主張が有力視されている．ただ，そうした見解は，IMF・GATT 体制の構築に携わった当時の関係者の間では共有されてはいなかった．

8) 第 1 次世界大戦の敗戦国であるドイツは 1919 年 6 月 28 日，連合国の対ドイツ講和条約（ヴェルサイユ条約）に調印，ヴェルサイユ条約は 1920 年 1 月 10 日に発効した．同条約第 231 条「戦争責任条項（War Guilt Clause）」は，戦争責任を一方的且つ全面的にドイツに認めさせ，戦争による総ての被害・損害を賠償させることを欲したフランスのクレマンソー首相の主張が結実したものである．この結果，ドイツには莫大な賠償金が課され，その額は 1932 年に同国の国民総生産の 20 年分に相当する 1,320 億金マルク（66 億ポンド）に決定された．

パリ講和会議にイギリスの代表として参加していた，ジョン・メイナード・ケインズはそのような莫大な賠償金に抗議した．彼は，『平和の経済的帰結』と題した書物の中で，「莫大な賠償金の賦課は再び戦争をもたらす」と予言した．そして，残念なことに，彼の予言は的中した．

戦後構想を主導したアメリカのウィルソン大統領は元々，第 1 次世界大戦を帝国主義国家同士の戦争とみなし，戦後は，「欧州の旧来の秩序」――「勢力均衡・同盟・権力政治・領土分割」など――から脱皮し，リベラルな国際秩序の構築を目指すべく「14 カ条」を公表した．しかし，ウィルソンはパリ講和会議で，フランスやイギリスなどがドイツに「戦争責任・過酷な賠償」，「領土割譲・植民地放棄」など従来の帝国主義的な要求をしたことに対し譲歩を重ねた．そうした譲歩

は，国際連盟設立の合意を得るためであったが，「14カ条」は骨抜きのような状態となった．こうした結果，ウィルソンのリベラルな国際秩序に共鳴したアメリカ国民は失望し，ウィルソンの政治的求心力は急速に弱まった．

9) ヴェルサイユ条約に基づき，ドイツは，欧州の領土のうち面積で13％，人口で10％が近隣国に割譲された．また，海外植民地に関しては「一切の権利・権原」を放棄させられた．

10) 第2次世界大戦の復員兵に対しては，「1944年軍人再調整法（The Servicemen's Readjustment Act of 1944）」（通称，GI Bill）に基づき，①低金利の住宅ローンや事業開始資金の融資，②大学・高校・職業訓練学校通学のための学費・生活費支給，③1年間の失業手当支給，など様々な優遇策が実施された．このプログラムが終了した1956年までに，2百万人以上の復員兵が大学やカレッジに通い，アメリカの大学進学率が急速に高まった．GIはGovernment Issue（官給品）の略語だが，米軍人の俗称や彼らの装備品をさす言葉としてよく用いられ，第2次世界大戦では特に「GI Joe」が米国兵のニックネームとして使われ，今に至っている．

11) 日本では，海外からの復員兵約350万人や引揚者約280万人の雇用機会として，旧国鉄や郵便局，農業等々が活用された．

12) アメリカは建国以来，外交に関しては「孤立主義」が大きな潮流となっていた．孤立主義が明確な原則として現れたのは，1823年に当時の第5代大統領ジェイムズ・モンローが議会に宛てた教書である．モンローは外交政策の原則として，アメリカは旧世界である欧州には介入せず，その一方でアメリカは欧州列強の植民地とはならず，また欧州の西半球への介入を許さないとした（モンロー・ドクトリン）．

　孤立主義勢力は，20世紀前半の2度の世界大戦時でも強かった．事実，アメリカが，人類史上初の世界「大戦争」（"The Great War"）となった第1次世界大戦（1914年7月〜1918年11月）に参戦したのは，開戦2年9カ月後の1917年4月であった．さらに第2次世界大戦でも，ローズヴェルト大統領は当初イギリス支援のためにも対ドイツ参戦を意図していたが，議会・国民の間で孤立主義勢力が強く参戦はできなかった．そのためローズヴェルトは，妥協策として当時の中立法を緩和して，武器貸与法を1941年3月に成立させ，イギリスなどを支援した．そのアメリカを第2次世界大戦に参戦させたのは，1941年12月8日未明（日本時間）の日本軍によるハワイ真珠湾奇襲攻撃であった．それは，宣戦布告が事後となったことから，真珠湾攻撃が「だまし討ち」と感じたアメリカ世論が全面的に参戦論に傾斜したためである．第2次世界大戦への参戦以降，アメリカは世界の諸問題に関与・介入する姿勢を明確にし，国際問題に関し各国との協調対処を指向する「国際協調主義」が総じて米外交の主流となっていった．そして，アメリカは戦後秩序の構想を練り，国際連合やIMF・GATT体制を主導的に築いていったのである．

武器貸与法は 1945 年 8 月に打ち切られたが，それまでに同法に基づく援助は 38 カ国に供与された．最大の供与先はイギリス（310 億ドル）で，ソ連（110 億ドル），フランス（30 億ドル），中国（16 億ドル）が続く．

13) ドイツの賠償金支払い延滞を利用して，フランスは 1923 年 1 月，ベルギーとともにドイツの重要な重化学工場地帯であるルール地方を占領した．そうした一方的な占領が，第 2 次世界大戦の一要因となった．こうしたことを教訓に，第 2 次世界大戦後，フランスはドイツに石炭・鉄鉱石と鉄鋼を共同管理する「欧州石炭鉄鋼共同体（ECSC：European Coal and Steel Community）」の設立を持ちかけ，この両国にイタリア，オランダ，ベルギー，ルクセンブルグも加わり，1952 年に ECSC が発足した．この ECSC が，現在の欧州連合（EU）につながる，欧州統合の第一歩となったのである（詳細は後述）．

第2章
冷戦の勃発とIMF・GATT体制

　前章で見たように，第2次世界大戦前に各国が採用した悪しき通貨・通商政策が，世界恐慌を長引かせ，世界大戦の一大要因になったとの反省から，アメリカは戦後の国際経済体制として，IMF体制に基づく安定した通貨制度と，GATTに基づく自由貿易体制を構築し，IMF・GATT体制の下で世界貿易・世界経済の発展を期待したのである．

　しかし，IMF・GATT体制は発足当初から，2つの大きな問題を抱えるに至った．1つは，ソ連がブレトン・ウッズ会議には出席していたものの，IMF・GATT体制には参加しないことを決めたことである．こうしたソ連および共産諸国の不参加によって，IMF・GATT体制は世界全体をカバーできなくなったのである[1]．今1つは，戦前有力な経済国であった欧州各国がIMF・GATTに加盟はするものの，戦争による経済・産業の疲弊がひどく，IMF・GATT協定が規定する自由化の要件を満たすのに時間が掛かったことである（表2-1参照）．とりわけIMF協定書第8条の「経常取引に関する為替制限の回避」（詳細後述）と「通貨交換性の付与」（詳細後述）の条件を満たすことは，「IMF8条国への移行」として重要視されていた．ま

表 2-1　西欧諸国・日本のIMF・GATT自由化条件の充足時期

自由化の主要項目	通貨：「IMF8条国」への移行	貿易：「GATT11条国」への移行
主要西欧諸国	1958年 通貨交換性回復 1961年 8条国移行	1950年代末大幅に輸入自由化
日　本	1964年 8条国移行	1960年 貿易為替自由化計画大綱 1963年 11条国移行

た，GATT協定書第11条の「輸入数量制限の禁止」も，「GATT 11条国への移行」として重要な要件となっていた．しかし，こうした要件を満たすのに時間が掛かったのである．つまり，IMF・GATT体制という器はできたものの，欧州諸国など多くの国が自由化要件をなかなか満たせず，IMF・GATT体制は当初余り有効には機能しなかったのである．

こうしたこともあり，世界貿易は回復せず，貿易依存度の高かった欧州や日本の経済復興も進まなかった．戦後，欧州や日本は，復興のみならず生存のために多くの物資を――しかも大半はアメリカから――輸入する必要があった．しかし，欧州や日本には輸入決済のために必要とされる米ドルが圧倒的に不足していた（ドル・ギャップ問題）．その米ドルを，戦前のように輸出で稼ぐことも困難だったのである．ドル不足のもと復興が遅々として進まず，欧日では不安定な社会状況が続いていたのである．

そうした折，米ソ2超大国間で冷戦（Cold War）状況が勃発・深刻化し，アメリカは西欧諸国や日本を西側・自由主義圏につなぎとめておくために，欧日に対する政策を大転換した．すなわち，アメリカは西欧や日本の戦後復興に積極的になり，大胆な支援に乗り出したのである．こうした背景には，当時のIMF・GATT体制の下，IMF・世界銀行の支援だけでは，西欧諸国や日本の復興を迅速には達成できないとの判断があった．そして，経済が復興しなければ，西欧諸国や日本がIMF・GATTの自由化条件を満たすことはない，それどころか共産主義化（赤化）しかねない，と判断したのである．

アメリカの支援のもと，西欧諸国や日本は経済復興を進め，1950年代後半から1960年代前半にかけてIMF・GATTが規定する自由化移行要件を満たすようになった．その結果，IMF・GATT体制は本格的に稼働するようになり，同体制の下，世界貿易は拡大し，西側・自由主義圏の経済は着実に発展していった．西側諸国の経済発展は，アメリカが冷戦下，ソ連に対抗して，優位に立つ上で極めて優先度の高い目標となったが，IMF・GATT体制は，「パックス・アメリカーナ」[2]とよばれる戦後の「アメリカの平和」の経済面での礎を担ったことになる．本章では，アメリカの対西欧・対日本

政策がどのように転換され，IMF・GATT 体制がいかにパックス・アメリカーナの経済的な基盤になっていったのか，その経緯・背景を概観する．

1. アメリカの対西欧支援

(1) 冷戦の勃発

　アメリカは当初，世界銀行を通じた資金供与によって，欧州諸国の戦後経済復興を図ろうとしていた．したがって，世界銀行の正式名称は国際復興開発銀行（IBRD）なのである．しかし，世界銀行からの資金融資は限定的で少額にとどまり（1948 年までに欧州 4 カ国に対し約 5 億ドル），欧州諸国の経済復興は遅々として進まなかった．このため，欧州では不安定な経済・社会状況が続いた．

　そうした状況下，欧州では冷戦が深刻化していった．冷戦の起源に関しては諸説あるが，既に 1945 年 2 月のヤルタ会談において，チャーチルとスターリンの間で，ソ連がドイツから解放したポーランドをはじめとする東欧諸国の取り扱いについて激しい対立が表面化した[3]．ソ連は対ドイツ地上戦の最大の功労者であるが，その戦いは熾烈を極め，ソ連側の犠牲者は 2,000 万人以上（その半分以上が民間人）に上った．こうしたことから，スターリンは「ドイツの脅威」には極めて敏感で，そのために両国間の中間に位置するポーランドをはじめとする東欧諸国を支配下に治めようとしたのである．しかし，それは大西洋憲章の「民族自決」に反する．それに，特にチャーチルは元々，反ソ・反共主義者で，ソ連軍の西進に懸念を抱いていた．

　ヤルタ会談での英ソの対立から，それまでファシズムに対抗するために保持されていた米英ソ 3 カ国の協調体制は崩壊し始めた．チャーチルとスターリンの対立は，1945 年 7 月 18 日～8 月 2 日のポツダム会議でさらに強まった[4]．その後，チャーチルは会議の途中で保守党が総選挙で大敗したことから退任したが，訪米中の 1946 年 3 月 5 日に有名な「鉄のカーテン」演説を行い，ソ連の膨張主義・強圧主義を次のように厳しく批判した．すなわち，

「バルト海のステッティンからアドリア海のトリエステまで，大陸を縦断する鉄のカーテンがおろされている．この線の背後は……モスクワの支配を受けている」と発言，スターリンが強圧的に東欧諸国を支配下に治めていることに対し強い不信感を顕にした．

　アメリカのローズヴェルト大統領自身は，ソ連の東欧支配に懸念を抱いていたものの，①ソ連が対日参戦すること，②戦後国際体制に協力すること，を期待して少なくともヤルタ会談時にはソ連を強く批判することはなかった（ヤルタ会談時ローズヴェルトは既に重病に侵され2カ月後の4月に死亡した）[5]．しかし，ローズヴェルトを継いだハリー・トルーマン大統領は，ソ連が，東欧はまだしも，東地中海や中東に触手を伸ばすことには神経を尖らせていた[6]．そうした状況下，戦後ヨーロッパでソ連と対峙していたイギリスが1947年2月，自国の経済・財政疲弊のために，トルコとギリシャに駐留している英軍を撤退せざるを得ないことを米政府に伝えた．これに対し，トルーマンは1947年3月，内戦状態で共産主義勢力が伸張していたギリシャや，領土割譲要求などソ連から脅かされていたトルコから，英軍が撤退すればソ連の膨張を許す恐れがあるとして，イギリスに成り代わって両国に4億ドルに上る軍事・経済支援を行うことを表明した．

　トルーマンは支援資金を要請するために米議会で演説を行ったが，その演説の中で，ソ連を全体主義勢力と定義し，アメリカが世界の自由主義勢力を支援する必要性があることを説いた．このトルーマン・ドクトリン（Truman Doctrine）は，米ソ間の対立に「自由主義と全体主義の対立」というイデオロギー的な色彩を帯びさせた．それ以来，アメリカはソ連の勢力圏拡大の動きに対抗し，共産主義の膨張を阻止するために「封じ込め政策（containment policy）」を展開していった．

(2)　マーシャル・プランとNATO

　アメリカは，トルーマン・ドクトリン表明直後の1947年6月，ジョージ・マーシャル国務長官が，ドル不足に直面している欧州の経済復興のため

に，アメリカが資金を提供する欧州復興計画（ERP：Europe Recovery Program，通称マーシャル・プラン）を発表した．米政府は，マーシャル・プランの見返りとして，西欧諸国が結束・協力して復興計画を策定することを要求した．西欧諸国は援助の受入れ窓口として，1948年に欧州経済協力機構（OEEC：Organization for European Economic Cooperation）を設立した（OEECは1961年9月，アメリカとカナダを加えて20カ国からなる経済協力開発機構〔OECD：Organization for Economic Cooperation and Development〕に発展した．OECDは「先進国クラブ」と言われ，加盟を切望した日本もやっと1964年に加盟が認められた）．

　OEECは，欧州復興のために4年間で330億ドルの資金が必要と見積もった．これに対し，トルーマン大統領は170億ドルを米議会に要請したが，米議会は130億ドルに減額し，すべてを無償資金援助にすることを決定した．そして，実際に提供された資金額は，1948年から同計画が終了した1951年末までに120億ドル強に達した[7]．それは1948年の世界貿易総額の約10%に相当し，前述した世界銀行の融資額5億ドルの26倍にも達する巨額である．マーシャル・プランは西欧16カ国に提供されたが，イギリス，フランス，西ドイツ3カ国に半分以上が供与された．

　マーシャル・プランの狙いは，経済疲弊で不安定な社会状況が続けば，西欧諸国にも共産主義が浸透する可能性が高まるとの懸念から，まずは欧州の経済復興を支援・促進することであった．いわば，「貧困は赤化を招く」ため，西欧諸国の経済復興を支援し，貧困状況を改善させようとする試みである．マーシャル・プランは形式的には西欧諸国に限られたものではなかったが，アメリカはソ連がこの援助に賛同しないと予想していた．事実，ソ連は，マーシャル・プランが自国の東欧に対する影響力を弱めると判断し，同プランには乗らなかった．それどころか，ソ連は東欧諸国の引き締めに着手し始め，1947年9月には東欧6カ国に加え，フランス，イタリアの共産党との間の連絡機関としてコミンフォルム（共産党情報局）を結成した（ただ1956年には廃止された）．

マーシャル・プランの実施，OEEC の設立に対抗して，ソ連は東欧 6 カ国と 1949 年 1 月，経済相互援助会議（CMEA：Council for Mutual Economic Assistance, 西側における通称は COMECON：Communist Economic Conference）を設立した（1991 年 6 月に正式解散）．こうして，自由主義圏と共産主義圏は，経済面では OEEC 対 COMECON という対立図式となった．

トルーマン・ドクトリン，マーシャル・プランに続き，アメリカは 1949 年，対ソ共同防衛体として，集団防衛機構である北大西洋条約機構（NATO：North Atlantic Treaty Organization）を設立した．NATO 創設には，① 1948 年 2 月にチェコスロバキアで共産党による無血クーデターが起こったこと，②同年 6 月にソ連が「ベルリンの封鎖」（コラム参照）を開始したこと，などから西欧諸国が共産主義勢力浸透の脅威を感じアメリカに保護を求めたこと[8]，そしてアメリカが西欧諸国を軍事的に保護する必要性を認識したこと，が直接的な契機となっている．ソ連が攻めてくれば，欧州経済の復興どころではない．また，イギリス，フランスなど西欧諸国の軍事力だけでは，強大な陸軍を擁するソ連に全く対処できるとは考えられなかったのである．

1949 年設立当初の NATO 加盟国は，アメリカ，カナダに加え，西欧同盟[9]の 5 カ国（イギリス，フランス，ベルギー，オランダ，ルクセンブルグ）と，イタリア，デンマーク，ノルウェー，アイスランド，ポルトガルの 12 カ国であった．中心的存在はアメリカで，とりわけアメリカの核兵器と空軍力がソ連に決定的な打撃を与えうると考えられていた．米軍の存在がソ連の膨張主義を抑止するのに役立つと想定されていたのである．

NATO にはその後，1952 年にギリシャ，トルコが加盟した．そして，1955 年には主権を回復した西ドイツが加盟した．イギリスやフランスは，西ドイツの加盟に当初難色を示した．しかし，アメリカは，ソ連軍の西進を止める前線は東西ドイツ国境であり，強大なソ連陸軍に対処し得るのは西ドイツ軍だと考え，西ドイツの NATO 加盟を進めた．ソ連は，欧州地域で最も恐れる西ドイツが再軍備し NATO に加盟したことから，NATO に対抗

コラム

冷戦の象徴：ベルリン

　ベルリンは，1871年に鉄血宰相ビスマルクが統一したドイツ帝国の首都で，商工業も発展し，文化・学問の中心地としても栄えた国際都市であった．しかし，第2次世界大戦で破壊しつくされ，戦後は連合国の4カ国（米英仏ソ）の共同管理下に置かれた．一方，ドイツ全土も，米英仏が西部ドイツを，ソ連が東部ドイツをそれぞれ占領した．このため，米英仏が管理した西ベルリンは，ソ連占領地域内の飛び地となったが，両地域は空路，専用道路，鉄道での往来が可能になっていた．

　そのベルリンは，戦後2度にわたる危機もあり，東西冷戦にまつわる象徴的な都市となった．第1の危機は，「ベルリン封鎖」である．これはソ連が1948年6月，西ベルリンと西部ドイツ間の道路・鉄道を遮断し，経済封鎖を行ったことから始まった．ソ連は，米英仏が西部ドイツで通貨改革（ドイツ・マルクの導入）を実施，それを西ベルリンにも拡大したことに反発したのである．ソ連は，自国が占領している地域に独自の通貨改革を実施するとともに，ベルリン封鎖を行い，米英仏が西ベルリンから撤退することを要求したのである．

　封鎖されたベルリンは完全に「陸の孤島」状態になり，食料・燃料・医薬品などの供給が途絶えた．これに対し，米英軍が主体となって生活物資の大規模な空輸を継続的に実施した（「空の架橋」作戦）．こうしたことから，ベルリンでは軍事的な緊張が高まった．しかし，ソ連は，アメリカの欧州・ドイツへのコミットメントの強さを認識し，1949年5月には封鎖を解除し，事態は収まった．ただ，ベルリンの封鎖で，ベルリン市議会は東西に分裂，東西ベルリンのみならず，ドイツ全体の分裂が決定的となった．そして，1949年5月に西ドイツ（ドイツ連邦共和国，首都はボン）が誕生し，同年10月には東ドイツ（ドイツ民主共和国，首都は東ベルリン）が成立した．

　第2の危機は，1958年11月にソ連のニキータ・フルシチョフ首相が，西ベルリンの「非武装自由都市化」構想を発表，米英仏軍の西ベルリンからの撤退を要求し，その要求を西側が拒否したことから，東西対立・緊張が一挙に高まったことである．そうした中で，「ベルリンの壁」問題が起こった．これは，東ドイツがソ連の支持を得て1961年8月13日，突如ベルリンの周囲とベルリン市内の東西境界線を遮断し，特に東西境界線においては後に，高さ3～4m，長さ40km以上のコンクリートの壁を構築した問題である．それまでは，東西ベルリンの間は往来が可能で，有名なブランデンブルグ門は往来者で賑わっていた．その自由な往来が遮断されたのである．

東ドイツが往来禁止措置に出た背景には，東西ドイツの経済格差が明確になり，また抑圧的な政治体制や農業集団化の強化を嫌って，西ベルリンや同地を経由して西ドイツに脱出する東ドイツ人が続出したことがある（公式統計によると1949～61年の間に約280万人が脱出）．脱出者の続出は労働力の減少を招き，それが東ドイツの経済活動のブレーキとなったばかりか，社会主義体制の威信に係わる重大問題になったのである．東ドイツからの脱出者は，壁が建設されたことによりほとんどいなくなった．しかし，それでもベルリンの壁を乗り越えて脱出を試みる東ドイツ人が現れ，成功した者もいるが，失敗し射殺された犠牲者も79人に達した．
　ベルリンの壁は，東ドイツ政府が1989年11月9日，国民の旅行規制緩和を発令し，その後撤去された．この措置に歓喜した市民ら多数が壁に集まり，ハンマーやツルハシなどでもって壁を壊し始めた．この「ベルリンの壁崩壊」を契機に，既に東欧諸国で拡大し始めていた民主化の波は決定的なものとなった．そうした意味合いで，ベルリンの壁崩壊は，冷戦終焉の象徴的な一幕になったのである．その後1990年10月3日に東西ドイツは統一され，翌1991年ベルリンが再度ドイツの首都と定められた．そして，同年12月にはソ連邦が消滅し，戦後の冷戦構造は消滅した．

する形で1955年に東欧諸国とともにワルシャワ条約機構（WTO：Warsaw Treaty Organization）という集団安全保障機構を設立した（1991年消滅）．
　このように，欧州において，アメリカは西欧諸国を軍事的には北大西洋条約機構（NATO）で，経済的にはマーシャル・プランでもって自由主義圏に留め置き，ワルシャワ条約機構とCOMECONでもって東欧諸国を囲い込んだソ連との冷戦に対処していったのである．そして米ソ両陣営の間で熾烈な対立が繰り広げられていった．また，戦後の欧州計画という観点で今１つ重要なことは，西ドイツの復興が周辺国に「ドイツの脅威」を再燃させないことであった．このため，西ドイツをNATOのみならず，後述するような欧州の経済的な統合に組み込んでいく努力がなされた．西ドイツも戦後は，「欧州の一員」としての選択を選んだのである．ドイツを欧州に組み込んでいく動きは，後述するように，東西ドイツが再統一された後も1993年の欧州連合（EU：European Union）の発足や，1999年の単一通貨ユーロの導入

にも見受けられた．

(3) 西欧の経済統合

　アメリカはマーシャル・プラン供与に際し，西欧諸国の結束と協力を条件としたが，その西欧では1951年に，フランス，西ドイツ，イタリア，オランダ，ベルギー，ルクセンブルグ6カ国が欧州石炭鉄鋼共同体（ECSC）の設立に合意し（パリ条約），ECSCは翌1952年に発足した．これは，1870-71年の普仏戦争以来，20世紀前半の2つの世界大戦と，75年ほどの間に3つの熾烈な戦争を戦った仏独の関係を和解の方向に持っていくために，これまで対立の一大要因となっていた，両国の石炭・鉄鉱石と鉄鋼業といった重要な資源・産業を共同機関にプールし，管理するというものである[10]．そうすることによって，両国間の衝突を未然に防ぎ，戦争を物理的にも不可能にしようとしたものである．したがって，ECSCは「不戦共同体」と呼ばれた．そして，仏独の和解・協力を踏まえて，欧州統合の第一歩になることが期待されたのである．

　ECSCは当時のフランス外相ロベール・シューマンが1950年に提案した（そのためシューマン・プランと呼ばれた）が，その構想を練ったのは「欧州名誉市民」の称号を与えられ「欧州統合の父」と呼ばれたフランス人経済学者のジャン・モネである．彼は欧州統合・欧州連邦設立の必要性を訴え，その実現のために出来るものから実績を積み上げていくという方法をとり，その第1弾としてECSC構想を練ったのである[11]．そして，彼はECSCの初代理事長に就任し，自らその運営にあたった．

　ECSC加盟6カ国はさらに1957年，欧州経済共同体（EEC：European Economic Community）と欧州原子力共同体（EAEC：European Atomic Energy Community，通称EURATOM）の設立に合意し（ローマ条約），翌1958年に両機関を発足させた．この3つの共同体は1967年に合体され，欧州共同体（EC：European Community）となった．欧州共同体は，その後も続く欧州内での統合の深化を受け，1992年2月に調印された欧州連合条約

（マーストリヒト条約）を基に，1993年11月には欧州連合（EU）に発展した．このEUは，欧州共同体（EC）の専管事項を「第1の柱」に据え，新たに「第2の柱」として「共通外交・安全保障政策」を，「第3の柱」として「司法・内務協力」を加えた．すなわち，3つの柱を持った欧州連合は従来の経済面のみならず，政治・外交，司法面での統合も進めることになったのである．そして，欧州連合は2013年末時点で加盟国が28カ国に上り，5億人以上の人口を有し，世界のGDPの約4分の1を有する一大経済圏となっている．

EECは域内の関税を撤廃し，域外に対して共通関税を設ける関税同盟（Customs Union）であり，いわゆる地域経済ブロックである．こうした差別的な措置は，アメリカがGATT体制で指向した「自由・無差別・多角主義」の原則に反するものである．しかし，アメリカは，欧州の経済復興を優先させるために，「冷戦下の特殊事情」として，欧州の地域経済ブロック化を容認していったのである．

いずれにせよ，マーシャル・プランによる資金援助をきっかけに，西欧諸国は経済復興に向かい自立できるようになった．この結果，西欧諸国は1950年代末には大幅な貿易自由化を成し遂げ，1958年に通貨の交換性を回復させ，1961年にはIMF8条国への移行を果たしたのである．こうして西欧諸国はIMF・GATT体制に完全に参画するようになった．同体制の下，西欧諸国は安定した通貨制度と自由貿易体制の恩恵を受け，またアメリカからの投資も大量に流入し，かつ経済統合の効果もあり，着実な経済発展を遂げていったのである．

2. アメリカの対日支援

(1) 単独講和・日米安全保障条約

日本は，第2次世界大戦で敗戦国となり，1945年8月10日にポツダム宣言受諾を申し入れ，8月14日に無条件降伏を受諾，9月2日に降伏文書に調

印した．そして，日本は連合国軍の占領下に入ることになった．対日占領政策決定の最高機関は，米英仏中ソをはじめとする 11 カ国からなる「極東委員会（FEC：Far Eastern Commission）」（本部はアメリカの首都ワシントン D.C.）であった．しかし，実質的にはアメリカ政府の指令の下，連合国軍最高司令官総司令部（GHQ：General Headquarters of the Supreme Commander for the Allied Powers）が取り仕切った．そして，日本占領は——連合国 4 カ国が分割占領・統治したドイツとは異なり——多数を占めた米軍が主導的役割を担った[12]．

連合国の戦後日本計画のキーワードは，「非軍事化」と「民主化」である[13]．日本が軍事大国として再登場し，西太平洋・アジア地域に進出し，アメリカの同地域へのアクセスを妨害することがないようにすることを目的としていた．その一方，アメリカは日本の経済復興には特に関心を示さなかった．事実，日本の経済復興は全く進まず，日本の工業生産レベルは戦後 3 年経った 1948 年ですら，日中戦争が勃発した 1937 年の 40% 程度の水準でしかなかった．多くの人々が貧困にあえぎ，最低限の衣食住すら満たされていなかったのである．

しかし，こうした日本の悲惨な状況は，東アジア地域でも冷戦・熱戦が勃発し，アメリカの対日政策が大転換されたことで急速に改善に向かった．冷戦状況は，中国と朝鮮半島における共産党勢力の伸張，およびソ連の影響力拡大の可能性とともに深刻化した．アメリカは元々，中国に関しては蒋介石率いる国民党を支援していたが，国民党政府は統治能力に欠け汚職が蔓延し，中国人口の多数を占める農民のみならず，企業家や知識人達の支持を失い弱体化していった．そうした一方で，毛沢東率いる共産党が勢力を拡大し，1949 年 10 月 1 日には中華人民共和国を建国した（蒋介石は台湾に逃亡）．その中国は翌 1950 年 2 月，ソ連と中ソ友好同盟相互援助条約を締結し，両国の関係が深まった[14]．この条約により，ソ連は，中国が他国から攻撃を受ければ対中支援を行うこととなったのである．そのソ連は 1949 年 8 月，原爆実験に成功，アメリカの核独占体制は崩壊した．

一方，朝鮮半島では，日本降伏直後にソ連軍が進駐したことから，北緯38度線を境に南北に分断されていたが，ソ連の影響下にある北朝鮮の金日成率いる軍が突如1950年6月25日，北緯38度線を越えて韓国に侵攻して朝鮮戦争が勃発した．これに対し米軍を中心とする国連軍が反撃に出たこと，それに対し100万人にも上る中国人民義勇軍も参戦したこと，から事態がエスカレートしていった．北朝鮮軍の侵攻計画は，ソ連の承認・支援を得て周到に用意されていた[15]．

　また，共産化の波は日本国内でも高まっていた．日本では，戦後復興が進まない中，左翼・共産主義思想が広まり，労働組合運動が激しくなっていった．労働組合は元々GHQの対日戦後政策によって認められたものだが，1947年2月1日を期して全国無期限のゼネスト突入が予定されるまでに運動が激化，その前日にマッカーサー連合国軍最高司令官が事態の急転を懸念して中止命令を出したほどである．

　こうした状況に対し，アメリカは，極東・東アジア地域における共産主義のさらなる浸透・拡大を防ぐ防波堤として，日本の存在を重要視するようになった．日本を西側・自由主義圏に引き留め，膨張する共産主義の防波堤とするために，アメリカはそれまでの対日政策を大転換した．すなわち，日本に主権・独立を回復させ占領を終結し，さらに「経済復興」を支援する方向に舵をきったのである．また，それまでの日本の非軍事化路線を修正し，1950年8月には後に自衛隊となる警察予備隊の創設（7万5千人）と，海上保安庁要員の増員（8千人）指令を出した[16]．

　日本の独立に関しては，まずアメリカ国務省が1949年秋に対日講和問題を提議し，講和会議は1951年9月4日にサンフランシスコで52カ国が参加して開始された．講和会議に招請された国は元々55カ国であったが，3カ国（インド，ビルマ，ユーゴスラビア）は参加しなかった．一方，中国に関しては，代表政権を中華人民共和国か中華民国のいずれにするかの問題でまとまらず，両政権ともに講和会議に招請されなかった．そして9月8日，アメリカなど連合国48カ国が，日本国と講和条約（サンフランシスコ講和条

約）を締結した（発効は 1952 年 4 月 28 日）．ソ連，ポーランド，チェコスロバキアは，中華人民共和国が招請されなかったことや，日米安全保障条約に反対して，調印を拒否した．こうしたことから，サンフランシスコ講和条約は，全面講和ではなく，アメリカをはじめとする自由主義圏との単独講和となった．ただ，日本を含め 49 カ国が締結したことから，多数講和とも呼ばれた．

　当初，日本ではすべての交戦国との全面講和を模索していた．しかし冷戦状況の進行に伴い全面講和は容易ではなくなった．そうした状況下，当時の吉田茂首相が早期講和を切望し，また自由主義陣営との関係を重視して，単独講和に踏み切ったのである[17]．サンフランシスコ講和会議の日本の全権主席であった吉田首相は，「この平和条約は復讐の条約でなく，和解と信頼の文書である」と述べた．確かに，第 1 次世界大戦時のヴェルサイユ条約で敗戦国ドイツに課せられたのと比べ，サンフランシスコ講和条約には戦争責任条項は含まれず，また賠償も大幅に軽減されたものであった．

　サンフランシスコ講和条約に基づき，連合国 48 カ国との間で「戦争状態」は終結し，日本は主権・独立を回復，6 年 8 カ月に及んだ占領体制は終結した（ただし沖縄と小笠原諸島はアメリカの施政権下に置かれた）．また，日米両国は，講和条約と同時に日米安全保障条約（旧条約）も調印し，日本は日本国内およびその近辺に米軍が駐留することを認めた（発効は 1952 年 4 月 28 日）[18]．こうして，日本は冷戦下，アメリカが率いる西側・自由主義圏に組み入れられることになったのである．

(2) 経済復興

　「貧困が赤化の原因」との発想もあり，アメリカ政府は 1940 年代末から，日本の非軍事化・民主化よりも経済復興に重点をシフトしていった．まず連合国軍最高指令官総司令部が 1948 年 12 月に経済安定化 9 原則を指令し，翌 1949 年 2 月にデトロイト銀行頭取であったジョゼフ・ドッジが日本に派遣され，金融安定化計画（ドッジ・ライン）が策定された．ドッジ・ラインは

超均衡予算を中心とした厳しいデフレ対策であった．また，日本円の為替レートを当時では割高な1ドル＝360円とするなど日本の輸出業者への打撃も大きかった．しかし，経済復興のために大問題となっていたインフレの抑制には貢献した．インフレ抑制と為替相場の一元化は，日本の貿易の発展のために必須とされていた要件でもあった．

　一方，アメリカの対日援助は，1947年から51年の間に19.3億ドルに上った．さらには，朝鮮戦争のためアメリカが日本から調達した物資が1950年から53年の間に23.7億ドルにも達し，朝鮮特需と呼ばれた[19]．こうした対日援助と朝鮮特需の合計額は約43億ドルに上ったが，それは同期間の日本の輸入総額の約45％にも達する膨大な額であった．こうした巨額のドルを得たことで，日本は食料のみならず，経済復興に必要な生産設備や原燃料・中間財を輸入できるようになったのである．アメリカによる援助と朝鮮特需のおかげで日本経済は一時的に急速に回復し，鉱工業生産は1949年から1953年までに2倍以上に増えた（1951年に戦前のレベルを上回った）[20]．そして，1950年から53年にかけて，経済成長率が毎年，実質10％を上回る高成長を達成したのである．

(3) IMF・GATT体制への参画

　朝鮮特需に沸いている最中，当時の吉田茂内閣は，戦争はいずれ終わり（1953年7月27日に休戦協定成立）特需はなくなる[21]，またアメリカの援助も終わる，との認識から外貨獲得のために輸出を回復・拡大する必要性があると認識するようになった．しかも，加工貿易国の日本には，景気拡大に伴い輸入が増え国際収支が悪化するために，景気を意図的に抑制せざるを得なくなるといった「国際収支の天井」の問題があった．この天井をかさ上げし，経済成長を確保するために，輸出の拡大が急務であった．

　しかし，日本が西側・自由主義圏の一員となったことから，戦争直前に最大の輸出先であった中華人民共和国には輸出が出来なくなった[22]．そして，第2位の輸出先であった朝鮮や台湾といった植民地も失っていた．また，東

南アジア諸国への輸出を再開するのは，大東亜共栄圏の苦い経験もあり困難であった．したがって，吉田内閣はアメリカや西欧など先進国への輸出を促進する必要性を認識した．欧米への輸出拡大のためには，日本もGATT体制に本格的に参画し，欧米諸国と同等の貿易機会を得る必要があった．そのため，吉田内閣は経済外交を展開し，1952年7月にはGATTへの加盟を申請した．

アメリカは既に1949年には，日本のGATT加盟のためにキャンペーンを張り始めていた．アメリカにとってみれば，日本にいつまでもアメリカの援助に頼られていては困るからである．しかし，日本のGATT加盟申請は，西欧諸国やオーストラリア，東アジア諸国などが強硬に反対したことから却下された．西欧諸国，特にイギリスでは，戦前に東南アジアなどで自国の輸出マーケットが，日本の輸出ダンピングや，著作権・デザインの盗用などの不公正な手段で荒らし回された記憶が残り[23]，日本の輸出復活に強い警戒心や嫌悪感を抱いていたのである．また，アジア諸国でも反日感情が募っていたのである．

それでもアメリカは，日本のGATT加盟をバックアップした[24]．また，西ドイツとカナダからの支援を得て，日本はようやく1953年にGATTのオブザーバー資格が与えられ（仮加盟），1955年9月10日に正式なメンバー資格を得た．しかし，それでも西欧諸国などの間では対日不信が根強かった．事実，日本がGATTメンバーになったにもかかわらず，イギリス，フランス，インド，オーストラリア，ブラジル等14カ国は，GATT第35条の規定に基づき，日本に対しGATTの規定を留保し，最恵国待遇（MFN：most favored nation treatment, 詳細後述）を供与しなかった．また，最恵国待遇を供与した西ドイツやイタリアなども，対日輸入数量制限措置（詳細後述）を導入した．こうした差別待遇からして，日本が当時，いかに多くの国から特別視されていたかが窺える．

GATTに正式加盟したものの多くの国から貿易制限を課されたため，日本は輸出先として益々アメリカ頼りとなった．またその一方で，自国市場に

対してはより保護主義的になった．そのため日本は，アメリカとの通商交渉に際し，朝鮮戦争後のエスカレートする冷戦状況を利用し，アメリカに譲歩を求めたのである．アメリカは日本の要求を受け入れ，日本の輸出品に対し特恵的な条件でアメリカ市場へのアクセスを認める一方，日本が保護主義的な貿易措置を採ることにも比較的寛大に対処したのである．事実，日本政府は1950年代中頃までに，新たに一連の貿易・為替・投資制限を設けたのである．こうしたアメリカの寛大な対処は，西欧に対するのと同様に「冷戦下の特殊事情」として暫定的に容認されたのである．

こうした中，日本は経済回復を続けてきたことから，1962年には大幅な貿易自由化に乗り出した．そして，1963年にはGATT 11条国へ移行し，1964年にはIMF 8条国への移行も果たした．同時に，日本は欧州諸国等の対日貿易の差別的措置撤廃のために，まずはイギリスと2国間協議を開始した．その結果，1962年11月には日英通商航海条約が締結され，日本は，イギリスが緊急輸入制限措置（詳細後述）を採り得ることや，日本が輸出自主規制（詳細後述）を導入するなど様々な譲歩をしたものの，イギリスから最恵国待遇を獲得することに成功したのである（発効は1963年4月）．その後，フランス，ベルギーなどの欧州諸国も，日本に最恵国待遇を供与するようになった．こうして，日本は各国の対日差別待遇を軽減し，GATTの便益を享受できるようになったのである．そして1964年4月に念願のOECD加盟を果たし，同年10月にはアジアで初めてのオリンピックを東京で開催した（10月1日には東海道新幹線が開業）．こうしたことから，日本は「先進国の仲間入り」を果たした，と言われたのである．

日本はIMF・GATT体制の確たる一員となり，IMF・GATT体制の便益をフルに享受できるようになった．その結果，日本の西欧諸国向け輸出は増えていくようになった．しかし，対米輸出も着実に増加し，1970年の対米輸出額は日本の輸出全体の30.7％と，最大のシェアを占めた．これは，対欧輸出のシェア（15.6％）のほぼ2倍であった（対アジア輸出のシェアは26.4％）．

1960年代後半に日本の対米輸出が増加した背景には，アメリカがベトナム戦争への介入を拡大させたことが大きく影響している．すなわち，ベトナム戦争介入拡大に伴い国防支出が増大したことに加え，当時のリンドン・ジョンソン大統領が「偉大な社会」政策に基づき福祉支出を急増させたこともあって，アメリカ経済はインフレ体質が強まり，米国製品の価格競争力が弱まったのである．また，国防支出の拡大で，アメリカ企業は競争の激しい民間市場よりも国防軍需に目を向けていった．こうしたことから，アメリカの民間需要の間隙を埋めるように，日本製品の対米輸出が拡大していったのである．また，ベトナム戦争への介入拡大で，アメリカが当時の南ベトナムなどに大規模な資金を投入したことから，日本の家電製品等が南ベトナムをはじめ東南アジア諸国に急速に輸出販路を拡大するようにもなった．これが，日本で収益の源泉が「ドル箱」と呼ばれるようになった所以である．

いずれにせよ，日本はIMF・GATT体制の便益をフルに享受できるようになり，1960年代（とりわけ後半）には輸出と設備投資主導型の高度経済成長を達成するようになり，1968年には当時の西ドイツ抜いて世界第2位の経済大国になったのである．

3. パックス・アメリカーナの確立

前述したように，アメリカは元々全世界を対象とした経済システムとしてIMF・GATT体制の構築を図ったが，冷戦対立の中でソ連・共産主義圏が抜け落ち，IMF・GATT体制は基本的にはアメリカ率いる西側　自由主義圏が主体の経済システムとして機能するようになった．そして，アメリカはパックス・アメリカーナを構築し，ソ連・共産主義圏と対立して行ったのである．それは，図2-1のように表すことができる．

すなわち，アメリカは，軍事的にソ連共産圏と対峙し，共産主義の浸透・拡大を防ぐ目的で，西欧諸国（とカナダ）とは北大西洋条約機構（NATO，1949年）で，日本とは日米安全保障条約（1951年）で同盟関係を構築し，結

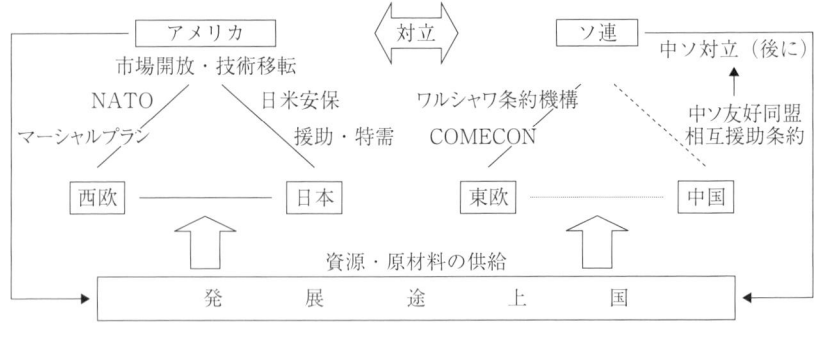

図 2-1 パックス・アメリカーナと戦後東西対立の図式

束を強めた．また，アジア・太平洋地域では他にも，フィリピン（1951年），韓国（1953年），台湾（1954年）と相互防衛条約を結び，さらに東南アジア条約機構（SEATO）といった集団安全保障機構も1954年に発足させた．オーストラリア，ニュージーランドとは1951年，太平洋安全保障条約（ANZUS）を結んだ．さらに，1959年にはトルコ，イラン，パキスタンと相互協力協定を締結し，中央条約機構（CENTO）を発足させた．中南米諸国とも1947年に米州相互援助条約（リオ条約）を締結し，翌1948年に米州機構（OAS）を設立した．以上のようにアメリカは世界中で各国・地域との同盟関係を構築し，軍事戦略上の重要性を持つ国には米軍基地を設置したり，軍事顧問を派遣するなどした．

　こうした動きに対しソ連は，東欧諸国とはワルシャワ条約機構（WTO，1949年）で，中国とは友好同盟相互援助条約（1950年）で結束を固めた[25]．ソ連はまた，キューバや北ベトナム等々とも同盟関係を築いた．そして，エチオピアやアンゴラ，リビア，シリア等々に軍事施設を設けたり，軍事顧問を派遣したりしたのである．

　アメリカは同盟国の共産化を防ぎ，自由主義圏に留めておくために，同盟国の経済復興をも支援した．西欧諸国にはマーシャル・プランで，日本には援助や朝鮮特需を通じて多額のドルを投入し，欧日が生存や復興のために必要な物資を輸入できるようにした．さらには，日本・西欧諸国とも外貨獲得

を輸出に頼らざるを得ないような経済構造であったことから，アメリカは，①IMF・GATT体制を通じて安定した通貨制度・自由貿易体制を発展させることのみならず，②日欧製品のアメリカ市場へのアクセスを広範に認め，③アメリカからの投資・技術移転にも寛大に対処したのである．また，日欧諸国とも総じて資源・原材料に乏しいことから，大量かつ安価な資源・原材料へのアクセスを確保できるようにするために，資源・原材料を有する第3世界の国々に影響力を行使──時には軍事介入で現地政権を転覆させ親米政権を樹立──していったのである（その顕著な一例として石油が挙げられるが，石油に関しては第6章で述べる）．

　こうしてできあがったパックス・アメリカーナは，米欧日といったリングと，途上国を包含する2つのリングからなっていた[26]．米欧日のリングでは，アメリカの軍事力の保護の下，日欧は民主主義体制を維持し，経済相互依存関係を強めていったのである．そして，途上国のリングでは南米，中近東，アフリカ，アジアの国々が，アメリカの覇権の下に集められていった．アメリカはこうした途上国地域に対しては，必ずしも民主化を要求しないどころか，場合によっては軍事独裁，絶対君主制なども容認，擁護してきた[27]．一方，ソ連も勢力圏の拡大や資源・原材料確保などの目的で，第3世界に積極的に接近し，独立運動や民族解放運動などを支援していた．こうした結果，米ソ間で第3世界の国々を巡る獲得競争が繰り広げられたのである[28]．

　冷戦構造の下，米ソの対立は，朝鮮半島やベトナム，アンゴラ，ナミビア，アフガニスタンなどの周辺諸国では，実際に熱戦という形で繰り広げられた．朝鮮戦争とベトナム戦争では大量の米軍が直接に投入され，アフガニスタンではソ連軍が大規模な直接介入を行った．また，その他の地域では，米ソそれぞれに支援された現地の政権と反政府グループなどによる「代理戦争」も行われた．しかし，アメリカとソ連が表立って直接戦う戦争は1度もなく，第3次世界大戦は起こらなかった．また，西欧と東欧，日本と中国が戦争状態になることもなかった．そして，IMF・GATT体制の下，西側・自由主義陣営では，着実な経済発展が見られたのである．

注

1) ソ連のスターリンは，アメリカの圧倒的なパワーが IMF・GATT 体制を通じて世界に支配的な影響力を及ぼすことを懸念し，ソ連の影響力を保持できるような政治的・経済的ブロックの形成を指向していたのである．こうしたブロック形成の指向は，多数の英連邦諸国・植民地を有していたイギリスのチャーチル首相にも見受けられた．

2) 「パックス・アメリカーナ（Pax Americana）」とは，アメリカが第 2 次世界大戦後，その覇権によって維持した平和のことを意味する．その用語は，ローマ帝国の覇権の下，地中海世界が相対的に安定した「パックス・ロマーナ（Pax Romana）」（「ローマの平和」）に由来する．なお，19 世紀後半は，軍事力・経済力・金融力の圧倒的な優位を誇ったイギリスによる「パックス・ブリタニカ（Pax Britannica）」の時代であったと言われている．

3) もっとも，第 2 次世界大戦中も，英米とソ連の間では対立があった．最大の対立は，ヨーロッパ「第 2 戦線」である．これは，スターリンが 1941 年 6 月の独ソ開戦直後の 7 月に，ドイツの戦力を 2 分するために，英米両国に対し北フランスに進軍し「第 2 戦線」を構築することを要求したものの，英米両国は真剣には取り合わず溝が生じた対立である．そして，「第 2 戦線」が構築されたのは 1944 年 6 月の連合軍によるノルマンディー上陸作戦と，ソ連が東部戦線で敗退するドイツ軍を追って西進を始めた 1943 年 10 月から半年以上もたった時点である．この時点ではもはや，第 2 戦線はソ連にとって不可欠ではなくなっていたのである．反ファシズムで連合を組んだものの，英米両国とソ連は元々イデオロギー的に対立関係にあり，加えて領土・権益や戦後の勢力関係を巡って，生々しい権力闘争を繰り広げていたのである．

4) チャーチル，トルーマンとスターリンの対立は，ポーランド問題のみならず，その他の東欧の戦後処理問題やドイツ占領統治問題，賠償問題などを巡っても顕著であった．このため，ポツダム会談は合意できなかった項目が多く，余り評価されなかった．ちなみに，ポツダム会談のみならずヤルタ会談などにおける英米ソの立場・思惑の相違については，ドブズ〔2013〕が詳述しており，一読をおすすめする．

5) ローズヴェルトは，ヤルタ会談でスターリンと，①南樺太の返還，②千島列島の引き渡し，③中国東北部におけるソ連の特殊権益の確保，などを条件にドイツ降伏後 2 カ月または 3 カ月以内にソ連が対日参戦をすることを要求した秘密協定を結んだ．そして，アメリカが 8 月 6 日に広島に原爆投下した 2 日後の 8 日に，ソ連は対日宣戦布告を行った．

6) ソ連は広大な領土を持つ国だが，海岸線がほとんど北極海・北部にあり，冬には凍結して使用できない港が多い．こうしたことから，ソ連は南の海へのアクセスに意欲をつのらせていた．実際，ソ連は 1945 年以降，トルコ政府に対し海軍基地と領土割譲を要求していた．また，「石油の時代」の 20 世紀にあって，ソ連は

中近東にも興味を示し，戦後直ぐにイラン北部の分離工作に乗り出した．この問題に対し，イラン政府は英米の協力も得て国連安保理に提訴し，ソ連の北イランからの撤退を要求した．
7) マーシャル・プランが西欧諸国のドル不足を補い，経済復興に資したことは間違いない．
8) NATO構築やマーシャル・プランなどアメリカの西欧へのコミットメントは，西欧諸国が自らの利益のために，アメリカの覇権（軍事力・経済力）を都合よく利用するためにアメリカを呼び込んだ結果だとして，アメリカは「招かれた帝国」とも言われた．その点に関連して，例えばNATO初代事務総長の英国人イズメイ卿は，NATOの目的が「ソ連を追い出し，ドイツを抑え込み，アメリカを招き入れる」ことであるとの名言を残している．
9) 西欧同盟（WEU：Western European Union）は1948年，西欧5カ国が，①拡大する共産主義勢力への対応のみならず，②ドイツ軍国主義の再現阻止，を目的にして発足した．しかし，1955年に西ドイツとイタリアが加盟したことから，前者の対共産勢力への対抗が目的となった．ただ，冷戦期間中WEUは，NATOの陰に隠れて存在感が薄かった．そして，2000年には欧州連合に統合された．
10) 「鉄は国家なり」と言われた時代があるが，確かに鉄は，鉄道，橋，建物といったインフラ関連のみならず，戦車や大砲，鉄砲など戦争には欠かせない最重要物資だったのである．なお，ECSC条約は50年の有効期限を迎え，2002年に失効した．
11) 欧州統合に関しては，既に第1次世界大戦後の1923年に，オーストリアの政治家であるリヒャルト・クーデンホーフ＝カレルギー伯爵が『汎ヨーロッパ』を著してその必要性を訴えた．そして，彼は翌1924年に汎ヨーロッパ会議を設立，1926年には26カ国の代表の参加を得て第1回汎ヨーロッパ会議を開催した．しかし，ヒトラーが弾圧を加えたため，カレルギー伯は亡命した．カレルギー伯は第1次世界大戦の結果，超大国として台頭し始めた米ソに伍するためには，個々の欧州諸国は小さ過ぎ，統合する必要があると訴えたのである．彼は第2次世界大戦後の1947年，ヨーロッパ議員同盟を創設し，「欧州統合の父」と呼ばれた．ちなみに，カレルギー伯は東京生まれで，父親ハインリッヒはオーストリア・ハンガリー帝国の駐日特命全権大使を務め，母親は日本人の青山光子である．彼女は夫に従い欧州に移り住んだが，欧州の社交界で名をはせ，香水「ミツコ」のモデルともなった．
12) 1945年8月8日に対日参戦したソ連も北海道北部の占領を画策したが，ソ連による東欧の単独支配の容認と引き換えに日本占領の要求を諦めたと言われている．それは，ソ連が，対米戦略上核開発を急ぐ決定をしたものの，当時ソ連ではその燃料となるウランの埋蔵が確認されておらず，東欧，特にブルガリアとチェコスロバキアにウラン鉱床があったため東欧を重視したことが背景にあると言われている．この件に関しては，下斗米〔2011〕が詳しく，参照されたい．
13) 最初の連合国軍最高司令官（SCAP）はダグラス・マッカーサー元帥で，彼は

1945年8月から1951年4月まで在任した．マッカーサーは朝鮮戦争の際の国連軍最高司令官にも就任したが，中国人民義勇軍の参戦に対し原爆使用を主張し，戦争の限定化を図るトルーマン大統領と対立，1951年4月に罷免された．
14) この結果，「東アジアでは，ヤルタに基づく従来の英米中ソ同盟という枠組みが……完全に機能しなくなった」(下斗米〔2011〕160頁)．
15) アメリカは6月27日に国連安保理決議を成立させ，同決議に基づいて「国連軍」(多数は米軍)を形成した．この決議採択の前に，ソ連は，国連に中華民国の追放と中華人民共和国の加盟を認めるように主張し，国連総会のみならず安保理もボイコットしていたために，安保理決議に拒否権を行使することができなかったのである．この結果，史上初めて「国連軍」が形成された．国連軍は猛反撃に出て，北朝鮮軍を中国国境近くにまで追い詰めた．これに対し，中国人民義勇軍が10月25日に参戦，再び北緯38度線を越えてソウルを占領した．これに対し，国連軍は反撃，再度ソウルを奪回した．その後，戦線は1951年6月以降，北緯38度線で膠着状態になり，同年7月には休戦協議が開始され，2年後の1953年7月に休戦協定が成立した．そして，休戦協定締結60年後の2013年末の時点でも，朝鮮戦争は休戦状態のままであり，終結してはいない．
16) 日本独立に向けた動きの背景には，占領が長期化することによってアメリカの負担が増加することも要因としてあった．
17) その後，日本政府は個別に，サンフランシスコ講和条約を締結しなかった国と交渉を始めた．しかし，中華人民共和国との平和友好条約が締結されたのは1978年8月12日と，サンフランシスコ講和条約締結後27年以上たった時点である．また，ソ連とは1956年10月16日に日ソ共同宣言がなされ，国交樹立が回復されたが，日ソ(日ロ)平和条約は現時点でも未だに結ばれていない．
18) また，1952年2月には日米行政協定が締結され(発効は同年4月)，安保条約に基づき，①米軍は日本国内のどこでも基地を設置することができ，②米兵とその家族は治外法権を持つこと，など米軍にとって特権的な取り決めがなされた．そして，米軍基地は，講和条約後もアメリカの施政権に置かれた沖縄に集中して設けられた．沖縄は1972年5月15日に日本に返還されたものの，その後も米軍基地の沖縄偏重は続いており，現在でも米軍基地の75%は，日本の国土面積の0.6%にしか過ぎない沖縄に置かれているのである．こうした沖縄の「重すぎる負担」は，日本人全員が向き合わなければならない問題である．
19) 米軍が朝鮮特需で日本に発注した主な物資は，麻袋，綿布等の繊維製品と，トラック，自動車部品，ドラム缶等の金属関連製品で，「糸(いとへん)」・「金(かねへん)」ブームが起こった．トラック受注が急増した結果，例えば倒産寸前であったトヨタは急速に収益が回復し，経営危機を乗り切った．
20) 戦前の水準を超えたのは，実質国民総生産(GNP)が1951年，1人当たりのGNPは1955年，1人当たりの個人消費は1953年であった．
21) 朝鮮特需は日本経済の回復に大きく貢献したが，日本政府は「特需にすがりつ

かなければ立ってゆけないようなゆがんだ経済の姿」(『経済白書』1953 年版) と認識し，特需頼りを改善し自立した経済を確立する必要性を認識していた．
22) 戦前，長らくアメリカが日本輸出の最大市場で，1926 年には日本の全輸出の 35.7% を占めていた．しかし，日本の中国大陸進出に伴う日米関係の悪化を反映して日本の対米輸出は激減し，1935 年にはそのシェアは 16.3% にまで縮小した．そして，1936 年には中国が，アメリカになり代わって，日本の最大の輸出市場となり (シェア 17.6%)，次いで当時植民地であった朝鮮が第 2 位 (シェア 17.1%) となった．
23) 日本は，1929 年のニューヨーク株式暴落による世界大恐慌と，1930 年に実施された金解禁に伴い，「昭和恐慌」と呼ばれる厳しい不況状態に陥った．不況克服のため，高橋是清蔵相は 1931 年，管理通貨制度の導入と，赤字財政による景気刺激策 (「高橋財政」) を導入した．管理通貨制度のもと，円相場は割安となり輸出が急増した．イギリスをはじめとする欧州諸国は，日本の輸出ダンピングが日本国内の低賃金・低生活水準に基づく「ソーシャル・ダンピング」だとして批判した．
24) アメリカは日本の GATT 加盟のために様々な支援を行った．とりわけ，「関税譲許の 3 角交渉」は有効な措置となった．3 角交渉は，日本からの関税譲許に関心が低い国に対し，アメリカが日本に代わって関税譲許を与え，日本はアメリカに対し関税譲許を与えるというものである．日本からはともかく，アメリカからの関税譲許を獲得しようとする国は多く，3 角交渉は大きな効果があった．
25) ただ，1956 年のフルシチョフ首相によるスターリン批判をきっかけに，中ソは理論・思想対立を起こし，1960 年代には中ソ対立が公然化，同条約は有名無実化した．その後，中国が 1979 年に再延長を拒否したことから同条約は終了した．中ソ関係が正常化されたのは，1985 年にソ連共産党書記長となったミハイル・ゴルバチョフが，「ペレストロイカ (建て直し)」と「新思考外交」に乗り出した直後の 1987 年である．
26) こうした図式は，「従属論」や「世界システム論」といった政治理論では，世界資本主義の中で，アメリカを中心とする先進国が「中心 (第 1 世界)」で，途上国が「準周辺 (第 2 世界)」と「周辺 (第 3 世界)」に分類される．中心の核となる覇権国がアメリカである．そして，中心が準周辺と周辺を，準周辺が周辺を搾取しているとされた．こうした搾取の結果，途上国の自律的な発展が阻害されているとの見解が多く聞かれたが，こうした見解は，1970 年代以降の新興経済圏の目覚ましい経済発展もあり，説得力が弱まっていった．
27) 例えば，イラン，サウジアラビア，フィリピン，インドネシア，韓国，南ベトナム，パナマ，チリ等々が挙げられる．
28) こうした中，東西いずれの陣営にも属さず，中立主義による緊張緩和を目指す運動が広がり，1961 年には第 1 回非同盟諸国首脳会議がユーゴスラビアで開催され，インド (ネルー首相)，ユーゴスラビア (チトー大統領)，エジプト (ナセル大統領) をはじめ 25 カ国の首脳が出席した．

第 II 部　国際通貨体制

第3章
IMF 体制

　第 2 次世界大戦後の IMF 体制は，米ドルを基軸通貨とする「金ドル本位制」と，「固定相場制」を柱に，比較的安定した国際通貨体制となり，国際貿易・世界経済の発展に大きく寄与した．ここではまず，IMF 体制を概観する前に，国際通貨体制とは何なのか考えてみたい．そもそも通貨には，価値尺度（計算単位），支払手段（交換手段），価値保蔵手段の 3 つの機能があると言われている．この 3 つの機能を，国際的に果たしている通貨が，「国際通貨（international currency）」あるいは「基軸通貨（key currency）」と呼ばれる[1]．基軸通貨はまた，各国が対外支払い準備として——金と同じように——保有しているために準備通貨とも呼ばれる．基軸通貨は，歴史的に見て 19 世紀後半から第 1 次世界大戦までの「パックス・ブリタニカ」時代の英ポンドと，第 2 次世界大戦後の「パックス・アメリカーナ」時代の米ドル，が挙げられる．

　基軸通貨をはじめ各国通貨の価値基準を定め，各国通貨の交換性を確保し，交換比率（為替相場あるいは為替レート）を決定・維持するような，法的・制度的取り決めや慣行などを総称して国際通貨体制と呼べる．安定した国際通貨体制が存在することで，国境を越える取引に伴う決済が円滑にできるようになり，各国の経済発展が可能となる[2]．通貨の交換比率は，後述するように様々な要因で変動しうる．とりわけ，国際収支（詳細後述）の不均衡は，歴史的に見て為替相場が変動する大きな要因となっており，為替相場の安定には国際収支の均衡維持が欠かせないと言われてきた．国際収支は，当該国の経済情勢に大きく依存する．したがって，為替相場は各国の経済・金融・

財政・政策を含め様々な要因で変動しうる．

安定した国際通貨体制は国際投資や貿易の発展にとって重要な礎であり，その動揺や混乱は投資や貿易の変調を通じて，各国経済や世界経済に混乱を招く．そうした混乱は，国家間の紛争や戦争につながる可能性もありうる．経済面の混乱が，第2次世界大戦を招いた一大要因となったことは前述した通りである．

本章では，英ポンドが基軸通貨であった時代の金本位制を見た上で，第2次世界大戦後のIMF体制を概観する．そして，なぜIMF体制が崩壊したのかについて見ていく．

その前に，前述した国際収支に関して，本書の随所で言及するため，少し長くなるが以下説明する．国際収支（balance of payments）とは，一定期間における，1国のすべての対外的な経済取引に伴う決済の受払いを把握したものである．そして，その統計を表にしたものが国際収支表である．国際収支に関しては，IMFが「国際収支マニュアル」という国際的な作成基準を提示しており，各国は基本的にはそれに従って国際収支表を発表している．日本では，財務省および日本銀行が毎月発表しているが，その形式は表3-1の通りである．

IMF国際収支マニュアルには種々取決めがあるが，特に次の2点が重要である．第1は，対外取引が「居住者と非居住者の間の取引」とされていることである．「居住者」とは，その国内に住所・居所を有する個人，企業，団体等を指し，例えばアメリカ企業の日本支社は日本の居住者であるが，日本企業のアメリカ子会社は「非居住者」となる．

第2は，「複式計上の原則」である．国際収支統計は，会計簿記のように，1つの取引が貸方と借方に同額計上される．「貸方」には，「輸出」と「対外金融資産の減少（あるいは対外金融負債の増加）」が，「借方」には，「輸入」と「対外金融資産の増加（あるいは対外金融負債の減少）」が計上される．したがって，貸方・借方は同額となる．例えば，日本からアメリカへの自動車輸出1億ドルは，貸方では「輸出」に1億ドル，借方には「対外金融資

表 3-1　日本の国際収支表

(単位：億円)

	2000 年	2006 年	2012 年
経常収支	128,754	198,142	48,236
貿易・サービス収支	74,299	73,461	−83,041
貿易収支（輸出−輸入）	123,719	94,643	−58,142
サービス収支（輸送・旅行・その他サービス）	−49,420	−21,182	−24,899
所得収支（投資収益・雇用者報酬）	65,052	138,111	142,724
経常移転収支（無償資金援助，国際機関への拠出金など）	−10,595	−12,430	−11,446
資本収支	−94,234	−124,666	−81,877
投資収支	−84,287	−119,132	−81,075
直接投資（株式取得・資金貸借など）	−25,039	−6,625	−96,400
証券投資（株式・債券）	−38,469	147,961	−32,214
金融派生商品（先物・先渡取引，オプション，スワップ等）	−5,090	2,834	−5,903
その他投資（貸付・借入，貿易信用，現預金・雑投資）	−15,688	−203,903	53,445
その他資本収支（資本移転，その他資産）	−9,947	−5,535	−804
外貨準備増減（増加：マイナス表示，減少：プラス表示）	−52,029	−37,196	30,514
誤差・脱漏	18,088	−37,280	3,138

注：資本収支・外貨準備増減のマイナスは資本の流出（資産増加・負債減少）を示す．
資料：財務省（ホームページ）「国際収支総括表（暦年）」2013 年 9 月時点．

産」1億ドルが計上される．ただ，表3-1のような発表形式では，輸出1億ドルの計上に対し，その見返りの金融資産の増加は，資本収支の「その他投資」にマイナス1億ドルが計上される．金融資産の増加分1億ドルを日本の通貨当局に売却すれば，「その他投資」で1億ドルが減少し（表示上はプラス），公的当局の外貨準備高が1億ドル増加（表示上はマイナス）する．

　財務省および日本銀行が作成している国際収支表の各項目に関し，日本銀行の解説（www.boj.or.jp/type/exp/stat/exbs02.htm#01a）に沿って説明する．「経常収支」は，経常取引に係わる受払いの収支で，貿易収支，サービス収支，所得収支，経常移転収支からなる．「貿易収支」は，「財貨」の「輸出」と「輸入」の収支尻である．「サービス収支」は，サービス取引に伴う受払いの収支尻である．サービス取引は，「輸送」，「旅行」，「その他サービス」に分類され，「その他サービス」はさらに，「通信」，「建設」，「保険」，「金融」，「情報」，「特許等使用料」，「その他営利業務」，「文化・興行」，「公的そ

の他」に分けられ，全部で11分類となる．「所得収支」は，「雇用者報酬」（居住者による非居住者労働者への報酬の支払いと居住者労働者が外国で稼得した報酬の受取りの収支尻）と「投資収益」（居住者・非居住者間における対外金融資産・負債に係わる利子・配当金等の受払いの収支尻）に分類される．「投資収益」はさらに，「直接投資収益」，「証券投資収益」，「その他投資収益」に分類される．「経常移転収支」は，実物資産（財貨・サービス）あるいは金融資産などの無償取引（経済的価値の一方的な受払い）の内，相手国の経常支出となるものを，国際収支表に複式計上方式で記録するための見合い項目で，無償資金援助や国際機関への拠出金などが含まれる．

「資本収支」は，居住者・非居住者間で行われた資産・負債の取引を計上する項目で，「投資収支」と「その他資本収支」からなる．「投資収支」は，「直接投資」，「証券投資」，「金融派生商品」，「その他投資」からなる．「直接投資」は，直接的な経営支配・参加に伴う株式取得，資金貸借などで，具体的には出資の割合が原則として10%以上とされている．また，居住者（非居住者）による海外（国内）不動産の取得処分についても当項目に計上される．「証券投資」は，株式やその他の負債性証券（中長期債券，短期債券など）である．「金融派生商品（金融デリバティブ）」は，後述するオプション取引，先物および先渡取引，通貨スワップの元本交換差額，金利スワップ取引に係わる利子等が計上される．上記以外の投資は「その他投資」に分類され，貿易信用や貸付・借入などが含まれる．なお，「資本収支」に伴う，配当や利息などは，基本的には「経常収支」の「所得収支」に計上される．「その他資本投資」は，「資本移転」（固定資産の取得または処分にかかる資金の移転，固定資産の所有権の移転，債権者による債務免除を計上）と，「その他資産」（非生産非金融資産で，特許権，著作権等や，大使館による土地の取得・処分等を含む）に分類される．

「外貨準備」の増減は，通貨当局の管理下にある利用可能な対外資産の増減を計上する項目で，増加がマイナス表示，減少がプラス表示となっている．例えば，通貨当局が行き過ぎた円高・ドル安を抑制するために為替市場介入

を行い，ドルを購入した場合には外貨準備の積み増しとなり，マイナス表示される．そして最後に，統計上の「誤差・脱漏」項目が設けられている．

1. 金本位制

(1) 金本位制の成立

イギリスは産業革命によって，18世紀半ば以降に工業生産力を飛躍的に伸ばし，近代資本主義の道を切り開いた．そして，19世紀半ばには「世界の工場」と呼ばれる地位を確保するようになった．世界の工場として機能するために，イギリスは海外に資源・原材料の供給源と製品の市場を確保する必要性があった．そのためイギリスは自由貿易に乗り出す一方，ロンドンのシティ（The City）[3]が国際金融取引の中心地として発達し，金融や商業が大いに発展していった．

こうした結果，海外との資金決済の必要性が増したイギリスは1816年に貨幣法（Coinage Act）を制定して，それまで長らく続いた金銀複本位制を排し，貨幣の基準を——価格下落の激しかった銀を外し——金のみとする金本位制（gold standard）を採用することを決定した．そして，新たにソブレン金貨（1ポンド金貨）の自由鋳造を始め，1821年にはイングランド銀行券

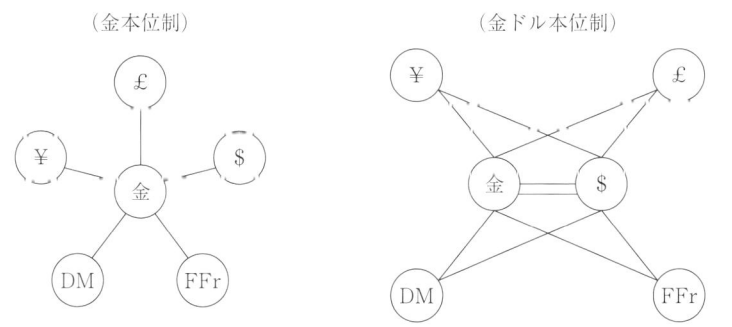

注：¥：日本円，$：米ドル，£：英ポンド，DM：ドイツ・マルク，FFr：フランス・フラン

図3-1　金本位制と金ドル本位制の仕組み

の金貨との兌換（交換）を開始し，イギリスは世界に先駆けて金本位制に移行した．その後，1844年にはイングランド銀行法（ピール条例）を制定し，金との交換が保証されたポンド表示の兌換紙幣の発行をイングランド銀行のみとし[4]，その発行額と同額の金を常時保管することでポンド紙幣の価値を保証した．金本位制の下，ポンドの価値は金1オンス＝3ポンド17シリング10ペンス半と決定されたが，このポンドの平価は，イギリスが金本位制を停止する1919年直前まで安定的に推移した．

イギリスの後しばらく時間がたったが，1871年にはドイツが金本位制に移行した．その後，1873年にはアメリカ[5]，オランダ，ベルギーが事実上金本位制に，1876年フランス，1897年には日本，ロシアと，主要国が金本位制に移行した．このように主要各国が金本位制を導入したことから（それ以前は主に金銀複本位制など），1870年代後半には金本位制に基づく国際通貨体制が自然発生的にでき上がっていった．こうした体制は各国が自発的に金本位制に移行し維持したことから，結果として成り立ったものである（図3-1参照）．そうした意味合いで，各国が政治的意思によって国際的な取決めであるIMF協定（詳細後述）に合意し，その合意を遵守してでき上がった戦後のIMF体制とは異なるものである．そして実際，IMF協定及びIBRD協定（両協定は「ブレトン・ウッズ協定」とも呼ばれている）は，「国家間の経済協力を保証するための，恒久的な国際制度や法的枠組みを構築した最初の協定であった」[6]のである．

(2) 金本位制の利点と問題点

金本位制は通貨の基準を金とするもので，その金本位制には――少なくとも理論的には――①各国通貨の為替相場が安定する（為替相場安定機能），②国際収支不均衡が自動的に調整される（国際収支不均衡の自動調整機能），といった優れた機能がある．

1）為替相場安定機能

　金本位制では，各国通貨の1単位は，法律によって一定量の金の重さで定められる．したがって，各国通貨間の交換比率（為替相場）は，金の分量を比較することによって決まる．こうして得られる為替相場を，金平価（gold par or gold parity），あるいは法定平価（mint par or mint parity）と呼ぶ．例えば，話を非常に単純化するために，仮に1英ポンド（£）＝金1単位，1米ドル（$）＝金0.5単位と定められているとする．その場合，ポンドとドルの間には，£1＝$2の金平価が成りたつ[7]．いま仮に，アメリカの市場でポンド売り・ドル買いの取引が急激に増え，米ドルが£1＝$1.5にまで上昇（ポンドが下落）したとする（現実にはこのような極端なことはないが）．この場合，まず，①イギリスで当局に1ポンドを売り金1単位を得る，②金1単位をアメリカに輸出して売却し2ドルを得る，最後に③アメリカ市場で2ドルを売り，1.333……ポンド（2÷1.5）を得る．すなわち，前述の取引をすることで，1ポンドから0.333……ポンドの大きな利益を得ることになる．

　こうした取引は裁定取引と呼ばれ，市場に生じる鞘を取ることで，リスクもなく利益を得ることができるのである．こうした裁定取引は，利益がなくなる水準まで続く．すなわち前述の例だと，£1＝$2まで取引が行われる．このようにアメリカ市場でドル売り・ポンド買いが行われるため，ポンド安・ドル高が解消するのである．このような裁定取引が働くために，金本位制の下では為替相場が安定するのである．

　実際には，こうした取引には金の輸送費用や金利，保険料，売買手数料などのコストがかかる．したがって，裁定取引が行われるのは，為替相場が「平価±輸出入コスト」の範囲を超えた場合に限られる．前述のように金を輸出する場合，この範囲の限度を金輸出点と呼び，逆に金を輸入する場合の限度を金輸入点と呼ぶ．金輸出点と金輸入点は「金現送点」と呼ばれるが，金現送点は非常に狭い範囲に収まる．事実，第1次世界大戦前には例えば英ポンドの場合，米ドルに対し1.5％，仏フランに対し0.99％，独マルクに対し1.08％の狭い範囲でしかなかった．

2) 国際収支不均衡の自動調整機能

　これは,「物価・正貨流出入メカニズム」と呼ばれるもので，図3-2に沿って説明する．今仮に，輸入急増のために，ある国（A国）の貿易収支の赤字が続き，A国通貨が市場で売られ，為替相場が（為替平価－金現送点）を超えて下落した場合を考える．この場合，前述したように裁定取引が起こり，A国から金が国外に流出する．その結果，A国の金準備が減少し，A国の通貨供給量が減少する．通貨供給量が減少すれば，A国の物価が下落する．その結果，A国製品の価格競争力が増す．価格競争力が増せば，A国の輸出が増加，輸入が減少し，A国の貿易収支不均衡（赤字）は改善されることになる（逆もまた真となる）．また，A国は，金流出を防ぐために，国内金利を引き上げる．この結果，A国の景気が抑制され輸入が減少し，貿易収支不均衡が改善に向かう．さらに，国内金利引き上げに伴い，海外から短期資金が流入しA国通貨が買われるため，A国の為替相場下落が押し留められる．

　以上の2つの機能が実現するためには，3つの要件が整うことが前提となる．すなわち，①通貨と金の兌換（交換）が無制限に保証されること（国内

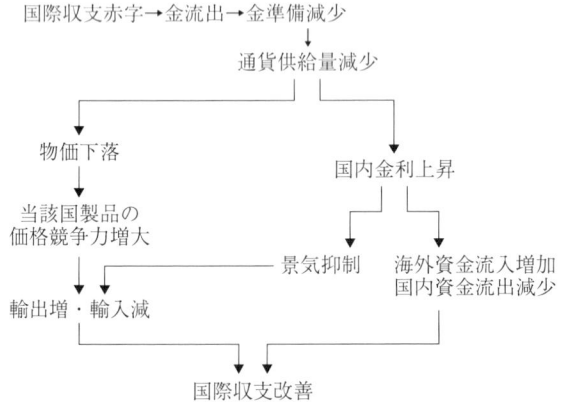

図3-2　金本位制の国際収支調整機能

的要件），②金の輸出入が自由に認められること（対外的要件），③各国通貨当局が自国の貨幣供給量を金準備の増減にあわせて増減させること（「金本位制のゲームのルール」），である．

3）金本位制の問題点

このように見てくると，金本位制は完璧な制度で良いこと尽くめのように思える．しかし，実際には重大な問題点もある．それは，世界的な金の供給量が，世界経済や国際貿易の伸びに見合った形で増加するとは限らないことである．新たな金鉱脈が発見されれば金の供給量が急激に増加するが，その場合にはインフレ傾向になる．また逆に，金の供給量が伸びないときには，デフレ傾向となる（「国際流動性欠如」の問題）．そして，金は天然資源であり，その供給量は通常コンスタントには伸びないのである．また，金の流出入により貨幣供給量が増減するために，当該国の金融政策が制約を受ける問題もある．これでは，国内の景気や物価，雇用情勢等の変化に機敏に対処できかねない．このように国内均衡よりも国際均衡が優先される金本位制は，とりわけ国内不況で失業者が増加している国が，景気対策として金融緩和を行おうとしても，国際収支が赤字となっている場合には出来ない．そうした観点からして，金本位制は政治的にも苦痛な制度だったのである．

（3） イギリスの役割と金本位制の崩壊

パックス・ブリタニカの金本位制の時代には，主要国では為替相場も国際収支も比較的安定していた．しかし，これは金本位制の自動調整機能が働いたというよりは，金本位制参加国の努力と，そして何よりイギリスの基軸通貨国としての役割が大きく寄与していたのである．すなわち，金本位制参加国は総じて，国際収支の悪化を防ぐような政策を採り，金流出の回避に努めた．また主要国通貨が危機に見舞われた時には，各国が資金融通などを行い，金本位制を維持するなど国際協調を行ったりもした．イギリスの基軸通貨国としての役割は，とりわけ次の4つが重要であった．すなわち，①通貨当局

が公定歩合の調整を通じてポンド相場の安定を図り，金の流出入を抑制したこと，②大幅な経常収支黒字をもとに海外に資本輸出を行い，基軸通貨ポンドを各国に供給したこと，③シティが各国にポンド口座を通じた対外決済の場を提供し，各国が債権・債務の差額のみを金で決済するように，金の輸出入を極力ミニマイズしたこと，④シティの金融機関が各国に融資業務を行っていたこと，である．

しかし，第1次世界大戦勃発に伴い，各国は有事に備えて金を貯蔵すべく[8]，金本位制から離脱し始め，金本位制は一時停止された（伊1914年，仏・独1915年，米1917年，英1919年，日本1917年）．戦後，多くの国が1920年代末までに金本位制に復帰した（米1919年，独1924年，英1925年，伊1927年，仏1928年，日本1930年）．しかし，国際的な金本位体制は，①大戦後の経済苦境に直面して各国が「金本位制のゲームのルール」を満たさなくなったこと，②金本位制を維持するための国際協調の意欲が減退したこと，③戦前に比べイギリスの基軸通貨国としての役割が大きく減退したこと，さらには④1929年のニューヨーク株式の暴落に伴う大恐慌の混乱に各国とも見舞われたこと，などからうまく機能せず，結局各国は金本位制を再離脱し金本位制は崩壊していった（1931年7月には独，同年9月には英，12月には日本が金本位制を停止，1933年4月にはアメリカも金本位制から離脱したが，その頃には30ヵ国以上が金本位制を離脱していた）．そして，第I部で述べたように各国が通貨切り下げ競争に陥り，国際通貨体制は混乱に陥ったのである．

2. IMF体制

第2次世界大戦前に各国が採用した悪しき通貨政策——為替切り下げ競争や為替規制・為替制限——を反省して構築された，戦後の国際通貨体制であるIMF体制（ブレトン・ウッズ体制）は，為替安定と為替自由化を理念とし，自由貿易を指向するGATT体制とともに，国際貿易の発展を図り，各

国の経済成長や雇用・所得の拡大を目指した．

(1) IMF 体制の特徴

IMF 協定第 4 条第 1 項で「各国通貨の平価（par value）は共通尺度たる金により，または 1944 年 7 月 1 日現在の量目および純分を有する米ドルにより表示する」と規定されている．金のみならず米ドルも各国の基準となったことから，IMF 体制は「金ドル本位制」（あるいは金為替本位制）と呼ばれるようになった．

1 国の国民通貨にしかすぎない米ドルが，金と同じように各国通貨の基準となるためには，ドルの価値を安定させ，いつでも金と交換できるようにする必要がある．そのため，アメリカは 1934 年の金準備法により，「金 1 オンス＝35 ドル」と定め[9]，無制限の金交換を保証した．当時，米ドルは金の裏づけを持った唯一の通貨であり，しかもそのアメリカには戦前から金が流入を続け，終戦直後には全世界の金の 7 割余りがアメリカに集中していた．そうした意味合いで，米ドルは揺ぎない信頼性を持っていた．そしてまた，西欧諸国が通貨の交換性を回復する 1958 年までは，米ドルが国際的な役割を担う事実上唯一の通貨だったのである．

こうしたことから，各国は自国通貨の平価を米ドルで表示した．金ドル本位制を採用した背景には，前述したように金本位制の下では「国際流動性欠如」の問題があったからである．また，欧州や日本では，国民の生存や戦後復興のために，アメリカから資金を調達し，アメリカから消費財や資本財等を輸入する必要もあった．このため，世界では大量の「ドル不足（dollar shortage）」が懸念され，莫大な米ドル需要が予想されたことも，金ドル本位制を採用した要因となっていた．

各国は自国通貨の平価を米ドルで表示したが，IMF 体制ではその為替相場を「平価±1% 以内」に収めることが義務づけられた（固定相場制）．そして，各国は，為替相場に変動をもたらすような国際収支の一時的な悪化に対しては，IMF から短期融資を借り入れることにより対処出来るようにさ

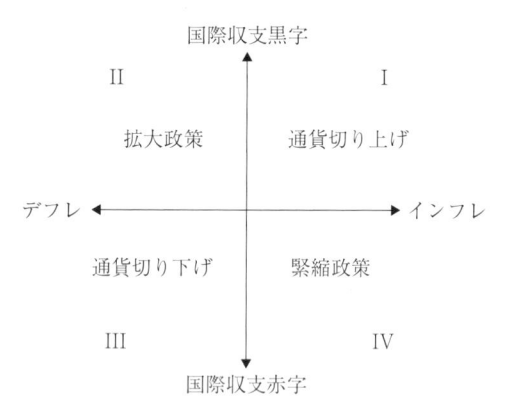

```
                    国際収支黒字
                         ↑
         II          │          I
      拡大政策       │      通貨切り上げ
                     │
  デフレ ←───────────┼───────────→ インフレ
                     │
     通貨切り下げ    │       緊縮政策
         III         │          IV
                     ↓
                 国際収支赤字
```

横軸には国内均衡（総供給＝総需要），縦軸には国際均衡（国際収支の均衡）をとってある．経済が第 II 象限（国内がデフレで国際収支が黒字）にあるならば拡大政策，第 IV 象限（国内がインフレで国際収支が赤字）にあるならば緊縮政策を採れば，両方の不均衡は是正される．しかし，第 I 象限（インフレと国際収支黒字）や第 III 象限（デフレと国際収支赤字）の組み合わせの場合，国内政策だけでは矛盾を生じ，このようなケースを基礎的不均衡という．IMF 協定では，前者の場合には自国通貨の切り上げ，後者の場合には切り下げを認めている．

図 3-3　基礎的不均衡

れた．IMF 融資の上限は，各国が IMF に払い込む出資割当額（quota）に応じたものとされた．

　そして，平価の変更は，国際収支が「基礎的不均衡」に陥った場合に，IMF との協議を踏まえてのみ可能とされた．したがって，IMF 体制の固定相場制は，「調整可能な釘付けシステム（adjustable peg system）」と呼ばれた．IMF 協定は基礎的不均衡が具体的に何を示すかは明示していないが，その不均衡を解消するためには国内経済が死活的な犠牲を蒙るような不均衡と解釈され，岩本ほか（〔2001〕112 頁）は図 3-3 のように説明している．

　例えば，第 III 象限の状態にある国では，自国通貨を切り下げることによって，輸出が増加し輸入が減少，国際収支の赤字が減少する一方，景気上昇や輸入物価の上昇により物価は上昇し，経済状態は図 3-3 の原点の方向に向かう．すなわち，不均衡が是正されていく．第 I 象限では，第 III 象限とは逆のプロセスで，同じく不均衡が是正に向かう．一方，第 II 象限，第 IV 象

限にある場合には，通貨の切り上げや切り下げでは，原点方向に向かわず，不均衡は是正されない．例えば，第Ⅳ象限にある国が，自国通貨を切り下げれば，輸出増・輸入減で国際収支は改善に向かうが，インフレは助長される．

　IMF 体制では，為替安定に加え，為替自由化と多角的な国際決済が重要な理念とされた．前述したように，IMF 協定第 8 条は「経常取引」に関しては為替制限を撤廃し，差別的な通貨取り決めや複数為替相場を導入しないことなどを義務づけている．すべては，戦前の悪しき為替制限や為替規制の反省に立っている．しかし，戦後の経済疲弊に苦しむ国がこの要件を満たすのは容易ではなく，西欧諸国が IMF 8 条国に移行できたのは 1961 年，日本は 1964 年と，相当な時間が掛かっている（詳細は後述）．

(2) IMF 体制の問題点

　IMF 加盟国には，平価維持の義務が課せられた．そして，多くの国が平価維持に努め，IMF 体制下では各国の為替相場は総じて安定していた．例えば，日本円の平価（$1=¥360）は，1949 年の導入以来 1971 年まで変更されることはなかった．しかし，肝心要の基軸通貨国であるアメリカは，「金ドル本位制の矛盾」を抱え，また「基軸通貨国の特権」に浸り，国際収支の悪化に対し有効な手を打たず，たびたびドル不信を招いた．そして，アメリカ政府は 1971 年 8 月 15 日，ついに米ドルと金の交換を停止し（金ドル本位制の崩壊：ニクソン・ショック），さらに 1973 年春に主要国が固定相場制を放棄し変動相場制に移行したことから，戦後の国際通貨システムであった IMF 体制（ブレトン・ウッズ体制）は崩壊した．

　「金ドル本位制の矛盾」は，経済学者ロバート・トリフィンが著書 "Gold and Dollar Crisis"（1960 年）で指摘した，いわゆる「流動性のジレンマ」（トリフィンのジレンマ）である．それは次のように要約できる．すなわち，①世界貿易と国際投資の拡大には対外支払手段である国際流動性の増加が必要となる，②国際流動性の増加は金の増産には限界があるのでドルの供給に

依存する，③ドルの供給はアメリカの国際収支の赤字によるが，赤字の継続はドルの「信認」を損なう，④逆にアメリカの国際収支が黒字になればドルの「信認」は強くなるが，世界中で「ドル不足」を生む，という矛盾である．こうした矛盾を抱え，アメリカは国際収支の赤字を続け，その結果海外に出回った「ドル過剰（dollar glut）」からドル不信を招いたのである．

「基軸通貨国の特権の問題」は，フランスの経済学者ジャック・リュエフが著書"The Age of Inflation"（1964 年）で，「涙なしの赤字（deficits without tears）」と称したものである．要するに，アメリカは自国通貨ドルが基軸通貨であることから，国際収支不均衡を是正するインセンティブを喪失している，との指摘である．基軸通貨国は対外決済を自国通貨で行えるために，輸入決済や資本輸出はドル紙幣を印刷すれば事足りるのである．事実，アメリカはこの特権に浸り，1960 年代後半には国際収支の改善が急務となった状況下でも，「優雅な無視（benign neglect）」政策を続けた．その結果，アメリカの国際収支は悪化を続けた．そして，ニクソン・ショックが起こり，IMF 体制崩壊に結びついていったのである．

金ドル本位制の固定相場制度の下では，基軸通貨国は独自の金融政策を行えるが，それ以外の国は基軸通貨国の金融政策を受身で対応せざるを得なくなる問題もある．例えば，アメリカが景気刺激のため貨幣供給量を増加させれば，アメリカの金利が相対的に低下する．その結果，ドル相場は下げ圧力を受け，他国通貨は増価の圧力を受ける．ここで，当該国が固定相場制を維持しようとすれば，当該国は為替市場に介入し，ドル買い・自国通貨売りを行う必要がある．自国通貨売りは，自国の貨幣供給量を増加させ，そのために金利が下がる．逆の場合にも，同じことが言える．このように，基軸通貨国の金融政策の変更に対し，他国は受動的にならざるを得なくなるという問題もあった．

(3) IMF 体制の崩壊

米ドルの信認問題は，早くも 1959 年から 60 年にかけて発生した．原因は，

アメリカの国際収支悪化である．アメリカの国際収支が悪化し，ゴールド・ラッシュと呼ばれる大量の「ドル売り・金買い」が発生したのである．というのは，国際収支の悪化により，アメリカの対外債務が急増した．その一方で，終戦直後には全世界の7割余りを占めていたアメリカの金準備が急減し，1960年には178億ドルと，アメリカの短期対外債務とほぼ同額にまで落ち込んだのである（表3-2参照）．すなわち，アメリカが海外に対して抱える債務の内で，1年以内に返済日が到来する短期債務に限っただけでも，アメリカ政府が保有する金準備を上回ったのである．このような状態になれば，海外でドル債権（短期・長期）を保有している人々には不安が高まり，その不安がまたドル売り・金への交換，すなわちゴールド・ラッシュを加速させたのである．

こうした状況に対し，当時のジョン・F.ケネディ米大統領はドル防衛策として，①輸出増強，②バイ・アメリカン（Buy American）政策の強化，③海外軍事支出の節約，④金利平衡税の導入（1963年），⑤欧日に対する市場開放や援助等国際負担分担の拡大要求，などを行った．バイ・アメリカン政策は，輸入削減のために米国製品を優先的に買い付ける購買運動である．金利平衡税は，海外への証券投資の配当や銀行融資の利息収入に特別税をかけ，アメリカの多国籍企業や銀行の対外投資・融資など，アメリカから資本が流出するのを抑制することを狙ったものである．

また，欧州諸国も，①金プール協定の締結（1961年），②アメリカ連邦準

表3-2 金によるアメリカの対外短期債務カバー率

	①対外短期債務 （百万ドル）	②金準備 （百万ドル）	カバー率 (②／①)×100 (%)
1950	7,117	22,820	320.6
1955	11,719	21,753	185.6
1960	17,366	17,804	102.5
1965	24,072	13,806	57.4
1970	40,449	11,072	27.4

出所：秦忠夫・本田敬吉〔2002〕『国際金融の仕組み』有斐閣アルマ．原資料は，東京銀行調査部『東京銀行月報』（1976年11月号）．

備銀行と自国中央銀行との間のスワップ取極（1962年）などの対米協力を行った．金プール協定は，米，英，西独，仏，伊，スイス，オランダ，ベルギーの 8 カ国が金を拠出してプールし，イングランド銀行を代理人として，ロンドン金市場で介入取引を行い，市場での金価格の上昇を抑制しようとするものである．中央銀行間のスワップ取引は，国際収支の悪化や市場への為替介入などのために必要とされる場合に，通貨当局間で相互に自国通貨を提供しあう協定で，通常は短期間に返済がなされるものである．

こうした対策や措置が功を奏して，ゴールド・ラッシュは鎮静化し，1960年代中頃にはアメリカの国際収支も改善した．しかし，1960年代後半になり，アメリカの国際収支は再び悪化し，ゴールド・ラッシュが 1967 年 11 月の英ポンド切り下げに誘発される形で再発した．アメリカの国際収支が悪化していった主因は，①輸入の急増により貿易収支が大幅に悪化したこと，②海外援助や軍事支援の拡大で移転収支の赤字が増加したこと，そして③多国籍企業等による海外直接投資が拡大し，資本収支が大幅な赤字になったこと，が挙げられる（表 3-3 参照）．

貿易収支の悪化は，前述したようにアメリカのベトナム戦争への介入がエスカレートしたことと，当時のジョンソン大統領が「偉大な社会」政策で福祉支出を拡大したことなどから財政が拡大し，アメリカがインフレ体質にな

表 3-3　アメリカの国際収支表（1963-71 年）

（単位：億ドル）

西暦	1963	1964	1965	1966	1967	1968	1969	1970	1971
経常収支	44	68	54	30	26	6	6	23	−14
貿易収支	52	68	50	38	38	6	6	26	−23
・輸出	223	255	265	293	307	336	364	425	433
・輸入	−171	−187	−215	−255	−269	−323	−358	−399	−456
サービス収支	−10	−8	−3	−9	−12	−4	−5	−3	10
所得収支	46	50	54	50	53	60	60	62	73
移転収支	−44	−42	−46	−50	−53	−56	−57	−62	−74
（経常収支：旧基準）	31	57	43	16	12	−14	−20	−4	−40
資本収支	−60	−74	−63	−34	−58	6	38	−129	−193

出所：Bureau of Economic Analysis, U.S. Department of Commerce, "U.S. International Transactions", 2002.

コラム

もう1つのニクソン・ショック

　新経済政策発表のちょうど1カ月前の1971年7月15日，ニクソン大統領は突然，中国訪問計画の発表を行った．これを第1次ニクソン・ショックと称し，1カ月後の金ドル交換停止は第2次ニクソン・ショックと呼ばれることもある．ニクソン訪中（1972年2月），毛沢東主席・周恩来首相との会談による米中和解は，とりわけ頭越しとなった日本には衝撃が大きかった．そのため，当時の田中角栄首相は1972年9月25日訪中し，9月29日に日中国交正常化をなし遂げた．

　ニクソンにとって，米中和解は両国の戦後対立を解消することのみならず，①ベトナム戦争の早期決着，②対ソ関係における「中国カード」の活用，といった目的もあった．ニクソンは1972年5月にはソ連にも訪問し，ブレジネフ共産党書記長と首脳会談を行った．こうした後に，1973年1月にはベトナム和平協定が調印され，同年3月には米軍のベトナム撤収を完了することができたのである．また，ソ連との間では，1972年5月の米ソ首脳会談で，戦略兵器制限交渉（SALT：Strategic Arms Limitation Talks）が調印され（1972年10月発効），冷戦の「雪解け（デタント）」が本格化しだした．

　こうしてみると，ニクソン・ショックは，戦後の国際秩序を，第1次は政治・安全保障面で，第2次は経済面で大きく変更した出来事であった．ニクソン大統領は，1972年6月に起きた民主党全国委員会本部盗聴事件（ウォーターゲート事件）への関与から，アメリカ政治史上最大とも言われたスキャンダルに直面した．1974年7月には米議会下院司法委員会が大統領弾劾決議案を成立させたが，ニクソンは弾劾不可避との判断から8月9日には辞任した．現職の大統領が任期途中で辞任したのは，ニクソンが初めてである（2014年1月現在まで，唯一のケース）．

ったことが大きく影響している．また，移転収支の赤字増加も，軍事・経済援助の増額などベトナム介入によるところが大きい．いずれも，政治・外交政策がアメリカ経済に影響を及ぼした結果である．

　2度目のゴールド・ラッシュは，金プールでは抑えることができなかった．このため，アメリカは1968年3月，金の二重価格制を導入し，海外の通貨当局には従来通り金1オンス＝$35ドルで交換するものの，民間市場への金

売却は行わないとした．しかも，アメリカは海外の通貨当局からの「ドルから金への交換」に制限を加えるようになった．一方，国際収支の悪化に対しては，「優雅な無視」政策を継続した．その結果，アメリカの国際収支は一層悪化し，貿易収支は1971年には実に1893年以来78年ぶりに赤字に転落した．

このような状況下，当時のリチャード・ニクソン大統領は1971年8月15日，金とドルの交換停止措置を含む新経済政策を発表した（ニクソン・ショック：コラム参照）．これで，戦後IMF体制の1つの柱であった金ドル本位制が崩壊した．ニクソン・ショック後も，各国の為替市場には動揺が走り，弱い通貨であった米ドルや英ポンドなどの売りが強まる一方，強い通貨であった日本円，西独マルク，スイス・フラン等々が買い進まれ，各国為替市場は混乱に陥った．こうした事態に対し，西側主要国は1971年12月，米国の首都ワシントンD.C.のスミソニアン博物館で10ヵ国蔵相・中央銀行総裁会議を開催し，主要国の為替相場調整を行った上で，固定相場制に復帰することに合意した（スミソニアン合意）．スミソニアン合意では，米ドルを実質的に切り下げ（金1オンス＝$35から$38），その米ドルに対し各国は新しい基準相場（中心レート）を設定し，暫定的にその上下±2.25％の範囲内（ブレトン・ウッズ体制下では±1％）に為替相場を収めることとなった[10]．

ニクソンの新経済政策には，10％の輸入課徴金導入が含まれていた．それには，実質的に自国通貨の切り上げとなる日欧諸国に，米ドル切り下げを受け入れさせる目的もあった．すなわち，輸入課徴金が導入されれば，日欧の対米輸出は打撃を受ける．そのため日欧は輸入課徴金の撤廃を要求してくると想定される．その輸入課徴金撤廃の要求の受け入れを，米ドルの切り下げ・日欧通貨の切り上げとバーターするという作戦なのである．事実，輸入課徴金は，スミソニアン合意達成に伴って，12月20日には大統領布告で撤廃された．

スミソニアン合意での事実上のドル切り下げ，欧日通貨の切り上げの条件として，アメリカは国際収支を改善する義務を負った．しかし，アメリカの

国際収支は悪化を続け，米ドルに対する不信は益々高まり，市場ではドル売り・欧日通貨買いが一段と強まり，混乱に陥った．その結果，先進諸国は結局，1973年2月から3月にかけて固定相場制の維持を断念し，変動相場制（フロート制）に移行した．このようにして戦後IMF体制の第2の柱であった固定相場制も崩壊し，IMF体制は終焉したのである．

注
1) 国際通貨を国際的取引に幅広く利用されている通貨と広義に解釈し，米ドルの他に，ユーロや円，ポンド，スイス・フランなどを含める見解もある．その見解によれば，国際通貨の中で中心的な役割を果たしているのが基軸通貨となる．
2) 歴史的に見ると，金や銀といった世界的に重宝された貴金属などが，対外取引の主たる決済手段として利用された．しかし，金や銀を輸送して決済することは不便だし，また輸送途上で船が沈没したり，海賊に略奪されるなどのリスクもあった．国際取引の拡大により決済金額が増加した時代には，金や銀による決済はより現実的でなくなっていったのである．
3) The City はロンドンの金融街で，The City of London とも呼ばれるロンドン発祥の地である．シティはロンドンの東部で，テムズ川の北に位置する．広さは1マイル（1.6km）四方にしか過ぎないが，そこにはイギリスの中央銀行であるイングランド銀行（The Bank of England）や証券取引所，国内外の大銀行，保険会社等々が集積しており，今日でも世界の一大国際金融センターの地位を維持している．
4) それ以前は個人銀行や企業銀行も銀行券を発行していたが，新規の発行が禁止されたため，イングランド銀行が銀行券の発行を独占するようになり，中央銀行としての地位を固めていった．
5) アメリカは1873年に銀の自由鋳造を停止したが，銀製造業者の抵抗が強く，それ以降も金銀複本位制を採用していた．制度上，金本位制に移行したのは1900年の金本位法（The Gold Standard Act）によってである．
6) アイケングリーン〔2012〕241頁．
7) 実際には1914年以前の段階では，純金1オンスに対し4.247ポンド，20.67ドルであったので，1ポンド＝4.866ドルであった．
8) 戦争等の有事の際に金保有が選好されたのは，①金が「安全資産」とみなされていたこと，②武器や食料等の輸入に際し金が選好される可能性が高いこと，などのためである．また，いくら基軸通貨といっても，例えば戦争の相手国（あるいはその同盟国）がイギリスであれば，イギリス政府がポンドの金への交換を停止したり，あるいはロンドンにある当該国のポンド口座を閉鎖する可能性も高かったのである．

　　　　　第2次世界大戦後には，有事の際には金のみならず，米ドルが選好されることも多かった（「有事のドル買い」）．戦争の相手がアメリカならともかく，戦争となれば，武器・弾薬が必要になり，そうした物資の最大の供給先がアメリカであることが多いためである．また，戦争が起これば（あるいはその予兆が現れた段階でも），石油・鉱物資源や食料品等の市況が上昇する傾向があるが，そうした戦略商品・国際商品の決済には，通常は基軸通貨であるドルが必要だったためである．以上のような観点からも，どの国の通貨が基軸通貨の役割を果たすかは，経済面のみならず，政治・安全保障面にも係わる重大事項なのである．

9)　この金平価は，1971年12月のスミソニアン合意で金1オンス＝38ドルに変更されるまで続いた．

10)　この結果，日本円の対米ドル中心レートは1ドル＝360円から308円と16.9％，西独マルクも1ドル＝3.66マルクから3.2225マルクと13.6％も切り上げられた．他には，スイス・フラン（13.9％），ベルギー・フラン，オランダ・ギルダー，オーストリア・シリング（それぞれ11.6％）が，対ドル中心レート10％以上の大幅な切り上げとなった．一方，英ポンドと仏フランの対米ドル切り上げ率は8.6％と，ドルの金に対する下落率に相当した（すなわち，両通貨の金に対する切り上げはなかった）．

第4章
変動相場制

　主要先進国が1973年以降変動相場制に移行したことで，国際金融市場や各国経済，世界経済には様々な影響が現れてきた．最大の問題は，為替相場が——時には短時間・瞬時に——大きく変動すること，あるいは変動する圧力を受けることから起こる．例えば，変動相場制に移行した日本円は，対米ドル相場で見れば図4-1のように大きく変動している．すなわち，1949年以来1971年まで\$1＝¥360だったものが，1995年4月19日には\$1＝¥79.75とそれまでの史上最高値となった（さらに2011年10月末には1ドル75円台と史上最高値を更新した）．少し短期的に見ても，1978-79年に円ドル相場は，\$1＝約¥290から\$1＝約¥170にまで急上昇し，1985年から87年初にかけては\$1＝約¥240から約\$1＝約¥120まで急激に変動している．こうした急激な円高・ドル安の時には，日本経済は「円高不況」やその懸念に見舞われた．

　変動相場制の下では，為替相場は通貨の需要と供給の関係によって決まる．問題は，通貨の需要と供給を左右する要因は極めて種々雑多で，そうした要因の影響度合いも一様ではないことである．本章ではまず為替変動の要因を考察し，変動相場制下の為替変動が経済にどのような影響を及ぼすようになったのかについて論じる．

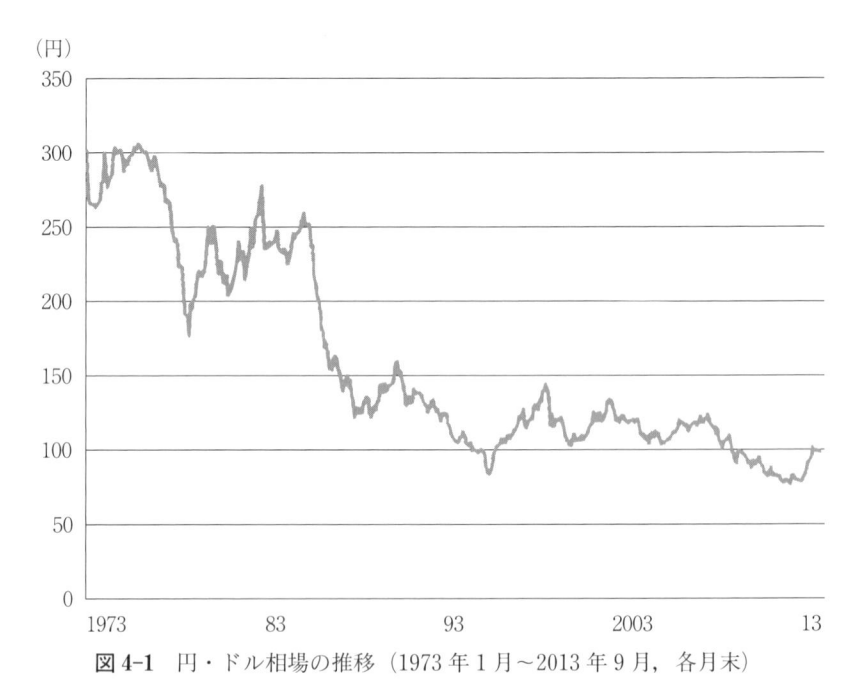

図 4-1　円・ドル相場の推移（1973年1月〜2013年9月，各月末）

1. 為替変動の要因

(1) 為替相場決定理論

　為替相場の決定に関しては，理論的には購買力平価説やフロー・アプローチ，アセット・アプローチなどが展開されてきたが，以下ではそのエッセンスをごく簡単に説明する．

1) 購買力平価説

　購買力平価説（PPP：Purchasing Power Parity）は，第1次世界大戦後の1922年にスウェーデンの経済学者G.カッセルによって主張された．この説によれば，為替相場は通貨の交換比率であり，交換比率はそれぞれの通貨のそれぞれの国での購買力によって決まる．PPP説の引き合いによく出され

るのが「マクドナルド平価」である[1]．これは，マクドナルドが世界各地で，同じ材料・品質・重さのハンバーガーを販売し，その価格が日本では100円，アメリカでは1ドルとする．ここで，「1物1価の法則」が成り立っていれば，$1＝¥100の為替相場が成り立つ．PPPは財市場の均衡を前提としており，その意味で「長期における為替相場決定理論」といえる．

　しかし，PPP説の最大の問題は，どの物価を比較検討することが最適なのかに関し解がないことである．前述したハンバーガー代金のように，商品の物価をベースに通貨の購買力を比較するのを「絶対的購買力平価説」と呼ぶが，この方法で通貨の購買力を比較することは現実的に困難である．そこで，ある均衡した基準時点を設け，そこからの物価水準の変化率を比較し，その格差が為替相場に反映されるとする「相対的購買力平価説」が考え出された．この場合，試算にあたっては，消費者物価指数（CPI）や，卸売物価指数（WPI），あるいは輸出物価指数，GDPデフレーターなどがよく用いられる．しかし，どの指数を採用しても，実際の為替レートの動きとは——特に短期的に見れば——それぞれ大きく乖離する場合が多い．

　要するに，PPPが想定するような物価指数は現実には存在しないのである．また，貿易できない非貿易財はいうに及ばず，貿易が可能な財でも，「1物1価の法則」が必ずしも成立していない場合が多いのである．それは，人々の嗜好が多様なことや，入手可能な原材料の組み合わせが異なること，はたまた国によって商慣習や制度が異なること，など様々な要因が作用しているからである．こうした限界を持つPPP説ではあるが，それが有益なのは，物価上昇率の格差で，通貨価値の長期的なトレンド（例えば円高・円安傾向）を判断するヒントになり得ることである．通貨当局が実体経済の成長に見合わないような大量の貨幣供給を継続すれば，物価水準が上昇し，その結果当該国の通貨が外国通貨に対して減価する，といった重要なことをPPPは示している．

2）フロー・アプローチ

フロー・アプローチ（Flow Approach）は，1960年代に発展した説である．この説では，為替相場は外貨の需要と供給によって決まるとされる．そして，外貨の需要は輸入や資本流出によって決まり，外貨の供給は輸出や資本流入によってもたらされるとし，ある一定期間の国際収支，とりわけ経常収支が外貨の需給を決定すると考える．しかし，こうした説は資本移動が規制されていた時代が分析対象となっている．資本移動が自由化され，モノの貿易決済額を遥かに上回る資本取引が世界中で——瞬時に——行われている現代では，説得力を欠いたものになっている（例えば，アメリカは未曾有の経常収支赤字を継続しているが，必ずしもドル安にはなっていない）．この説では，少なくとも短期や瞬時の為替変動を説明することはできないのである．

3）アセット・アプローチ

アセット・アプローチ（Asset Approach）は，資本取引の自由化に伴い，フロー・アプローチでは説明できなくなった変動相場制の時代に広まった説である．この説では，為替相場が短期的に，「自国通貨建て資産」と「外国通貨建て資産」の需給関係によって決まるとする（そうした意味合いで「短期における為替相場決定理論」である）．その需給関係は，様々な通貨建ての資産を運用している世界の多くの投資家が裁定取引を行い，為替相場の「予想変化率」を考慮した上で，各通貨建て資産の利回りが一致するように行動している結果決まってくる．そうした資産を対象とした説であることから，ストック均衡アプローチとも呼ばれる．

為替相場の予想変化率に影響を与えるものとして，内外の予想物価上昇率の格差や経常収支不均衡などを取り入れたものなどもモデル化されているが，これらは前述した資本取引の「短期における均衡」と，財市場の「長期における均衡」の要素を取り込んだ形となっている．しかしながら，投資家の為替相場の予想変化率は，現実的には投資家それぞれによって種々多様で，それをモデル化し説明するのは困難である．

(2) 為替変動の要因

　前記の為替相場決定理論はいずれも，複雑な現実のすべての要因を分析するには至っていない．そして，少なくとも為替相場の先行きを予想する実際的な手段とはなっていない．為替市場に参加しているディーラーや投資家の間では，学問的な理論よりは様々な方法を使い，為替相場に影響を与えそうな種々雑多な要因を分析することで，為替相場の先行きを読む努力がなされている．そうした方法の1つとして，チャート分析と呼ばれるものがある．これは，現実の相場の推移をチャートにして，複数の移動平均線を設け，過去の相場変動パターンを見出し，それを考慮して相場の方向性や転換点を見極めようとするものである．チャート分析は株価や金価格，商品市況等々多くのものに利用されているが，分析が過去のパターンに基づくため，新たな要因による変動を説明しづらい．

　為替相場を変動させるような要因は実に種々様々あるが，大別すれば次の4つに分類できる．すなわち，①経済ファンダメンタルズ（経済基礎的諸条件：特に経済成長率，物価上昇率，国際収支，財政収支等），②政策動向（為替・金融・財政・通商政策等），③石油など主要な国際商品の需給・市況，④国際政治（戦争・紛争等々），国内政治・社会動向（選挙・暴動・社会不安等々），である．こうした要因の他にも，為替相場に影響を与えるものとして，例えば大天災があるが，これを予想することはまず不可能だろう．

　上記要因に対し，その為替相場への影響は通常，「基本的には」次のように現れる．すなわち，他国に比べ経済成長率が高く（低く），物価上昇率が低く（高く），経常収支も黒字（赤字）基調となるなど，経済ファンダメンタルズが良好（悪い状態）であれば，その国の為替相場は上がる（下がる）．また，金利が引き上げ（下げ）られれば，その国の通貨建て利回りが上昇（低下）し――少なくとも短期的には――当該国の為替相場は上（下）がる．石油など国際商品の需給が逼迫し，市況が上昇すれば，そうした商品の輸出国の通貨価値は上がる．その一方で，輸入依存度の高い国の通貨は，輸入決済額の増加が見込まれ，為替相場が下落する．

政治的な出来事も，為替相場に影響する．例えば，大きな戦争や紛争が起これば，「有事のドル買い」（「有事に強いドル」）といった現象がよく見られる．これは，まずドルが世界的に安全資産と総じてみなされているからである．そして，有事の際には基軸通貨であるドルの需要が増加する，とも考えられているからである．というのは，戦争や紛争が勃発すれば，石油や希少金属などの需要が増加，場合によっては武器等の輸入の必要性が出てくることなどから，それらの決済資金としてのドルが必要とされるためである．また，戦争当事国や，その国と政治経済的な結びつきの強い国の通貨は売られ，為替相場が下落する場合が多い．国内的にも，例えば選挙の結果，ポピュリスト的な政党が勝てば，経済政策が人気取り的なものになり，財政状況が悪化しかねないとの予想などから，その国の通貨は売られやすくなる．また，選挙の結果，政治混乱が長引くと予想されれば，これまた当該国の通貨売りに結びつきやすい．社会不安の拡大も，同じような影響を及ぼす．

ただ，以上のような経済・政治的な要因が為替相場に与える影響は，その時の国際金融情勢や，その国が置かれた状況，時間の経過等々によって出方が異なることがあり，かつ影響の程度はまちまちで予想は困難である．また，1つの要因がもたらす長期的な効果が，短期的な効果と逆の結果になることもある．例えば，日本の金利上昇は，日本での資産の利回りを上昇させることから，海外からの資本流入が増加し，少なくとも短期的には円高の要因になる．しかし，金利上昇は実質貨幣需要を減少させることから，長期的には円安要因になりうるのである．

(3) 為替市場のプレイヤー

為替相場は，外国為替市場（略して外為市場とよく言われる）における売買によって決まる．外国為替市場は株式や商品市場のような取引所は存在せず，為替取引は電話等による相対取引である．外国為替市場は，銀行等のインターバンク市場（銀行間取引市場）と，銀行と商社や投資家など顧客との間で取引が行われる顧客間市場からなる．こうした外国為替市場におけるプ

レイヤーは，銀行等の金融機関，貿易商社，ファンド（基金）等の投資機関や通貨当局等であるが，最近では特にヘッジ・ファンドの役割が大きな存在となっており，時に為替市場に大きな影響を与えている．

1）ヘッジ・ファンド

　ヘッジ・ファンド（hedge fund）は元々，リスクを回避しながら収益を上げる投資信託であったが，今や後述するデリバティブなど複雑な取引を行い，高収益を狙う投資信託の代名詞になっている．ヘッジ・ファンドは，少数の投資家や企業から私募形式で資金調達をすることから，金融当局の規制・監督外になることが多い．また，活動や資産内容の情報は非公開となっていることから，どのような取引をどの程度行っているのかを当局が把握することは困難になっている．

　ヘッジ・ファンドは投資家に高い利回りを謳い，また投資収益の一定割合（通常2割）と，預かり資産の一定割合（通常2~3％）が，ファンドの手数料という形で設定されていることが多く，高収益（ハイ・リターン）を指向した投資・投機行動に出ることが多い．このため，リスクの大きな国，商品への投資も行う（ハイ・リスク）．その結果，投資・投機の失敗も大きくなりうる．例えば，アメリカのヘッジ・ファンドLTCMが，1998年のロシア通貨危機で巨額の損失を計上した．LTCMが巨額の損失を抱え破綻すれば，金融システム全体が混乱に陥る可能性があると恐れたニューヨーク連銀は，14の銀行・証券会社からLTCMに36億ドルにも上る莫大な資本注入を実施させ，LTCMの経営危機が他の金融機関や市場全体の混乱に結びつくようなシステミック・リスクを回避した．ちなみに，当時LTCMには，ノーベル経済学賞受賞者が2人（ショールズとマートン）いたことも話題になった．

　ヘッジ・ファンドは自己の出資金の何倍，何十倍もの資金を投資家から集めることから，その投資資金は莫大な額になる（高レバレッジ効果）．こうした莫大な投資資金が一時的にとある国に投入され，その後急激に引き揚げ

られることから，当該国の通貨暴落・通貨危機の引き金を引くケースが散見されるようになった（後掲表5-1参照）．そして，ヘッジ・ファンドの動きに順応するような投資や投機が，通貨暴落・通貨危機を加速・拡大することが多い．こうしたヘッジ・ファンドの投資・投機行動やそれに順応する資金の動きが，為替相場の大きな変動をもたらす一因になっているのである．

2) 通貨当局の為替介入

　通貨当局が為替相場安定のために，為替市場で売買を行うことを為替介入（正式には「外国為替平衡操作」）と呼ぶ．日本の場合には，財務省が決定・指示し，日本銀行が代理人として実施する．過去の実績を見れば，日本のように為替介入に積極的な国もあれば，アメリカのように消極的な国もある．日本の場合には，とりわけ急激な円高の進行や，経済実態にそぐわないような円高の進行に対して，「円高不況」を阻止する目的から，ドル買い・円売りの為替介入がたびたび実施された．

　為替介入の効果に関しては意見の相違がある．為替介入懐疑派は，巨大な外国為替市場において通貨当局は一参加者にしか過ぎず，為替介入でマーケットを動かすことはほとんど不可能であると考える．仮に動かせても，それは一時的なものに過ぎず，時間の経過とともにその効果は消滅すると主張する．また，通貨当局が買い支えてくれるために，その水準までは安心して当該通貨を売れるといった，モラル・ハザード（倫理欠如）を市場参加者にもたらすとの批判もある．

　一方，為替介入擁護派は，とりわけ為替マーケットが経済実態と大きく乖離している場合，その是正を目的とした為替介入には効果があると考える．為替介入の効果は基本的には，介入規模が大きい場合や，1国単独ではなく（単独介入）例えば日米両国が同時に実施するような協調介入の場合には，大きくなるとされる．また，マーケットの期待とは裏腹の介入や，不意打ちのような介入も効果がより大きくなるとも言われている．しかし，介入の効果は，その時々のマーケットの流れ等にも大きく影響され，一概にはいえな

い．

　最近では，為替介入の効果を否定する意見が多数となっている．そして，アメリカや欧州諸国は過去為替介入をほとんど実施していない．その一方，巨額の経常収支黒字を抱える日本や中国は，為替介入に傾きやすく，たびたび実施した（例えば，日本政府は 2003-04 年に 138 回，35 兆円以上の円売り介入を実施した）．そして，為替介入の実施が両国の外貨準備高の増加の一因となり，外貨準備高は中国が世界第 1 位（2012 年末 3 兆 3,300 億ドル），日本が第 2 位（同 1 兆 2,271 億ドル）となっている．

　為替介入と金融市場の関係について，一言述べておく．例えば，日本の通貨当局が，円高進行阻止のために，ドル買い・円売り介入を実施する場合を考える．この場合，通貨当局は政府短期証券（FB：financing bills）等を発行して円を調達し（FB の引受は日本銀行等），その円を市場で売却する（買ったドルは外貨準備として積み上がる）．その円を吸収するような措置（「不胎化政策」）を採らなければ，市場における円の供給量が増加し，あたかも金融緩和を行ったのと同じ効果を持つようになる（逆に，円買い・ドル売りの場合には，金融収縮と同じ影響が現れる）．こうした金融緩和の効果を期待して，国内景気浮揚のために，円売りの為替介入を要望する声も時折聞かれる．

3）群衆行動，伝染効果，自己実現

　為替相場の変動や通貨危機において，群衆行動，伝染効果，自己実現といった事象が生じることもある．「群衆行動（herding behavior）」とは，狼の群れがリーダーの向かう方向に動く現象のことをいう．例えば為替市場には多くのディーラーが参加しているが，その市場において影響力のあるディーラーが行うある為替売買に関し，他のディーラーが，その人が「何か有益な情報を持って行動しているに違いない」との判断から，同じような為替売買を行うことがある．いわば付和雷同的な行動だが，こうした群衆行動は為替市場でも散見され，大幅な為替変動や通貨危機を招く一因になりうる．

通貨危機の「伝染効果（contagion effect）」とは，例えば後述する1997年のアジア危機に見られたことだが，タイの通貨危機がインドネシア，マレーシア，フィリピン，韓国等に伝染した．伝染する背景には，そうした国がタイと同じような経済問題や国際収支構造，為替問題等を抱えていることもあって，あるいはタイとの経済的なつながりが強いこともあって，ヘッジ・ファンドなど投資家・投機家が，リスク回避や利益獲得・損失カバー等のために，同じような行動をとることによって起こる．

通貨危機の「自己実現（self-fulfilling）」とは，例えばあるトレーダーの投資行動だけでは，1国の中央銀行との間の通貨戦争には勝てないが，多数のトレーダーが同じ行動をとれば当該国の準備通貨を枯渇させ，その結果，当該国の通貨当局も固定相場制度を放棄すると予想した場合には投機攻撃を仕掛け，そうした行動が自己実現的に通貨危機を起こすとするものである[2]．以上のような群衆行動，伝染効果，自己実現もあり，通貨危機が頻発する要因となっている．

2. 為替変動の経済・企業活動への影響

為替変動が緩やかで，理論が教えるような動きをすれば，対外不均衡が自動的に調整されうるなど，経済にとっては有益な影響が及ぶだろう．しかし，現実には前述したように，為替相場が急激に乱高下し，時には行き過ぎる（オーバー・シュート）場合も多い．また，経済理論とは異なった，あるいは逆の動きをする問題も散見される．大幅な為替変動が，1国の通貨危機，ひいては金融危機や経済危機を導くことも散見されるようになった．

こうなると経済には不確実性が高まり，対外取引のリスクも高まる．その結果，貿易や投資などに影響が及ぶ．まず卑近な例から，個人のケースを見る．例えば，海外旅行をする場合，通常米ドル建てなどの現金やトラベラーズ・チェックが必要になるだろうが，その購買力はその時々の円ドル相場によって左右される．夏休みにアメリカに旅行しようと計画し，その必要資金

が 1,000 ドルだとする．その時の為替相場が $1＝¥100 なら，10 万円を用意する必要がある．しかし，10 万円を稼ぎ，いざ出発といった際に，$1＝¥120 の円安になっていれば，資金が 2 万円足りなくなる．逆に，$1＝¥80 の円高になっていれば 2 万円少なくて済む．個人が直接的に為替リスクに晒されるケースは他に，例えば個人が外国の通貨や債券・株式などに投資を行っている場合や，外貨建て収入・資産，支払・負債がある場合等々，最近では様々なケースがある．子息の海外留学に際する学費等の支払いも，円高であれば割安で済むし，逆に円安であれば負担が増す．

　企業にとってみれば，とりわけ輸出債権や輸入債務の多い企業，あるいは海外との金融・資本取引を行っている企業には，為替変動が日々の経営に重大な影響を及ぼす．例えば，外貨建て輸出債権が多いトヨタ自動車の場合，1 円の円安・円高で何百億円もの為替差益・差損が発生すると言われている．また，燃料である石油や天然ガスを輸入に頼る電力業界や輸入食料を扱う企業などにも，大きな為替差損益が生じる．

　製造業では，自国通貨高となれば国内で製造した製品の価格競争力が弱まり，同製品の輸出に悪影響が及ぶ（逆もまた真なりだが）．円高が大きく進行した場合には，時に「円高不況」と称せられるような状況にもなりうる．また，国内市場では輸入品の価格競争力が強まり，輸入品に押される．そうした傾向が長期間継続するような場合には，輸出や国内販売の落ち込みが深刻化することから，経営不振や企業倒産が生じうる．そうした事態を避けるため，企業によっては人件費が安い海外に生産拠点を移動する，あるいは海外現地生産を拡大する動きも出てくる．こうした直接投資が産業全体で起これば，いずれは日本全体で「産業空洞化」が生じる可能性も出てくる．日本は，売上の輸出割合の高い製造業が多く，大幅な円高のたびに円高不況が懸念され，円高の長期化に伴い国内での製造業衰退論が話題に上る所以である．一方，自国通貨高となれば，輸入品は割安となり，輸入業者や消費者はメリットを享受することにもなりうる．

　企業の海外投資や貸付・借入も，為替変動の影響を受けやすい．海外投

資・貸付が，自国通貨で調達された資金を原資に外貨建てでなされていれば，為替の変動リスクを抱える．一方，投資や貸付が自国通貨建てでなされていれば，海外の相手先が為替リスクに直面する．いずれの場合も，例えば後述するアジア危機の際には大問題となった．

確かに，後述するように通貨先物やオプション，スワップなど，為替リスクをヘッジ・軽減する方法もある．しかし，こうした方法は，長期の取引には余り適応できない．プラント・発電設備・鉄道建設や，金額の張る輸出入の決済は，通常長期にわたる分割払いとなる．また，企業の投資や事業計画も基本的には長期的なものである．したがって，こうした取引は，為替変動のリスクに常に晒されるのである．

1国全体で見れば，為替相場の変動が，金融・債券・株式市場を乱高下させたり，より長期的には物価や輸出入の動向に影響を及ぼすことがある．こうした影響のために，1国の景気全体が左右されることがありうる（企業や個人もその影響を受ける）．その結果，政府としては，金融政策や財政政策を発動せざるを得なくなったり，あるいはそうした政策に制約を受けることにもなりかねない．すなわち，政策の決定・実施が国内経済の状況だけでは判断できなくなりうる．

また，インフラ整備・工業化推進等の投資を，国内の貯蓄では賄いきれないような国——特に途上国——の場合には，海外資本への依存度が高まる．その結果，為替変動が当該国の投資計画・実施を大きく狂わせたり，当該国をいわば「破産」のような状態に導くことにもなりかねない．実際，例えば後述するアジア危機の場合には，自国通貨の暴落によって，そうした事態が起こったのである．

3. 変動相場制の種別

先進諸国間では，1973年2-3月に固定相場制の維持を断念した後も，固定相場制への復帰が検討された．しかし，1976年4月にはIMF協定の第2

> コラム

為替相場制度

　IMF は為替相場制度を下表のように分類している．①と②は「厳格な固定相場制度」，⑨と⑩は「変動相場制度」，③〜⑧は「中間的制度」と呼ばれることもある．この分類によると，1997 年に通貨危機に直面したタイやインドネシア，韓国などは，中間的制度に相当するが，各国が自国通貨を事実上米ドルに固定していたことに留意すべきである．なお，変動相場制に最も近い中間的制度として，目標為替相場圏制度（ターゲット・ゾーン制）を挙げる経済学者もいる．ターゲット・ゾーン制では，為替レートがゾーンの上下限内に収まっていれば介入は行われないが，ゾーンを超える場合には介入が行われる．

　こうした為替相場制度も 1990 年代には，中間的な制度から，変動相場制か厳格な固定相場制に移行する国が多くなった．そして，主要国の多くはいずれかの制度を採用している．こうしたことから，中間的な相場制度は維持可能ではなく，変動相場制か厳格な固定相場制度（特に通貨同盟）が維持可能な制度だとする「2 極的為替制度観（bipolar view あるいは two corner solutions）」と呼ばれる考え方が登場してきた．

為替相場制度（2012 年 4 月 30 日時点）

①	他通貨固定制度（ドル化等）13 カ国	特定の外貨と自国通貨を固定された為替レートで交換（法的保証はなし），米ドルが単1の法定通貨として流通するドル化など	コソボ，パナマ，エクアドル等
②	カレンシー・ボード制度，12 カ国	特定の外貨と自国通貨を固定された為替レートで交換することを法的に保証し，外貨準備によって裏付けられた通貨発行を行う	香港，ブルネイ等
③	従来の固定ペッグ（釘付け）制度，43 カ国	自国通貨を主要国通貨または複数国通貨のバスケットに，固定レートでペッグする制度．目標値から最大±1% の狭い範囲内での変動を認める制度．	サウジアラビア，UAE，ベネズエラ等
④	その他安定化したアレンジ，16 カ国		ベトナム，イラク等
⑤	クローリング・ペッグ制度，3 カ国	ペッグした公定平価を定期的に調整する制度	ニカラグア，ボリビア，ボツワナ
⑥	クローリング的制度，12 カ国	定期的に調整される中心レートの周辺を特定の幅で変動することを許容する制度	中国，アルゼンチン等
⑦	ホリゾンタルバンド・ペッグ制度，1 カ国	従来のペッグ制度と同様だが，自国通貨の変動幅を，±1% 以上の大きな範囲内で認める制度．	トンガ
⑧	その他管理制度，24 カ国		シンガポール，マレーシア，ロシア等
⑨	管理フロート制度，35 カ国	通貨当局が外国為替市場への積極的な介入を通じて為替レートの動きに影響を与える制度	シンガポール，チェコ等
⑩	自由フロート制度，31 カ国	為替レートは為替市場の需給関係によって決定され，為替レートを適正なものとし，過度の変動を防ぐために外国為替への介入が行われる制度	日本，米国，英国，韓国，メキシコ等

資料：IMF,"Annual Report on Exchange Arrangements and Exchange Restrictions", 2012.

次改正協定が合意され，各国が変動相場制を採用することも認知された．また，金廃貨（IMFとの取引で金を価値表示基準として使用しないこと）も決定された．ただ，こうした認知や決定は，先行する現実の事後追認でしかなかった．

　固定相場制も変動相場制も，それぞれ複数のバリエーションがある（コラム参照）．変動相場制は，為替相場の決定を通貨の需要と供給に委ねる制度だが，完全に委ねる自由フロート制度（クリーン・フロート制度）と，何らかの管理を行う管理フロート制度（ダーティ・フロート制度）がある．管理フロート制度では，市場で為替レートが，通貨当局の思惑とは違った方向や急激な変動をした時に通貨当局が為替介入を行い，為替レートの方向性を変えたり，変動幅を抑制するように努める．通貨当局の思惑は明示されている場合も，明示されていない場合もある．

　1973年春に主要先進諸国が変動相場制に移行したが，当初欧州諸国や日本は何らかの管理フロート制を採用していた．一方，アメリカはクリーン・フロート制に最も近かった．アメリカがクリーン・フロート制に固執するのは，為替介入が市場を歪めることや，為替介入には効果がないと判断していることが大きく影響している．為替介入の効果に関しては，前述したように，意見の相違がある．相場の流れの大きさに対する為替介入の規模や，単独介入か，関係国が協力して行う協調介入か，といったことも介入の効果の度合いを左右する．しかし，例えば日本が急激な円高のたびに，「円高不況」になるとの懸念から行ってきた為替介入は，余り効果がなかったケースが多いといわれている．そして，ドル買い・円売り介入で蓄積した外貨準備高は2012末には1兆2,271億ドルに達し，その運用方法が大きな問題となっている[3]．

4. 変動相場制の功罪

　変動相場制はニクソン・ショックやスミソニアン合意時点では非常事態と

見られていたが，1973年頃になると変動相場制「擁護論」が主力となった．擁護論者の主張は，①為替相場の自由な変動が経常収支の不均衡を自動的に調整する（国際収支不均衡の自動調整機能），②その結果，各国は対外均衡化政策から解放され，（国内での物価安定と完全雇用を目指す）対内均衡化政策を自由に行える（内外隔離効果，あるいは遮断効果），③海外からの攪乱的な要因（例えば石油価格の暴騰，アメリカのインフレ高進など）の影響は為替相場の変動によって吸収されるために，金融政策をはじめとする経済政策の自主性を確保できる（金融政策の独立性），に集約される．

しかし，その後の現実の世界では，こうした理論通りにはいかない場合が多く見られた．また，理論通りの効果が現れるのには時間が掛かり，短期的には逆の効果が現れるといった現象も出てきた[4]．そして，為替相場が急激に乱高下し不安定化する問題や，経済の基礎的諸条件から乖離し，理論が教える方向とは異なった，あるいは逆の方向に変動する（例えば貿易収支が赤字にもかかわらず当該国通貨が高くなる）ようなケースも散見されるようになり，世界経済には不確実性が高まった．そして，そうした為替変動が各国経済や企業活動に様々な影響を及ぼすようになったのである．

注
1) 英経済誌『エコノミスト』はかつて毎年，ビッグマックの価格をもとにPPPで為替相場を試算していた．例えば2002年の試算では，円ドルは $1＝¥105$ であったが，同年4月23日の実際の為替相場は $1＝¥130$ であった．ドル・ポンドの試算は £1＝$1.25 であったが，実際は £1＝$1.45 であった（"The Economist", 2002年4月27日号）．
2) 通貨危機に関し，その原因を政府の政策と経済ファンダメンタルズの乖離に求めるものを「第1世代モデル」（あるいは「ファンダメンタルズ・モデル」）と呼ぶ．このモデルでは，投資家が将来の政策の破綻を予想し，その破綻時点より前に投機行動を起こすことで，通貨危機が発生するとする．しかし，アジア危機のように，ファンダメンタルズが必ずしも悪化していなくても通貨危機は起こった．そこで通貨危機の原因を，投資家の期待が「自己実現」することに注目したものが現れたが，そうしたものが「第2世代モデル」と呼ばれている．さらに，通貨危機の原因を，国内金融システムの脆弱性の側面にも注目する「第3世代モデル」

も登場してきた．

3) 日本の外貨準備高は長らく世界第1位であったが，今や輸出急増傾向が続く中国が第1位となっており，2012年末には3兆3,300億ドルにも上っている（日本の同年末は1兆2,271億ドル）．外貨準備は外貨建て資産であるが，それに見合う形で政府の負債がある．外貨建て資産と自国通貨建て負債の「通貨ミスマッチ」は，通貨危機の可能性などの大きなリスクを負う．

4) 有名な例は，「Jカーブ効果」である．これは，日本が輸出増加で貿易収支が大幅な黒字の場合，その黒字を改善すべく円高になっても，短期的には貿易黒字が逆に増加し，貿易黒字が減少するには時間が掛かる現象が見られたことから，発見されたものである．その貿易収支を時系列的にグラフで示せば，アルファベットのJに似た形となることから，Jカーブ効果と言われるようになった．Jカーブ効果が生じるのは，為替レートの変動によって，財の輸出入が変動する割合（輸出入の価格弾性値）が短期的には低く，時間の経過とともに大きくなるためと解釈されている．

第5章
通貨危機

　主要国が変動相場制に移行した後も，固定相場制あるいはそれに類似したような通貨制度を維持していた国，あるいは地域経済統合内で固定相場制を採用していた国では，通貨が短期間に大量に売却されることによって，為替相場の大幅な下落や切り下げ，為替相場制度の変更などが余儀なくされる通貨危機が頻発した．また，変動相場制を採用している国でも，為替相場が大幅に乱高下する現象も多々見受けられるようになった．本章では通貨危機を扱う．

1. 通貨危機の頻発

　通貨危機は，1990年代以降を見ても，表5-1に見られるように多くの国で起こった．確かに，戦後IMF体制下でも通貨危機は生じていたが，IMF体制崩壊後，通貨危機が頻発化し，その規模や影響の度合いも格段に大きくなったことが特徴として挙げられる．

　表5-1にある通貨危機はいずれも，その原因は，当該国経済のファンダメンタルズ（基礎的諸条件）――とりわけ経常収支や財政収支，インフレ等――が悪化しているにもかかわらず，当該国の通貨価値が過大評価（割高）されたままで，為替相場が固定化，あるいは為替相場の水準が狭い範囲で維持されていたことである．表5-1の中でも，1992年の英ポンド危機および1997年のアジア危機が衝撃的な通貨危機と言われているが，これらにつき以下簡単に述べる．

表5-1 1990年代以降の主な通貨危機

1991.5 スウェーデン	ECUに連動していたクローナが投機に見舞われ，中央銀行も抗しきれず，92年11月フロート制に移行	金融自由化で対外借入が拡大，株・不動産バブルが発生したのが主因
1992.9. イギリス	投資家がイングランド銀行と「通貨戦争」を展開．イングランド銀行は通貨防衛を継続できず，ポンドはERMから離脱．その後ポンド安が進行．翌日，伊リラもERM離脱	経済実勢からして，ポンドが相当に割高な相場でERMに加盟したことが主因
1992.9. フィンランド	ECUに連動していたマルカが投機に見舞われ，92年9月フロート制に移行	対ロシア輸出の急減に伴う国際収支悪化や資産バブルの崩壊が主因
1992.12. ノルウェー	隣国フィンランドとスウェーデンがフロートしたことから，投機圧力がかかり，12月フロート制に移行	国際収支が安定的であったにもかかわらず，近隣諸国の影響をこうむる
1994.12. メキシコ	ペソ大量売りのため，ペソ切り下げとフロート制に移行（テキーラ・ショック）．ペソの対ドル相場は1年後には約半減	貿易赤字拡大，社会不安，短期資本流出が主因．「21世紀型金融危機」（カムドシュ元IMF専務理事）
1997.7 タイに始まるアジア通貨危機	タイは97年7月投機に見舞われ，ドル・ペッグ制からフロート制に移行，同様の事態が東南アジア・韓国等に伝染．バーツ対ドル相場は半年で約半値．インドネシア・ルピアは1/5のレベルまで暴落	ドル・ペッグ為替制度，経常収支悪化，短期資本の流入・流出急増，バブル経済，政策ミス等の複合的要因で伝染効果も
1998.8.ロシア	投機に見舞われフロート制に移行，ルーブルは大暴落	経済ファンダメンタルズ（経常収支・財政収支等）の悪化，短期借入の急増，アジア通貨危機の伝染等
1999.1. ブラジル	98年秋以降レアル大量売りで，99年1月13日にはレアル切り下げ，18日フロート制に移行	
2001.2.トルコ	対ドル60％程度も下落	
2001.12. アルゼンチン	カレンシー・ボード制を採用していたが，2001年末ペソ売り加速，翌年2月フロート制に移行．ペソは対ドル70％以上暴落	経済ファンダメンタルズの悪化，国債残高の急増，制度的欠陥等が主因

(1) ポンド危機（「通貨戦争」）

　欧州共同体（EC）は1992年当時，為替相場メカニズム（ERM：Exchange Rate Mechanism）といった通貨制度を採用していた．ERM制度の下，EC各国は，ドルや円など域外通貨に対しては変動相場制とするも，域内通貨に対しては固定相場制を維持し，為替相場を域内他通貨に対し「中心レー

ト±2.25％」の範囲内に収める義務を課せられていた．

　イギリス政府当局は1992年2月7日，ドイツ・マルクに対し中心レートを1ポンド＝2.95マルクに設定した．当時，イギリスは不況の最中で，ポンドは弱い通貨の代表のような存在であった．一方，欧州最大の経済国ドイツは底堅い経済成長を遂げていた．また，1990年10月の東西ドイツ統一以来，財政支出や投資が拡大し，金利が上昇基調にあったこともあり，マルクは買い進まれ，強い通貨の代名詞となっていた．こうしたことから，1ポンド＝2.95マルクの中心レートは，相当なポンド割高・マルク割安なレートであった．事実，イギリスの経済学者はERMを離脱するか，ポンドを切り下げるよう政府に要求する声明を出し，財界はポンドの中心レートを2.60マルクに設定し直すように要請していた．割高なポンドに対し，市場ではポンド売り・マルク買いが強まった．こうした市場の圧力に対し，英政府当局は為替介入等を通じて，かろうじてポンドをERMが定める下限（£1＝DM2.778）内に収めていた．

　こうした折，アメリカの投資ファンドであるクォンタム・ファンドの代表であったジョージ・ソロスは，①ドイツ統一で財政資金が増加しインフレ懸念が出てきたことからドイツ連邦銀行が金利を引き上げると判断し，②ドイツの金利引き上げでマルク買い・ポンド売りが一段と強まり，ポンドはERMを離脱せざるを得なくなると予想した．こうした予想をもとに，ソロスは1992年9月15日，ポンド空売り（70億ドル相当）・マルク買い（60億ドル相当）の取引を行った．こうした投機に対し，イギリスの中央銀行であるイングランド銀行は大規模な為替介入を行い，かつ公定歩合を10％から最終的には15％に引き上げるなど，必死にポンド防衛に奔走した．しかし，市場ではポンド売りが一段と強まり，イギリス当局は結局9月17日にポンドをERMから離脱させ，変動（フロート）させることを決定した．その後もポンドは売られ続け，さらに値を下げた．そして，ソロスは強くなったマルクを売り，安くなったポンドを買い，空売りしていたポンドを決済した．この数日の取引で，ソロスは約10億ドルの利益を得たとされている．その

反対に，ポンドを買い支えたイングランド銀行や各国中央銀行が多大な損失を蒙ったのである．これが，ヘッジ・ファンドと中央銀行による最初の「通貨戦争」と呼ばれ，ソロスは「イングランド銀行を潰した」と言われたのである．

　ソロスは前述した取引と同時に，さらに別の取引も行った．すなわち，ポンド下落予想を基に，イギリスの輸出回復と株価上昇を見込み，イギリス企業の株式を5億ドル買った．また，マルクの上昇でドイツの金利が下がり，債券価格が上昇すると予想して，ドイツ国債の空買い，ドイツ株式の空売りを実施した．ソロスの判断・予想は当たり，ソロスはこの取引でも約10億ドルの利益を上げ，ポンド空売り・マルク買いの取引と併せ，約20億ドルの利益を得たと言われている．そうした巨額の利益が，ソロスの投資ファンドの数日程度の取引で実現したのである．

　こうした取引に成功したのは，ソロスが，①経済や金融の理論を熟知していたこと，②高度な関連情報の収集に余念がなかったこと，そして③自分の考えを勇猛果敢にも実行したこと，が挙げられるだろう．ソロスのこうした大々的な取引は，IMF体制の固定相場制の下では，まず実現困難だっただろう．変動相場制の時代になって，金融・資本・為替市場の自由化・発達もあり，個人や小集団でも大規模な取引ができるような機会が現れた．そして，その取引に伴う損得の規模が巨大化したのも変動相場制時代の特徴と言える．

(2)　アジア危機

　東アジア・東南アジアは1980年代以降，力強い経済成長を続け，「世界の成長センター」ともてはやされた．しかし，その一角を占めていたタイで1997年2月，通貨バーツが大量に売られた．これに対し，タイ政府・中央銀行は，バーツ買い・ドル売りの為替介入を実施，バーツ相場はひとまず小康状態を保った．しかし，5月になってバーツ売りが再燃した．これに対し，タイ当局はバーツ防衛のために，シンガポール，香港，マレーシア当局と為替市場に協調介入を実施する一方，オフショア市場も含め市場を閉鎖し，二

第5章 通貨危機　　　87

図5-1 アジア通貨の暴落

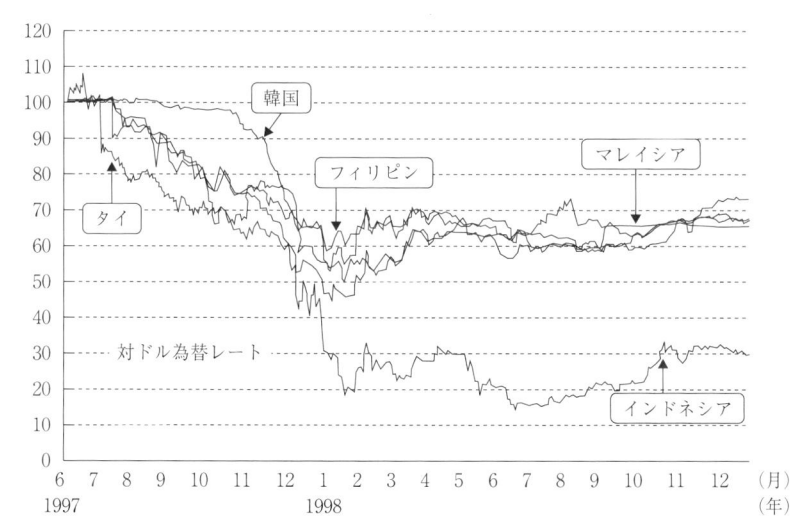

注：各国通貨の1997年6月2日の対ドルレートを100として指数化．
出所：通商産業省『通商白書1999年版』．

重為替相場制度を採用した．しかし，相次ぐ為替介入でタイの外貨準備は枯渇し（1996年12月の338億ドルから97年7月には11億ドルまで減少），タイ当局はバーツ防衛を断念，それまでバーツを実質上米ドルに固定していた通貨制度（ドル・ペッグ制）を放棄し，1997年7月2日には変動相場制に移行した．その後も，バーツ相場は下落を続け，対ドル相場は同年末までに約半値にまで暴落した（図5-1参照）．

　タイの通貨危機はすぐさま，マレーシア，インドネシア，フィリピンなどに飛び火し，同年秋には香港，韓国にも伝染した．そして，1998年にはロシア，ブラジルにまで飛び火した．カレンシー・ボード制という固定相場制を採用していた香港は，大量の外貨準備を基に為替介入を継続し，金利も大幅に引き上げて，香港ドルの防衛に成功した．また，マレーシアは，IMFや国際金融界の反対を押し切って，対外資本規制を導入することで通貨価値の維持を図った．しかし，その他の国ではタイと同様，深刻な通貨危機が生じ，当局は通貨防衛を断念，変動相場制に移行し，通貨が暴落し続けた（図

5-1 参照）．

　とりわけ，インドネシアの通貨ルピアの売りが激しく，インドネシア政府・中央銀行は為替介入等でルピア防衛に乗り出したが，結局は通貨防衛策の継続を断念，8月14日にはドル・ペッグ制を放棄して変動相場制に移行した．その後も，スハルト長期強権政権に対する不安やIMFとの関係悪化などもあってルピアは下落を続け，1998年1月には対ドル相場が半年前の5分の1程度にまで暴落した．韓国も，11月下旬に通貨ウォン売りが加速し，1カ月足らずの間にウォンの対ドル相場は4割ほど下落した．その結果，韓国当局は12月16日，管理変動相場制を放棄し完全変動相場制に移行した．

　アジア通貨危機は現地銀行の経営危機を招き，金融システムが崩壊するような金融危機をもたらした．特に，タイ，インドネシア，韓国では未曾有の金融危機となり，金融機関の再建コストは，後掲表5-2に見られるように，タイでは約430億ドルとGDPの32％にも達する莫大な規模となった．また，インドネシアでも約400億ドルとGDPの29％，韓国では600億ドルとGDPの17.5％にも上った．通貨危機発生前には，こうしたアジア諸国は目覚しい経済発展を遂げ，世界中から大量の資本が流入していたが，未曾有の通貨・金融危機が発生したことから，アジア危機は国際金融や世界経済の大問題となったのである．通貨・金融危機に見舞われたアジア諸国はIMFに支援を要請したが，通貨・金融危機に伴う信用収縮に加え，IMF支援の条件となった緊縮財政や金利引き上げもあり，未曾有の経済危機に見舞われた（詳細後述）．

2. 通貨危機への対応策

(1) IMF支援とワシントン・コンセンサス

　通貨危機に陥った国の多くはIMFに支援を要請し，IMFは後述する「ワシントン・コンセンサス」と呼ばれるような条件を付して支援を行った．こうしたIMFの支援内容・条件および支援の結果を，アジア危機に見舞われ

表5-2 IMFを軸とした国際金融支援パッケージ

		タイ			インドネシア			韓国 (経常収支は億ドル)		
IMF支援承認日		1997.8.20			1997.11.5			1997.12.4		
総額（コミット・ベース） 内訳（億ドル）		172億ドル IMF：40，世銀15 日本：40，米国：0			412億ドル以上 IMF：100，世銀45 日本：50，米国：30			538.5億ドル IMF：210，世銀100 日本：100，米国：50		
マクロ経済実績・目標*		1996	1997	1998	1996	1997	1998	1996	1997	1998
実質GDP成長率，％ （同，当初目標）		6.4	0.6	−7.0 3％程	8.0	5.0	−15.0 3％程	7.1	6.0	−4.0 3％程
消費者物価上昇率，％		4.8	7.7	8.0	6.6	10.0	80.0	4.9	4.2	9％台
経常収支（対GDP比，％）		−7.9	−2.0	10.0	−3.3	−2.7	黒字	−237	−88	330〜350
財政収支（対GDP比，％） （同，当初目標）		2.7	−2.1	−3.0 +1.0	1.2	0.8	−8.5 +1.0	0.3	−0.5	−5.0 均衡
経済再建策	財政政策	財政均衡維持（緊縮財政）								
	金融政策	金融引き締め（高金利）								
	金融部門再建	不健全な金融機関の分離等								
	銀行再建コスト （対GDP比，％）	430億ドル (32％)			400億ドル (29％)			600億ドル (17.5％)		
	構造改革 （金融部門以外）	特に言及せず			関税障壁段階的廃止 非関税障壁段階的廃止 輸入・流通独占の廃止 価格統制の廃止 民営化の推進，等			貿易・資本の自由化 企業（財閥）構造改革 ―会計制度 ―政府金融の縮小 ―系列企業間の相互支払保証制度の見直し，等		

注：*「マクロ経済目標」は，タイは1998年8月，インドネシア98年6月，韓国98年7月合意分．
出所：「アジア通貨危機に対するIMFの処方箋について」，東京三菱銀行『調査月報』（1998年2月）に一部加筆．

たタイ，インドネシア，韓国を例に見てみる．IMFは，当該3カ国に対して，世界銀行や主要国の協力も取り付け，表5-2に見られるような資金支援パッケージを組成した．特に，インドネシアや韓国への支援額は大規模なものとなり，韓国への支援額538.5億ドルはそれまでの支援の最高額となった[1]．また，3カ国に対する日本の支援額の大きさも注目された．IMFはこうした支援の条件として，緊縮財政や金利引き上げといったマクロ経済政策

のみならず，インドネシア，韓国に対しては，表5-2に見られるような貿易・資本の自由化や民営化など，いわゆる構造改革も課した．こうした財政規律や構造改革の条件は，IMF・世界銀行・アメリカ財務省が共有していた新自由主義的な政策であり，そうした政策条件は3者の所在地をもじって「ワシントン・コンセンサス」と呼ばれた．

しかし，通貨危機・金融危機が発生し，信用収縮が起こり，景気が悪化している国に対し，緊縮財政・高金利政策を課したために，信用収縮が一段と強まり，その結果，経済状態がさらに深刻な事態に陥った．事実，表5-2に見られるように，通貨危機の影響が最もひどかった1998年の実質GDP成長率は，IMFは元々3カ国ともプラス3％程度を達成すると見込んでいたが，実際には3カ国ともマイナス成長に陥った．しかも，タイ－7％，インドネシア－15％，韓国－4％と，軒並み大幅な落ち込みとなった．こうした結果，失業率が急上昇し，経済は危機的な状態となった．とりわけインドネシアの状況は深刻で，貧困ライン以下の生活人口は1997年の11％から，1998年には19.9％と倍近くにも達した．

経済危機のために，各国では社会不安が高まった．特に，インドネシアでは社会不安が高まっている中で，IMF支援のコンディショナリティに基づく燃料価格・公共料金の値上げをきっかけに，1998年5月に大規模な暴動が起こった．暴動の拡大に伴い政治不信が高まり，30年以上にわたる長期強権支配体制であったスハルト政権も遂に崩壊に至った．IMFは韓国やインドネシアに対しては構造改革も迫ったが，中長期的に見て適切と思えるような政策も，未曾有の経済混乱に陥っている国ではさらなる経済混乱を招き，その結果，国民の反発を買い，反IMF感情が広がっていったのである．

IMFの処方箋の結果，3カ国の経常収支は大幅に改善した．しかし，それは高金利や緊縮財政の継続等による「景気落ち込みによる輸入激減」によってもたらされたものである．実体経済の悪化は，さらなる信用収縮をもたらした．その結果，不良債権がさらに拡大した．また，アジア諸国では域内貿易の割合が高かったことから，1国の経済混乱が他国にも大きな悪影響を

及ぼし，地域全体が混乱した．通貨危機直前までは「世界の成長センター」ともてはやされていたアジア諸国が，未曾有の経済混乱に陥ったのである．その結果，それまでアジア諸国に多額の融資や投資を行っていた，西側民間銀行や企業は大きな痛手を負った．とりわけ日本の場合，大手都市銀行や大手商社は，各社とも1兆円以上の損失を蒙ったといわれている．

　以上のように，タイ，インドネシア，韓国で通貨危機が，経済危機や社会不安に結びついたことから，IMFに対する批判が急速に高まった．アジア通貨危機に関する，IMFの認識と対策の両方が問題視された．まず認識に関しては，アジア通貨危機の本質は，金融機関の不良債権と金融・通貨システムであったにもかかわらず，IMFはマクロ経済状態がひどくて債務危機に陥った1980年代の中南米諸国と同じような認識を持った．その結果，IMFのアジア対策も，中南米対策と同じようなものとなった．

　ところが，アジア諸国は経常収支の悪化を除き，財政収支，インフレ率，貯蓄率の指標等に見られるように，経済のファンダメンタルズは概ね良好であった．それにもかかわらず，IMFは中南米債務危機と同様，まず緊縮政策・金融引き締めを要請した．そして，これがさらなる景気悪化と信用収縮をもたらし，かえって金融機関の不良債権を増加させた．そうしたことから，IMFはその後，タイ，インドネシア，韓国に対する経済安定化政策を修正し，財政刺激策や金利引き下げへの政策転換を容認した．そして，この政策転換が，各国の経済を回復させる一大要因となった[2]．結局，IMF支援プログラムは効果がなく，それどころか金融システムの崩壊を招き，経済混乱に拍車をかけ，各国の政治・社会問題を深刻化させた．こうした批判に対し，IMFは1999年1月の評価報告書の中で，IMFのいくつかの目論見が外れたことを認めた．

(2) アジア危機後の対応策

　通貨危機に見舞われたアジア諸国，ロシア，ブラジル，アルゼンチンが変動相場制に移行したこともあり，主要国でアジア危機時のような急激な通貨

危機が発生する可能性は減少した（2013年末時点で固定相場・管理相場的な制度を採用している主要国は，中国・香港と，湾岸産油国のサウジアラビア，アラブ首長国連邦，バーレーン，カタール，オマーンなどに限られる）．ただ，変動相場制に移行しても，急激に通貨が売り浴びせられ，通貨価値が急落することもある．したがって，急激・大規模な通貨売りに備える必要があるが，この点種々努力がなされ，IMFの役割強化や地域的な資金融通制度の設立なども実施されてきた．

1) IMF 資金供給機能の強化

　流動性の欠如が問題であったアジア通貨危機の反省を踏まえ，IMFは資金供給機能の強化を図ってきた．それらは，①補完準備制度の設立，②予防的クレジット・ラインの新設，③新規借入取極の創設，などである．補完準備制度（SRF：Supplemental Reserve Facility）とは，アジア危機などに見られたように大量の資金流出に直面した国に対しIMFが融資する制度で，通常の貸出枠では足りない韓国に対し適用するために，1997年12月に導入された．IMFからの借入は，通常の貸出制限の枠を超えた制限のないものになっている．予防的クレジット・ライン（CCL：Contingent Credit Lines）とは，金融危機への対処策として，「他国の資本勘定危機による影響を受けやすい加盟国に対し，予防的与信枠を提供することを目的」としていた．CCLは1998年10月のG7で決定され，1999年4月に創設された（しかし，適用条件が厳しいこともあり，1度も利用がなかったため，2003年12月に廃止が決定された）．

　SRFやCCLを円滑に運営するためには，IMFの資金力を増強する必要がある．その一環として，新規借入取極（NAB：New Arrangements to Borrow）が創設された．これは，IMFが資金不足に陥った時に，IMFが日米欧11カ国から借り入れる従来の一般借入取極（GAB：General Arrangements to Borrow）を強化し，借入額を倍増するもので，1998年11月に発効した（NABは2008年9月のリーマン・ショックを契機とした世界金融危

機に際し2011年3月に資金規模が3,675億SDRまで大幅に拡大され，25カ国・地域が参加するまでになった）．こうした資金供給能力の強化は，IMFの「最後の貸し手（lender of last resort）」としての役割の拡大を目指したものである．ただ一方で，IMFの最後の貸し手としての役割拡大は，債権者や債務者にモラル・ハザード（倫理欠如）をもたらし，その結果，過剰な資本移動や通貨危機を招く恐れがある，との批判もある．

　IMFはその後も2009年に低所得国向け支援の改革を決定し，「短期的かつ緊急な支援のニーズに一段と迅速に応えることができるように融資制度を刷新し」，翌2010年より①拡大クレジット・ファシリティ（ECF），②スタンドバイ・クレジット・ファシリティ（SCF），③ラピッド・クレジット・ファシリティ（RCF）を実施している．これら3つの融資手段は譲許性が高く，2014年末まではゼロ金利とされている．低所得国に対しては，こうした譲許性の高い融資制度に加え，スタンドバイ取極（SBA），フレキシブル・クレジットライン（FCL），予防的流動性枠（PLL），拡大信用供与ファシリティ（EFF），ラピッド・ファイナンシング・インストルメント（RFI）といった制度も設けられている．そうした多数の融資制度が設けられている背景には，後述する2008年9月のリーマン・ショックに端を発したアメリカ発世界金融危機・経済危機が，経済基盤の脆弱な低所得国に様々な悪影響を及ぼしていることが要因としてある．

2）IMFの業務改革と世界銀行の新たな取り組み

　IMFは前述の資金供与機能の拡充に加え，「金融セクター評価プログラム（FSAP：Financial Sector Assessment Program）」や，「基準と規範のイニシアティブ（Standards and Codes Initiative）」などを創設した．FSAPは，IMF加盟国の金融セクター（銀行，証券，保険）の安定性・健全性の評価・監視を，IMFが世界銀行や他の国の中央銀行・金融当局者と共同で行うもので，IMFは「金融セクター全体の総合的な健康診断のようなものである」としている．その健康診断の目的は，アジア危機のような通貨危機を

未然に防ぐことである．ちなみに，評価の対象は大まかにみて，①金融関係の法令，制度，仕組み，②複数のマクロ状況指標，③資産の劣化，金利，為替レートの変動等の外部ショックに自己資本でどこまで対応出来るのかをみる「耐久性テスト」，とされている．また，基準と規範のイニシアティブは，IMF が世界銀行等と連携して，各国のデータや財政の透明性，金融財政政策など 12 分野における国際的に承認された基準や規範の遵守状況を評価し，関連する政策の策定と実施を支援するものである．

さらに，リーマン・ショックを契機とした世界金融危機・経済危機に対処するために創設された 20 カ国・地域（G20）首脳会議が，世界経済の様々な目標を設定し，その目標の達成度を「相互評価プロセス（MAP：Mutual Assessment Process）」を通じて相互評価することをコミットしたが，IMF は G20 首脳会議の要請を受けて，世界経済の不均衡や，各国の政策の整合性などを評価することとなった．

一方，世界銀行も，自ら担当する開発援助に関し，包括的開発フレームワーク（CDF：Comprehensive Development Framework）を導入した．これは，従来の構造調整政策に対する批判を反映したもので，開発援助の取り組み方の検討にあたり，今後は従来のマクロ経済的側面のみならず，当該国の「構造面」（政府，司法，金融システム，社会セーフティ・ネット），「人的側面」（教育・知識，保健・人口問題），「物理的側面」（上下水道，電力・エネルギー，道路・運輸・通信，開発と環境・文化），「特定の戦略」（地方・農村部，都市部，民間セクター，国別配慮），の 4 部門 14 項目も考慮するというものである．そうすることにより，開発援助が当該国のニーズや問題により的確に対応できると考えられている．そして，開発に際しては，途上国の主体性（Ownership）を不可欠なものとしている．同時に，開発プロセスにおける諸々のプレイヤー――国際機関，援助国，市民社会，民間セクター――の協調（Partnership）も重視するとされた．また，途上国のガバナンス（Governance：統治・管理）を改善することも重要視されることになった．

3）ヘッジ・ファンド規制と資本移動対策

　アジア通貨危機やロシア，ブラジル等の通貨危機の一因であったヘッジ・ファンドに対する規制が，IMF や主要国首脳会議等で種々議論・検討され，ヘッジ・ファンドの透明性向上，情報開示の必要性などが主張されてきた．しかし，ヘッジ・ファンドを多数擁する最大の経済国アメリカに加えイギリスなどが規制に極めて否定的なこともあって，結局のところ有効な具体策は特に実現していない．また，ノーベル経済学者のジェームズ・トービンは1972年，資本移動に対し薄い税金（トービン・タックス）を賦課することによって投機を抑制することを提唱したが，長らく現実社会ではほとんど注目されることはなかった．しかし，税収を途上国の援助や環境問題の対策に回すことなどが提案されたこともあり，トービン・タックスは1994年のメキシコ通貨危機以降に注目を浴びるようになった．そして，2008年のリーマン・ショックに端を発した世界金融危機の勃発，続くユーロ危機もあり，EU 内ではそうした課税の検討が進められた．その結果，EU 27 カ国（当時）の内，ドイツ，フランス，イタリアを含む11カ国が2013年1月，金融取引税を2014年から導入開始することに合意した．ただ，この金融取引税は一部，11カ国以外の国の金融機関にも適用されることから，アメリカやイギリスなどが猛反発しており，その先行きは予断を許さない．また，金融取引税が EU 内で導入され，仮にそれが世界に広がったとしても，巨額に上る投機資金の移動がどの程度抑制されるかは不明である．

4）地域的取り組み

　地域的取り組みではまず，EU が単一通貨を導入したことが挙げられる．ユーロには2014年1月時点で18カ国が加盟しているが，加盟国が増えればそれだけ安定した協力関係が広がる．しかし，後述するように，2010年のギリシャ危機に端を発した「ユーロ危機」が生じ，ユーロ体制そのものが揺らぎ始め現在に至っている．

　アジアでも，地域的な取り組みが進展している．まずは1997年10月，ア

ジア危機に対して日本政府が総額1,000億ドル（日本500億ドルの拠出）のアジア通貨基金（AMF：Asian Monetary Fund）構想を発表したことが挙げられる．ただ，AMF構想は，基軸通貨ドルの地位を脅かしかねないと考えたアメリカの猛反発を受け，またアメリカの影響力が強く及ぶIMFや世界銀行が反発したことから頓挫した．しかし，日本政府は諦めず，今度は1998年10月，2国間ベースの総額300億ドル（中長期150億ドル，短期150億ドル）の金融支援策「新宮沢構想」を発表した．これに対しては，アメリカからの反発も特になかった．また，2000年5月には日・中・韓とASEAN諸国が，通貨危機に際して米ドルなど外貨を融通しあう2国間の通貨スワップ協定に合意した（「チェンマイ・イニシアティブ」）．この協定に基づき，日本とタイは2001年，緊急時通貨スワップ協定を締結した．その後，参加国が次々にスワップ協定を締結した．そして，その総額も順次拡大され，2012年には2,400億ドルとなった．こうした大規模な資金の枠組みは，通貨危機を未然に防ぐ一方策になりうる．

注
1) それ以前の最高額は，1995年2月1日に合意された対メキシコ支援の528億ドルである．最大の支援者はアメリカで，200億ドルに上る信用供与をコミットした．ついで，IMF 178億ドル，BIS（The Bank for International Settlements：国際決済銀行），その他となっている．対メキシコ国際支援は，2004年12月にメキシコ通貨危機（テキーラ・ショック）が起こった2週間後には，アメリカ政府によって提案され，アメリカ政府の主導のもと短期間でまとめられた．そのスピード・支援額の規模からして，アメリカが隣国メキシコにどれほど配慮していたかが窺える．
2) その他の要因としては，ITブームで力強い景気拡大を続けたアメリカに対し，輸出が急増したことなどが挙げられる．

第6章
米ドル，ユーロの動向と国際通貨体制の今後

　戦後IMF体制は，基軸通貨であった米ドルの信認が大きく低下したことにより1970年代初めに崩壊し，主要国はIMF体制で規定されていた固定相場制を放棄，変動相場制に移行した．その後，米ドルの価値は，特に日本円や西独マルク，スイス・フラン等の強い主要通貨に対し大幅に下落していった．しかし，国際取引における米ドルの重要性は皮肉にも増大，基軸通貨国としてのドルの役割——とりわけ決済手段・国際流動性としての役割——は拡大し，「ドル本位制」の時代が訪れたとも言われた．こうしたことから，IMF体制下で問題視されていたドルの「流動性のジレンマ」を改善するために，IMFが1970年から開始した新しい人工的な国際準備資産である特別引き出し権（SDR：special drawing rights）は，その意義が時間の経過とともに希薄になっていった．

　ドルの役割拡大の背景には様々な要因があるが，とりわけ①1970年代の2度にわたる石油危機，②アメリカにおける金融イノベーション・金融自由化の進展，そして③1990年代のアメリカ経済の再生，などに伴うドル需要の拡大が大きな要因となっている．ただ，ドルの役割が拡大する一方で，欧州諸国は「ドルからの自立」を目指し，紆余曲折の末に1999年には単一通貨ユーロを誕生させ，ユーロ圏は2014年1月時点では18カ国にも達している．そして，その他の国・地域でも共通通貨を模索する動きが出てきている．

　こうした中，2008年9月のリーマン・ショックを契機としたアメリカ発の世界金融危機は「ドル本位制」を揺さぶった．リーマン・ショックを受け，ニューヨーク株式市場は急落[1]，ドルは下落を続け基軸通貨としての役割が

終わり始めたとの声も聞かれた．そして，ユーロへの期待が高まった．しかし，その後，ドルの基軸通貨としての地位は結果として続く一方で，ユーロ体制は2010年のギリシャ危機以降揺らぎ始めた．

本章では，以上のようなドルやユーロの動向につき詳述する．その上で，国際通貨体制の今後について考える．

1. 「ドル本位制」

ドル本位制と呼ばれるような状態になったのは，世界中で他通貨に比べ米ドルの需要が大幅に高まったためである．ドル需要拡大の背景には，1970年代の2度にわたる石油危機，アメリカにおける金融イノベーション・金融自由化の進展，1990年代以降のアメリカ経済の再生，などの要因がある．

(1) 石油危機

20世紀は「石油の時代」と言われたが，石油は中東，ロシア，アメリカ等々に偏在している．石油開発には，莫大な資金と高度な技術力が必要とされる．世界最大の石油埋蔵量を誇る中東諸国は，大規模な石油開発の可能性が高まった1920-30年代以降，石油開発に必要となる資金と技術をアメリカや欧州諸国（とりわけイギリス）に頼ってきた．

第2次世界大戦後，アメリカはパックス・アメリカーナを構築し維持していくために，大量の石油を安価で確保する必要性を認識するようになった．戦後の世界の石油市場は，米欧系の石油メジャー（大手石油会社）が支配するようになり，アメリカ政府も石油確保のために様々な政治・外交・軍事活動を行ってきた．戦後の石油メジャーは，米系のエクソン，モービル，テキサコ，ソーカル，ガルフと，英系のブリティシュ・ペトロリアム（BP），英蘭合弁企業のロイヤル・ダッチ・シェルの7社で，「7姉妹（seven sisters）」と呼ばれた．

中東原油に対しては，石油メジャーが公示価格を決定した．中東産油国に

は，石油収入として「原油公示価格から操業コストを引いた利益の半分」が割り当てられた．石油公示価格は 1970 年代初頭まで，長い間 1 バレル当たり 2 ドル弱の安い水準に押さえ込まれた．中東産油国では，石油がほとんど唯一の輸出収入源となっており，石油価格の低迷は輸出収入の低迷につながっていた．一方，石油産油国が欧米から輸入する資本財や消費財等の価格は欧米先進国のインフレで上昇を続けた．こうした結果，石油輸出国が石油輸出によって購入できる先進国の工業製品の数量は減少の一途を辿った[2]．

　こうした状況下，石油市場を支配する石油メジャーに対し，中東のイラン，イラク，クウェート，サウジアラビアに加え，南米ベネズエラの 5 カ国が 1960 年，メジャーの原油公示価格引き下げに反対して，石油輸出国機構（OPEC：Organization of the Petroleum Exporting Countries）[3]といった石油生産・価格カルテルを結成した．OPEC は石油メジャーに対し，何度も石油公示価格の値上げを要求したが実現せず，石油輸出国には不満が募っていた．

　そうした最中の 1973 年 10 月に第 4 次中東戦争（コラム参照）が勃発し，その機を捉えてアラブ石油輸出国機構（OAPEC）[4]が石油戦略を発動した．OAPEC は石油生産を削減する一方，イスラエルに協力するアメリカや欧州諸国，そして日本に対して石油禁輸措置を発動したのである．そして，この機に乗じて，OPEC は原油価格の引き上げを企て，原油価格は 1 バレル当たり約 3 ドルから 1973 年内には約 12 ドルにまで 4 倍にも値上がりした．当時西側諸国への石油輸出は OPEC が 9 割以上を占めており，OPEC の原油価格引き上げの影響力の大きさは容易に想像できる．

　石油禁輸に加え石油価格の高騰といった第 1 次石油危機の結果，世界経済は大混乱をきたした．とりわけ，石油輸入依存度が高かった日本や西欧諸国では，深刻な不況・インフレ状態に陥った．日本では，石油のみならず，トイレット・ペーパーや洗剤，砂糖等までが品不足となり，各地で買いだめパニックが起こり，「狂乱物価」と言われるほど物価が急上昇した．それまで高度経済成長を謳歌してきた日本経済は 1975 年マイナス成長に陥り，日本

コラム

中東戦争

　中東は「世界の火薬庫」と呼ばれ，多くの戦争が繰り広げられてきた．その中で，一般的に中東戦争と呼ばれるものは，第2次世界大戦後4回にわたって起こった，アラブ諸国とイスラエルとの間の戦争のことを指す．中東戦争は複雑で，世界政治・国際経済に大きな影響を与えてきた．第1〜4次中東戦争の呼称は外部世界で通用するもので，当事国は下表のようにそれぞれ別の呼称を使っている．

	第1次	第2次	第3次	第4次
アラブ諸国	パレスチナ戦争	スエズ戦争	6月戦争	ラマダーン戦争
イスラエル	独立戦争	シナイ作戦	6日戦争	ヨム・キプール戦争

　4回にわたる中東戦争の内3回は，現象面的にはイスラエルと周辺アラブ諸国の領土獲得戦争である．しかし，そもそもその背景には，ユダヤ人のシオニズム運動（エルサレムのシオン丘への帰還運動）と，それを利用したイギリス帝国主義の思惑が要因としてあった．ユダヤ人は紀元70年以降の王国崩壊に伴い，2世紀前半から世界各地に離散（ディアスポラ）していたが，19世紀末にヨーロッパで反ユダヤ主義が拡大したのを機に，パレスチナの地にユダヤ人国家を建設しようというシオニズム運動が起こった．

　イギリスは第1次世界大戦時，敵国であるオスマン帝国の弱体化を図るため1917年，エルサレム地域にユダヤ人国家の建設を約束した（バルフォア宣言）．しかし，イギリスは既に1915年にも対オスマン帝国戦への協力を得るため，アラブ人に同じような約束をしていた（フサイン=マクマホン書簡）．さらにイギリスは，1916年にフランス，ロシアと，オスマン帝国領の分割を決めたサイクス・ピコ協定を結び，パレスチナを国際管理地としていた．このイギリスの2枚舌（3枚舌）外交に，アラブ人は義憤の念を強めていた．

　バルフォア宣言以降，ユダヤ人のパレスチナ入植が推進され，第1次世界大戦後の1922年にはパレスチナがイギリスの委任統治領となり，アラブ人とユダヤ人の衝突が激化した．国連はイギリスからパレスチナの処理を任せられ，1947年にパレスチナ分割決議案を採択した．これは，パレスチナの地をイスラエルとアラブの2つの国に分割し，3大宗教の聖地であるエルサレムを国際共同管理化に置くというものであった．しかし，土地の半分以上がユダヤ人に割り当てられたため，アラブ人はこの決議を拒否した．そうした中，ユダヤ人が1948年5月14日にイスラエル建国を宣言した．これに憤慨したアラブ諸国

は翌日，パレスチナに進撃し，第 1 次中東戦争（～1949 年）が始まった．戦争はイスラエルの圧勝に終わり，パレスチナ人は国土の大半を失い，パレスチナ難民問題が出現した．

第 2 次中東戦争は，エジプトと英仏イスラエルとの戦争である．その発端は，1956 年にエジプトがスエズ運河を国有化したことである．国有化の背景には，親ソ連傾向を見せたエジプトに対し，アメリカが同国のアスワン・ハイダム建設支援を撤回したことがある．エジプトは，運河の国有化でダム建設資金を賄おうとしたのである．スエズ運河国有化に慌てた運河会社の株主であった英仏は，イスラエルと共謀して，エジプトのナセル政権打倒を図り，イスラエルが 10 月 29 日にエジプトに侵攻，英仏もスエズ地区に出兵した．これに対し，国連は緊急総会で即時停戦を決議し，ソ連も英仏にミサイル攻撃による報復を示唆，アメリカも英仏を支援しなかったことから，英仏イスラエルは撤兵した．

第 3 次中東戦争は，エジプト軍がシナイ半島に進軍したことなどから，イスラエルが 1967 年 6 月，エジプトとシリアに突如先制攻撃を行ったことから勃発した．軍事戦略・兵器に勝るイスラエルが 6 日間で圧倒的な勝利を収め，エジプトのシナイ半島とシリアのゴラン高原，そしてガザ地区とヨルダン川西岸，東エルサレムを占領した．この結果，パレスチナ難民問題がさらに深刻化した．これに対し，国連安保理は，イスラエルの撤退を含む決議 242 を採択したが，イスラエルは長年これを無視した．

第 4 次中東戦争は，エジプトとシリアが謀議して，1973 年 10 月 6 日にイスラエルに突然侵攻したことから勃発した．これは，第 3 次中東戦争の復讐戦であったが，軍事的にはイスラエルが勝利した．しかし，OAPEC は石油戦略を発動，原油価格が 4 倍に高騰し，第 1 次石油危機が起こった．

経済は中東の石油の上になり立つもろい「油上の楼閣」とまで言われた．これまでパックス・アメリカーノ体制の下で，安価で，湯水のように使えた石油が突然輸入できなくなり，また価格が 4 倍にも暴騰したことから，西側諸国がパニックに陥ったのは当然なことであった．

第 2 次石油危機は，1979 年のイラン革命（ホメイニ革命）を契機にして起こった．イランは，1951 年 5 月に当時のモサデグ首相が，イギリス系のアングロ＝イラニアン石油会社の国有化を宣言したが，1953 年 8 月に軍部クーデターが起こり，パーレビ（あるいはパフラヴィー）国王が政権を握っ

た．このクーデターの背後には，アメリカ政府の影があった．アメリカは，中央情報局（CIA）要員を送り込み，軍事クーデターを支援したのである．それ以来パーレビは，アメリカを後ろ盾としてイランの近代化と脱イスラム化に着手し，反対派を弾圧した．また，自身や王家の蓄財にも積極的に乗り出した．

こうしたパーレビ政権に対し，1978年1月に国民の約9割を占めるイスラム教シーア派の聖都コムで起こった反政府暴動が全土に拡大していった[5]．しかし，パーレビ政権はこれに対処できず，パーレビは1979年1月に亡命した．そして2月1日にはそれまで長年パリに亡命していたイスラム教シーア派の指導者ホメイニ師が帰国し，4月1日にはイスラム共和国を宣言した．イラン革命に相前後して，イランは原油輸出を中断した．その結果，市場では原油価格が1バレル当たり約13ドルから1981年初には約40ドルと，3倍以上に跳ね上がった．これが，第2次石油危機である．

石油代金の決済は，従来から米ドルで行われていた（そして現在でも大半は米ドルである）．石油価格が第1次石油危機で4倍に，第2次石油危機では3倍に跳ね上がったことから，石油輸入の決済代金が急激に膨張し，世界におけるドルの需要が一挙に高まった．また，石油価格の高騰で，各国の国際収支不均衡が拡大し，OPEC諸国の経常収支黒字は，石油輸出収入の急拡大で1974-76年の3年間には約1,600億ドルに，1979-81年の3年間には約2,400億ドルにも膨れ上がった．その一方，日本や西ドイツ，非産油発展途上国のように石油を輸入に頼らざるを得ない国は，石油輸入決済代金の急増で貿易収支が大幅に悪化した．この結果，OPEC諸国に急激に溜まった米ドルを，ドル不足に陥っている国にファイナンスする，いわゆる「オイル・マネーの還流」が大きな世界的課題となった．オイル・マネーの還流で活躍したのが米英の大手銀行で，ロンドンやニューヨークの金融・資本市場は取引が活発化した．その取引の通貨は米ドルであり，ドルの需要が急拡大したのである．こうしたドル需要の拡大を受け，米ドル相場は1973-77年と，1979-81年には，日本円や西独マルク等の主要通貨に対し，それまでとは逆に上昇基調となったのである（前掲図4-1参照）．

(2) アメリカにおける金融イノベーション・金融自由化の進展

1) 金融イノベーションの進展

　為替相場の変動や変動相場制への移行は，国際取引に為替リスクをもたらし，経済に不透明感を増幅した．こうした中，アメリカで，為替リスクを回避する目的で，通貨先物取引が1972年に開始されたが，その後もオプション，スワップ等々，金融派生商品（financial derivatives）が次から次へと開発された．こうした金融商品の開発に加え金融イノベーション・金融自由化が進展したことから，アメリカは世界の金融市場の中心地としての機能を一段と強化するようになり，ドルの役割も拡大した．

通貨先物取引　アメリカのシカゴ・マーカンタイル取引所（CME：Chicago Mercantile Exchange）で1972年5月，為替リスクを回避するために，通貨先物取引（currency futures）が開始された．これは，通常取引の数日後に決済される直物（あるいは現物）取引（spot dealing）とは異なり，取引時に価格を決め，将来の特定日に事前に取り決めた相場で異種通貨を売買するものである．通貨先物取引には通常，不特定多数の参加者がいる．したがって，取引は取引所の清算機関を相手に，規格化した商品で行われ，現物の引渡しは行わず差金決済を行う．先物取引では，決済を安全にするために一定の証拠金の積み立てが要求される．

　例えば，日本の輸出業者が機械をアメリカに輸出し，その代金100万ドルを6カ月後に受け取るものとする．輸出時点で6カ月後には円高・ドル安になると予想して，円ドルの通貨先物取引を行ったとする．仮に，現時点での円ドル相場が$1＝¥100，6カ月先の円ドル先物相場が98円だとする．$1＝¥100の場合，輸出収入100万ドルは1億円である．さて，6カ月後に予想通り円高・ドル安が進行し$1＝¥90となれば，輸出収入100万ドルを市場で売却すれば（直物取引）9千万円となり，輸出時点の$1＝¥100に比べ1千万円の損失を蒙る．しかし，この時点で$1＝¥90のレートでドルを100万ドル買い，それで先物取引を決済すれば1ドル当たり8円（98円－90円）の利益が上がり，800万円の利益を得る．その結果，損失は200万円（1,000

万円−800万円）まで軽減される．逆に，予想に反してドル高・円安が進行し $1＝¥110 円となった場合，直物取引では輸出収入は1億1千万円となり1千万円の利益を得る．ただ，先物取引で1ドル当たり12円（110円−98円）の損失，100万ドルで 1,200 万円の損失が発生する．したがって，全体では 200 万円の損失となる．

このように通貨先物取引は，直物取引と先物取引が逆の動きをすることを利用し，為替変動リスクを回避するために行われる．前述の例だと，日本の輸出業者は，1ドル当たり2円の損失を抱えるが，将来の為替リスクを回避でき，安心して取引ができるようになる．したがって，この2円は保険のようなコストと認識されうる．

オプション取引

通貨先物取引はその後，為替市場の動揺に伴い大きく発展した．しかし，将来の為替相場は誰にも分からない．前述の例だと，仮に円安に動いた場合には，輸出債権に対し先物取引をせず，そのままオープンにしておき，実際に入金した時点で直物取引を行い売却した方が多大な為替利益を得られる．先物取引をしたばかりに，得られたかもしれない利益を損することになる．こうした問題を回避するために，通貨先物オプション（currency futures option）取引が開発され，1980 年代頃から急速に発展した．

通貨先物オプション取引とは，例えば前述の例で，日本の輸出業者が半年後にドル債権を $1＝¥98 で売る「権利」を取引するものである[6]．オプションにはプレミアムと呼ばれる，相場変動リスク等を回避するための代価が掛かる．いま仮に，プレミアムが1ドル当たり2円とすれば，もし半年後に $1＝¥98 以上の円高になれば，契約通り円ドルを $1＝¥98 で取引を行えばよい．一方，仮に円安が進行し，$1＝¥110 となれば，円・ドルを売買する権利を行使せず，市場で $1＝¥110 でドルを売却すればよい．そうすれば，プレミアムを1ドル当たり2円払っても，100円に比べれば8円（110−100−2）の為替差益が生じる．98円に比べれば10円の為替差益である．こうしたオプション取引も急速に発展し，今や取引に伴うリスクであれば，為

替変動や金利変動といった通貨・金融に関連するもののみならず，天候や気温等々の不可抗力（フォース・マジュール）のリスクもオプション取引の対象となっている．例えば，行楽シーズンの弁当やアイスクリームの売れ行きは，天候や気温に大きく依存するが，その天候や気温のリスクを扱うオプション取引も今や相当に普及している．

スワップ取引　　金融商品はさらに，スワップ（swap）取引が開発された．スワップ取引は，異なる契約条件のキャッシュ・フロー（元本や利息などの支払いや受取り）を交換する取引で，通常は相対の「店頭取引（OTC：over-the-counter）」で行われる．スワップ取引には，固定金利と変動金利を交換し金利変動リスクを回避する金利スワップ（interest rate swap）取引と，別通貨建てのキャッシュ・フローと交換し，為替リスクを回避する通貨スワップ（currency swap）取引などがある．スワップ取引はまたその後，オプション取引と組み合わせたスワップション（swaptions）というハイブリッド商品も開発された．

証券化商品　　アメリカでは新たな金融商品として1990年代以降，「証券化」された商品が開発・販売され，世界中から投資資金を呼び集めた．最初の証券化商品は，1970年代に米政府抵当金庫（ジニーメイ）が住宅ローン債権を証券化したのに始まる．それは住宅ローン担保証券（RMBS）と呼ばれ，その後政府系のみならず民間の金融機関などもRMBSを組成・販売するようになった．そうしたRMBSは，1980年代末以降の金融自由化の急速な進展に加え，多数の貯蓄貸付組合（S&L：Savings and Loan Association）が住宅ローンの不良債権化で破綻したことから，1990年代以降急速に浸透し始めた．そして，証券化の対象債権は，住宅ローンのみならず消費者ローンや商工業向けローン，商業用不動産ローンなど，およそありとあらゆるローン債権が対象となった．さらには，ローン債権に限らず，収益や担保権をはじめほとんどすべての債権が証券化されるようにもなった．こうした資産を裏付けとして発行された証券は，資産担保証券（ABS：Asset-backed securities）と呼ばれた．

そして，こうした証券化商品が複数組み合わされ債務担保証券（CDO：Collateralized debt obligation）などが組成・販売され，さらには複数のCDOを裏づけにした複雑怪奇なCDOも組成・販売されるなど，新金融商品が続々と開発された．こうした金融商品は，相対的に利回りが高く，その一方で原債権のリスクを大幅に軽減させたと言われた．また，原債権のデフォルトを保証するCDS（Credit default swap）も開発され，米国市場は世界中から多額の投資資金を引き寄せたのである．こうした投資が，1990年代以降経済が再生したアメリカに集中し，米ドルの需要が高まったのである．しかし，こうした証券化商品（特に信用力の低い個人向け住宅ローンであるサブプライム・ローンを含んだ証券化商品）は結局のところリスク・フリーではなく，2008年9月のリーマン・ショックを契機としたアメリカ発の世界金融危機に結びつくのであるが，その点に関しては後述する．

　先物，オプション，スワップなど，金利，債券，株式，通貨などの原資産から派生した商品を総称して，金融派生商品（金融デリバティブ）と呼んでいるが，今やデリバティブ取引は実に様々なものがあり，活発に取引されている．先物にしても，オプション，スワップにしても，証券化商品にしても，そうした商品開発には，いわゆる金融工学（financial engineering）と呼ばれる，高度な数学と，複雑・膨大な演算ができるコンピュータの開発・普及なくしてはあり得なかった．金融工学とコンピュータの世界を1970年代以降リードしたのはアメリカであり，金融新商品はほとんどがアメリカで開発されたのである（1972年CMEにおける通貨先物取引，1975年シカゴ商品取引所における金利先物取引，1982年CMEにおける株価指数先物・オプション取引，1983年CMEとフィラデルフィア証券取引所における通貨オプション取引等々）．その結果，国際金融市場におけるアメリカの地位は向上し，米ドルへの需要も拡大していったのである．

2）金融自由化の進展

　アメリカでは1929年に始まる大恐慌の反省を踏まえ，金融の安定性を確

保する観点から「1933年銀行法（通称，グラス＝スティーガル法：GS法）」が施行され，同法が長らく重要な役割を果たしていた．グラス＝スティーガル法の柱は，「預金金利の上限」（Regulation Q）と「銀行と証券の分離」であった．前者は，銀行間の預金獲得の過当競争を防止する目的で設けられ，後者は商業銀行がリスクの高い証券業務を行えないようにするための措置であった．

こうした規制は1970年代以降，インフレ傾向が強まる中で順次見直しが進められた．インフレ進行に伴い，資金が金利上限規制のある銀行から規制のない証券市場へ大量にシフトし，資金調達に困った銀行が危機感を強めたためである．金利見直しに関しては，1970年に大口定期預金（10万ドル以上）の金利自由化を皮切りに，1978年には市場金利連動型定期預金（MMC，1万ドル以上）が解禁された．そして，1980年にRegulation Qを段階的に撤廃する「1980年預金金融機関規制緩和法（DIDMCA）」が制定され，1982年には市場金利連動型普通預金（MMDA）が解禁，1983年には預金金利の自由化が完了した．こうしたアメリカの金利自由化の動きは，世界各国にも広まった[7]．

銀行と証券の分離に関しては，まず1987年，商業銀行に証券業務の一部が――「グラス＝スティーガル法の運用緩和」という形で――認められた．それは，総収入の5％の範囲内であれば，銀行持株会社の子会社がCP（コマーシャル・ペーパー）引き受けやディーリング業務を行うことを認めるというものである（その後，規制の範囲は1989年に10％，1997年には25％にまで引き上げられた）．さらに1990年には，総収入の5％の範囲内で，株式の取り扱いが認められた．そして最終的に1999年，「金融サービス近代化法（グラム＝リーチ＝ブライリー法）」が制定され，同法によって新たに金融持株会社制度が設けられ，その子会社を通じて銀行・証券・保険業務を行うことが可能となった．従来の銀行・証券・保険の垣根が取り払われ，相互参入が可能となったのである（それが，後述するアメリカ発の世界金融危機の一要因となった）．

こうした結果，金融持株会社は——子会社を通じて——「顧客の資金調達」を融資のみならず，債券・株式の発行引き受けなどを通じて行うことが可能となる一方，「顧客の資金運用」も，預金のみならず債券，株式，デリバティブ，証券化商品等々を通じて行えるようになったのである．そのため，商業銀行，証券会社（投資銀行），保険会社の再編・合併が繰り返され，JPモルガン・チェースやシティグループ（商業銀行のシティコープと証券・保険業務のトラベラーズが合併），バンク・オブ・アメリカ（BOA，地銀のネーションズ・バンクがBOAを買収）といったような巨大金融機関が誕生したのである．こうした巨大金融機関は，「商業銀行業務とともに，証券，自己勘定取引，保険，投資顧問，ヘッジ・ファンド，プライベート・エクイティなどの広範な業務をおこなえるように」（ルービニ〔2010〕318頁）なったのである．

　金融イノベーションや金融自由化の進展は，アメリカが国際金融市場の中心地として役割を果たすためのインフラを整え，ドルの役割が拡大したのである．

(3) アメリカ経済の再生

　アメリカ経済は1990年代，総じて着実な成長を遂げた．特に，1990年代後半にはインフレを伴うこともなく持続的な経済成長を続け（図6-1参照），労働生産性が大幅に上昇し，雇用も拡大した．こうした中，アメリカは，在庫変動や景気循環すら消滅した「ニュー・エコノミー」の時代を迎えた，とも言われた．そうした経済成長の主因は，①民間企業の設備投資が過去の傾向を大幅に上回る水準で拡大したことと，②国内総生産の3分の2程度を占める個人消費支出が堅調に増加したことである．

　設備投資はとりわけ情報化投資が中心となり，「ITブーム」がもたらされた．情報化投資が急拡大した背景には，コンピュータ・通信・インタネット等IT技術が格段に発展，関連機器の価格も下落し，IT技術が様々な生産・流通・販売の管理面に取り入れられていったことがある．IT技術の進

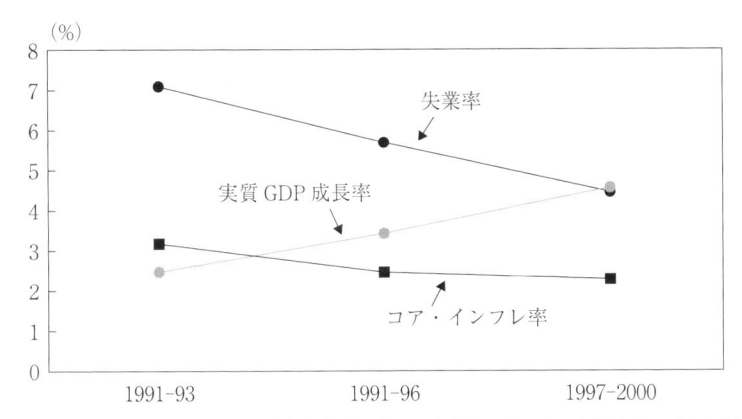

注：コア・インフレ率とは，概して短期的変動の大きい食料とエネルギー価格を除いた物価上昇率のことで，長期的な物価変動を見る指標としてアメリカではよく用いられる．
出所：Council of Economic Advisers (CEA)〔2001〕*Economic Report of the President*, February.

図 6-1 アメリカの実質 GDP 成長率，失業率，コア・インフレ率の推移

歩の他にも，①多くの企業がリストラクチャリング（略してリストラ）やリエンジニアリングに加え，労使関係の改善等で収益を大幅に拡大させたこと，②企業収益の拡大などをテコに株価が急上昇したことや，インフレ率低下・連邦政府の財政赤字縮小により金利が低下したことを反映して，資金調達が容易になったこと，③実質金利の低下によって期待収益率が上昇したこと，そして④ 1980 年代以降の規制緩和（deregulation）政策の推進により新規参入が拡大し競争が激化したこと，などが要因となっている．

　そして，設備投資の拡大が「インフレなき持続的な経済成長」をもたらす一大要因となり，持続的な経済成長がさらなる設備投資を呼び込み，それがまた経済を成長させるといった好循環になり，アメリカは戦後最長の景気拡大期を享受したのである．

　一方 1990 年代，欧州は，最大の経済規模を誇るドイツが，1990 年 10 月 3 日の東西ドイツ再統一の後遺症もあって景気低迷に直面していた．他の欧州諸国も景気は総じて停滞していた．また，日本はバブル後遺症で景気低迷が長引き，「失われた 10 年」（後に「失われた 20 年」）とも呼ばれるような状

態が続いた．こうした欧日に比べ，先進諸国の中では，アメリカ経済だけが「1人勝ち」のような様相になった．1人当たりのGDPの伸び率を日本やドイツと比較しても，1990年代後半におけるアメリカの1人勝ちは明らかである（表6-1参照）．こうしたアメリカ経済1人勝ちの状況の中で，アメリカの株式や公社債は最良の投資物件となり，世界中からアメリカに資金が流入し，ドルへの需要が拡大した．

　国際面における米ドルの役割も向上した．例えば，世界各国の中央銀行が保有する公的外貨準備における米ドルのシェアは，1990年代に上昇を続け，1990年末の50.1％から2000年末には71.1％にまで達した（表6-2参照）．その反面，円や欧州通貨のシェアが減少した．米ドルはまた，世界の銀行の外貨建て資産でも6割前後のシェアに達し，国際債券の発行残高でも2000年末には半分余りを占め（表6-3参照），米ドルの国際取引面における重要な地位を裏づけている．1970年代以降長期的に低下していたアメリカの経済力が再生され，アメリカの通貨であるドルの需要が増え，ドルの基軸通貨としての役割が再拡大するに至ったのである．

　こうした中，新たな国際通貨制度を構築しようとする努力は減衰し，色々

表6-1　1人当たりの実質GDPの年平均伸び率（日米独比較）
(単位：％)

	アメリカ	日本	ドイツ
1980-95年	2.0	2.9	1.6
1995-2002年	2.3	0.6	1.4

表6-2　世界の公的外貨準備における各通貨のシェア
(各年末，単位：％)

	1990年	1995年	2000年	2005年	2010年	2012年
米ドル	50.1	56.6	71.1	66.9	61.8	56.5
日本円	8.1	6.5	6.1	3.6	3.1	4.0
独マルク・ユーロ*	17.3	13.7	18.3*	24.1*	26.0*	24.2*
英ポンド	3.1	3.2	2.8	3.6	3.9	4.0

注：*独マルク・ユーロ欄の2000年以降のデータはユーロのシェア．
出所：IMF, "Currency Composition of Official Foreign Exchange Reserves" (database, 2013年9月時点)．

表 6-3　世界の銀行外貨建て資産・国際債発行残高における各通貨のシェア
(各年末,単位：%)

	銀行外貨建て資産 (5A)			国際債発行残高 (13B)		
	2000年	2001年	2012年	2000年	2001年	2012年
米ドル	63.1	65.0	57.3	50.7	47.7	35.7
ユーロ	16.7	17.7	20.9	32.0	35.8	44.2
日本円	7.3	5.1	3.0	5.8	5.2	2.7
英ポンド	4.1	4.2	5.0	7.3	7.2	9.2

出所：BIS (Bank for International Settlement), "Quarterly Review", March, 2013.

な問題を抱えながらも変動相場制といった，いわば Non-system の時代が続いてきた．そして，各国の為替相場に関しては，主要先進7カ国が国際協調を図っていくことで安定させることが何度となく確認された．しかし，その成果は必ずしも芳しいものとは言えない．こうした中，戦後国際通貨体制の要の機関であった IMF は，通貨制度に関する発言権が弱まり，その役割を発展途上国の通貨・債務問題にシフトしていったのである．

2. アメリカ発世界金融危機・経済危機

(1) 世界金融危機

前述したような，金融イノベーション・金融自由化の進展，アメリカ経済の再生・拡大などを主要因として，1990年代後半以降世界各国からアメリカへの投資が急増した．とりわけ 2000 年代に入ると，前述したようにサブプライム・ローンを組み込んだ証券化商品などにも，米国内外から多額の資本が投資され，米国市場はバブル状態となった．

アメリカの住宅ローンには，借入人の信用度に応じて，プライム，オルトA，サブプライムと3種類がある．ローンの金利は，信用度に反比例している．サブプライム・ローンは，低所得者や延滞・不払いの経歴がある信用度の低い個人に対する住宅ローンである．したがって，サブプライム・ローンの金利はプライムやオルトAに比べ高い．ただ，通常当初2年間は金利が低く設定されていて借りやすくなっている．しかし，金利は3年目からは急

に引き上がる仕組みとなっている．

　リスクの大きいサブプライム・ローンが 2000 年代に入り急増した背景には，①米金融当局が，2001 年に IT バブルがはじけたことから，大幅な金融緩和・利下げに転じたこと，②ブッシュ政権が「オーナーシップ社会」構想に基づき特に低所得者への「持家政策」を推進したこと[8]．③住宅価格が着実に上昇を続け担保価値が上がり転売も容易となったこと，④サブプライム・ローンを提供した金融機関が住宅ローンを証券化商品に仕立て上げ売却したこと，⑤金融機関はローン組成の手数料を収入源とみなし次から次へとローン組成に走ったこと[9]，⑥そうした証券化商品がさらに別の証券化商品等々と組み合わされ，債務担保証券（CDO）など新たな高利回りな投資商品が開発されたこと，⑦格付け機関が CDO などに高格付けを付し投資家に安心感を与えたこと，⑧ CDO や証券化商品に組み入れらた原債権のデフォルトを保証する前述したクレジット・デフォルト・スワップ（CDS）が開発され，リスク・ヘッジが可能になったこと（ただし，後述するように CDS を販売した米保険大手 AIG が破綻せず健全であることが前提であるが，実際 AIG は破綻に瀕していたのである），などが要因となっている．世界的に金余りであった状況下，こうした証券化商品や CDO などアメリカの投資商品に世界各国から多額の投資資金が投じられ，米国市場はバブル状態となったのである．

　しかし，2005 年頃には，アメリカは景気回復に応じて金融引き締めに転じ，金利は上昇した．この結果，住宅販売が落ち込み，住宅価格は下落を続けた．住宅価格の下落に伴い担保割れする物件が増え，収入に対し過重なローンを抱えていたサブプライム・ローンの借入者を中心にローン返済の行き詰まりが増加した．この結果，サブプライム・ローンなどを組み込んだ証券化商品や CDO，CDS の市場価格が急落，金融機関や投資家の多数が巨額の損失に直面した．最初に問題が表面化したのは 2007 年夏，仏 BNP パリバ銀行系のヘッジ・ファンドと全米第 5 位の投資銀行（証券会社）であるベアー・スターンズであった．BNP パリバ銀行系のヘッジ・ファンドの危機に

より，欧州ではドル資金不足が生じ，ドル金利が急上昇，欧州金融市場はパニック状態となった．これに対し，欧州中央銀行（ECB）が約950億ユーロもの巨額に上る資金を緊急に供給したことから，市場は小康状態を保った．一方，ベアー・スターンズは結局2008年3月に事実上破綻した．これに対し，米連邦準備制度理事会（FRB）が緊急融資を行い，米銀JPモルガン・チェースによる救済買収を支援した．FRBが銀行以外の金融機関を救済するのは，大恐慌以来初めてのことであった．

こうしたECBやFRBの迅速な対応もあって，市場ではサブプライム問題は一旦収束したかに見受けられた．しかし，2008年9月7日，全米住宅ローンの約半分を所有・保証していた住宅金融公社2社（ファニーメイとフレディマック）が，住宅ローンの焦げ付き増加で経営が行き詰った．両社は約5兆ドルもの債券を発行しており，両社の破綻は金融市場に大混乱を及ぼすと予想された．このため，FRBが最大2,000億ドルの支援枠を決定し，両社を政府管理下で再建することになった．

しかし，その1週間後の9月15日，市場に激震が走った．全米第4位の投資銀行であったリーマン・ブラザーズが破綻，同社の救済策が上手くいかず，アメリカ政府も——前述したベアー・スターンズの場合とは異なり——支援しなかったためである．同社の負債総額は米史上最大の6,130億ドルであり，同社の破綻が金融市場を大混乱させると考えられたのである．事実，金融市場はパニック状態に陥り，株式，債券も急落した．しかも，同日，全米第3位の投資銀行であったメリル・リンチも経営危機が表面化した（ただ，同行は全米第2位の商業銀行であるバンク・オブ・アメリカ（BOA）が買収することでかろうじて決着が図られた）．金融イノベーションが急速に発展し，複雑な金融商品が次から次へと開発され，原債務・原債権の規模・詳細も不明確で危機の全体像が見えなくなり，しかも金融当局による管理監督が全く不十分であることが判明したことから，市場のパニックは一段と増幅され，「次はどこが破綻するのか」との憶測が飛び交う状態になった．

リーマン・ショックは，米保険大手AIG（アメリカン・インターナショ

ナル・グループ）を直撃し，AIG は破綻の危機に瀕した．AIG は元々格下げの危機にあり，そのため取引先銀行から追加担保を要求され，また顧客からの証拠金返還要求が高まっていた．しかし，AIG は，その預かった証拠金等の大半を証券化商品に投資していた．その証券化商品が価格急落で，売るに売れなくなり，顧客への証拠金などの返還ができなくなったのである．そうした時点でリーマン・ショックが起こり，AIG の株価は 1 日で 60％ 以上も下落した．AIG は破綻状態となり，CDS 契約の履行も不可能となったのである[10]．CDS 契約を結んでいた金融機関は多数に上り，AIG による CDS 契約の不履行は，多くの金融機関に連鎖破綻を起こし，アメリカの金融システムが崩壊することが真剣に懸念された．そのため FRB は，「極めて異例ながら」保険会社である AIG に最大 850 億ドルにも上るつなぎ融資を実施し，AIG を事実上政府管理下に置き，救済に乗り出したのである．

　しかし，AIG の救済後も市場では投資銀行や銀行などへの不信感が高まり，それぞれ全米第 1，2 位の投資銀行であった，ゴールドマン・サックス（GS）とモルガン・スタンレー（MS）は 6 日後の 9 月 21 日，銀行持ち株会社に移行し，FRB の監督下に入ることを発表した．FRB の監督下，有事の際には FRB から資金支援を受けるのが狙いだが，この結果，これまでアメリカのマネー資本主義の象徴的な存在であった大手投資銀行は消滅した．商業銀行でも，最大手のシティが経営破綻に直面，株価が一時の約 50 ドル台から 1 ドル台にまで暴落し，アメリカ政府・FRB が救済の手を差し伸べ，資本注入を行った．

　このように投資銀行や商業銀行等の経営破綻・経営不振が相次ぎ（表 6-4 参照），「次はどこか」といった憶測が広まったのである．こうして，アメリカは，当時のアラン・グリーンスパン FRB 議長が「100 年に 1 度あるかないか」といった未曾有の金融危機に陥ったのである．アメリカの金融危機は，グローバル経済の下，各国・地域に多大な影響をもたらした．とりわけ欧州の金融機関は，米サブプライム・ローン関連資産の半分近くを保有し，アメリカの証券化商品や債務担保証券等に多額の投資を行っていた．また，前述

表 6-4 2008 年の主たる米金融機関の経営危機・破綻

2007 夏	米証券ベアー・スターンズ（全米第 5 位の投資銀行）や，仏 BNP パリバ銀行傘下のヘッジ・ファンドのサブプライム・ローン関連の投資失敗が表面化→サブプライム・ショックが波及
2008.3.14	ベアー・スターンズが事実上破綻．FRB が緊急融資を行い（銀行以外の金融機関への救済は大恐慌以来初），JP モルガン・チェース（JPMC）が救済買収．FRB は証券会社にも融資制度を創設（3.16）
9.7	米住宅金融公社 2 社（ファニーメイ，フレディマック）経営行き詰まり（両社は全米住宅ローンの約半分を所有・保証，サブプライム・ローン証券にも多額を投資）→ FRB が最大 2 千億ドルの支援枠を設定し，政府管理下で再建
9.15	リーマン・ブラザーズ（全米第 4 位の投資銀行）が破綻（負債総額 6,130 億ドル，米史上最大），大統領選挙を前にブッシュ政権はリーマンを救済せず→「大手金融機関は潰さない」という「不文律」が崩壊し，世界中の市場がパニックに（リーマン・ショック）
	メリル・リンチ（全米第 3 位の投資銀行）の経営危機表面化で身売り，全米第 2 位のバンク・オブ・アメリカが買収，政府は支援せず
9.16	AIG が経営危機で，FRB が最大 850 億ドルの「極めて異例の」つなぎ融資を発表，事実上政府管理下での救済に（FRB は，異常で緊急な事態に銀行以外への融資を認める連邦準備法第 13 条を発動）．11 月 10 日には資本注入 400 億ドルを含む政府追加支援．AIG の破綻は CDS 不履行を通じて他の金融機関（特に GS）への「連鎖破綻」につながると判断された
9.21	ゴールドマン・サックス（GS），モルガン・スタンレー（MS）（全米第 1，2 位の投資銀行）が銀行持ち株会社に移行（FRB の監督下に）→米大手証券会社（投資銀行）の消滅
9.25	ワシントン・ミューチュアル破綻（米銀として過去最大の破綻），JPMC が銀行業務を買収
	シティ（株価が一時の約 $50 が $1 台に）等多くの金融機関に信用不安が拡大．米政府・FRB が 10 月 28 日，大手 9 行に 1,250 億ドルの資本注入
11.23	米政府・FRB が，シティに 200 億ドルの追加資本注入（計 450 億ドル）等の救済策発表

した AIG と多額の CDS 契約を結んでいた欧州系の銀行も多かった．仏銀ソシエテ・ジェナラルは最大の契約者であり，ドイツ銀行も第 3 位の契約者であった．しかも，欧州系の金融機関の場合多くは，資金調達はユーロ建てで，運用はドル建てのため，「通貨のミスマッチ」問題も抱えていたのである．そして，欧州では「ドル不足」が深刻な状態になったのである．こうしたことから，欧州ではアメリカ以上に深刻な金融危機に見舞われた（それが後述するユーロ危機の一因になっているのである）．

また，ロシアをはじめとする新興国でも，資金が急速に先細り金融危機に見舞われ，株式，債券，為替の急落に直面した．こうして，アメリカ発の金融危機は世界金融危機と言われるような状態になったのである．ちなみに，世界の株式の時価総額は 2007 年 10 月の 63 兆ドルから，2009 年 2 月には 28 兆ドルと半分以下になった．それは，人々に 1929 年のニューヨーク株価大暴落に端を発する大恐慌を思い起こさせるような事象だったのである．

　政府による金融機関の救済・支援は，1990 年代後半の日本の金融危機の場合と同様，金融システムの崩壊を防ぎ，円滑な経済活動の維持を図るためとされた．そうした観点から，とりわけ規模の大きな金融機関は「大きくて潰せない」と言われた．しかし，投資銀行をはじめとする金融機関は，自己の強欲で投資・投機に走り，巨額の利益を上げ，経営者などは法外な報酬を得ていた[11]．そして，その無謀な投資・投機が失敗すれば，政府・金融当局から救済された．その救済には，国民の巨額の税金が使われた．こうしたことから多くの先進国――とりわけアメリカ――では，強欲な金融機関とそれを救済支援する政府に抗議して，「反ウォール・ストリート運動」が高まったのである．

(2) 世界経済危機

　金融危機は金融収縮をもたらし，米欧等の金融市場でマネーが急激に収縮した．このため，金利が急上昇し，銀行融資が激減した．社債や CP など資本市場でも，資金が枯渇した．こうした結果，企業は手元資金が干上がり（バーン・アウト），資金難に陥った．また，ローン市場も全体的に機能不全のような状態に陥った．そして，企業活動は萎縮し，多くの企業がリストラクチャリング（リストラ）や設備投資の見直し・延期を進めた．企業のリストラのため，労働者の所得が減少した．労働者の所得減少に加え，ローン市場の枯渇により，耐久消費財の購入や住宅投資が急速に冷え込んだ．特にアメリカでは，ローンでの購入が通例となっている乗用車販売が前年比半減以下に落ち込んだ．需要の落ち込みに加え資金難から，多くの企業で生産が縮

表6-5 世界各国の実質GDP成長率の推移

(単位：％)

暦年	世界	先進国	アメリカ	ユーロ圏	日本	新興国・途上国	中国
2007	5.4	2.8	1.9	3.0	2.2	8.8	14.2
2008	2.8	0.1	−0.3	0.4	−1.0	6.1	9.6
2009	−0.6	−3.5	−3.1	−4.4	−5.5	2.7	9.2
2010	5.2	3.0	2.4	2.0	4.7	7.6	10.4
2011	4.0	1.6	1.8	1.4	−0.6	6.4	9.3
2012	3.2	1.2	2.2	−0.6	2.0	5.1	7.8

資料：IMF, "World Economic Outlook", April, 2013.

小され，雇用が減少した．こうして，実体経済は深刻な状態に陥ったのである．

アメリカをはじめとする世界各国の景気後退は，世界貿易を縮小させ（世界輸入総額は2008年7～9月の4.1兆ドルから2009年1～3月には2.6兆ドルに激減した），それがまた世界各国の景気に悪影響を及ぼした．こうしたことから，2009年には戦後初めて「世界経済全体がマイナス成長（−0.6％）」，「米欧日が同時にマイナス成長」といった，未曾有な経済危機の事態に陥ったのである（表6-5参照）．そして，その危機状態の後遺症が多くの国で今日まで続いているのである．リーマン・ショック後，ドルは一時的に円やユーロに対し下落した．しかし，暴落には至らず，それどころか（詳細は後述するが）基軸通貨としての地位を維持し続けているのである．

3. ユーロ誕生とユーロ危機

(1) ユーロ誕生

1）ユーロ誕生の経緯

西欧諸国は戦後IMF体制下で，ドル危機のたびに西独マルクやオランダ・ギルダーなどが買い圧力を受け，英ポンド，イタリア・リラなどが売り圧力にさらされ，欧州全域で為替や経済の混乱に見舞われた．このため，欧州共同体（EC，当時）は1969年，ドルからの自立を図るため，域内の通貨

表6-6 欧州における通貨統合の歴史

1967年7月	欧州共同体（EC：European Community）発足：ECSC・EEC・EURATOMを統合
1969年12月 経済通貨同盟（EMU）	ECハーグ首脳会議で段階的に経済通貨同盟（EMU：Economic and Monetary Union）を目指すことに合意し，ウェルナー（ルクセンブルグ首相）委員会を設置
1970年10月	ウェルナー報告発表：10年間でEMUを完成させ，加盟国の通貨間の為替変動をなくし，資本の自由な移動を達成することを目標とする⇒しかし，IMF体制崩壊の時期と重なり進展せず，放棄される
1972年4月 スネーク制度の導入	スネーク制度（ドルなど他通貨に対する変動幅4.5%の中で，EC域内通貨間の変動幅を半分の2.25%に抑える固定相場制度）⇒しかし，発足直後から離脱国が増え，70年代半ばに機能停止
1979年3月 欧州通貨制度（EMS）発足	①ECU（European Currency Unit：エキュ，欧州通貨単位）の導入（ECUの役割は，通貨価値基準，中央銀行間の決済手段など） ②ERM（Exchange Rate Mechanism：為替相場メカニズム）の導入（EC域内固定相場（中心レート±2.25%以内）と対域外通貨共同フロートの制度） ③為替変動是正のための市場介入の義務と信用供与メカニズムの構築 ⇒EMSは，当初第2次石油危機にも見舞われたが，1980年代央には成功とみなされる
1988年6月	ECハノーバー首脳会議で経済通貨統合のための特別委員会を設置（ドロール委員会）
1989年4月 ドロール・プランの発表	ドロール委員会が経済通貨同盟（EMU）への3段階アプローチを発表 ①第1段階：EC通貨のERM参加と金融政策の協調強化，中央銀行総裁会議の権限強化 ②第2段階：欧州中央銀行制度（ESCB：European System of Central Banks）創設 ③第3段階：単一通貨の導入と欧州中央銀行による一元的金融政策の実施
1992年2月マーストリヒト条約調印（1993年11月発効し，EU誕生）	ドロール・プランに期限を設定（第1段階：1990年7月開始，第2段階：1994年1月開始，第3段階：早ければ1997年1月，遅くとも99年1月から下記EMU移行条件を満たした国だけで移行） 【ユーロ加盟のための経済収斂条件】 ①インフレ率（消費者物価上昇率が最低3カ国の平均より1.5%以上上回らないこととその持続可能性） ②一般政府財政赤字対GDP比3%以内，一般政府債務残高対GDP比60%以内 ③ERM内で少なくとも過去2年間，中心レートの切り下げをせず，変動幅内で推移したこと ④長期国債利回りが，最も低インフレ率である3カ国の長期金利の平均から2%以上離れていないこと
1992年秋 〜93年夏	欧州通貨危機：英ポンド・伊リラがERM離脱，93年夏仏フラン危機⇒「ERMの事実上の崩壊」
1998年5月	EU特別首脳会議で11カ国の第3段階への移行を決定（仏・独・伊・蘭・ベルギー・ルクセンブルグ・オーストリア・フィンランド・スペイン・ポルトガル・アイルランド）
1999年1月1日	単一通貨ユーロ導入と欧州中央銀行（ECB）の一元的な金融・為替政策を開始
2002年1月1日	ユーロ紙幣・硬貨の市中流通開始⇒ユーロが単一の法的通貨に 2014年1月末時点のユーロ加盟国は18カ国

統合を段階的に創設する経済通貨同盟（EMU：Economic and Monetary Union）を目指すことに合意した．それ以降，単一通貨ユーロ(€)が誕生するまでの間，表6-6に見られるように様々な努力が積み重ねられた．単一通貨の実現は歴史的大実験であり，実現までには幾多の紆余曲折があった．それを乗り越えたのは，「ドルからの自立」と，第I部で述べた「欧州統合」を推進しようとする欧州各国の強い政治的意思であった．単一通貨の実現は，欧州統合の最終目標の1つなのである．

　表6-6に沿って，ユーロ実現までの道のりを簡単に説明する．まず，EMU合意を踏まえて，EC加盟国は1972年4月，為替相場に関し「スネーク制度（トンネルの中のヘビ）」を導入した．この制度は，1971年12月のスミソニアン合意で関係国の為替相場は4.5％の変動幅（±2.25％）を持った固定相場制度とされたが，EC域内通貨間での変動幅を半分の2.25％（±1.125％）に縮小するものである．すなわち，ドルをはじめとする域外通貨に対する4.5％の変動幅の中で，域内通貨間の為替相場を2.25％の変動幅に収めるもので，その姿がトンネル内で動くヘビのような形であることから「トンネルの中のヘビ」と呼ばれた．しかし，スネーク制度は開始直後から離脱する国が増え，行き詰ってしまった．そして1973年3月には，ドルに対しての変動幅を撤廃，共同して自由に変動する共同フロート体制に移行せざるを得なくなった．このため，「トンネルから出たヘビ」と呼ばれた．

　しかし，その後，前述したような変動相場制の弊害が噴出したこと，1977-78年にかけて急激なドル安が進行したこと，また欧州経済が低迷を続けたこと，もありECは再び為替安定を目指して通貨統合に向か動き出した．その一環として，1979年には「欧州通貨制度（EMS：European Monetary System）」を導入した．EMSの下，「為替相場メカニズム（ERM）」が設けられたが，これは基本的に前述のスネーク制度を補強したものである．すなわち，域外通貨に対しては共同フロートとする一方，域内通貨間では4.5％（±2.25％）の変動幅を限界として固定相場制を維持するというものだが，①変動幅が限界に達した時には両国間で無制限の為替介入を行う義務を課し，

②介入資金をファイナンスする信用制度を拡充することも盛り込まれた．

　EMSは第2次石油危機に見舞われ，通貨間の基準レートも頻繁に再調整が行われたが，1980年代半ばには成功とみなされるようになった．そして，1989年4月には経済通貨同盟を実現するための3段階アプローチが発表され，この第3段階として，「単一通貨の導入」と「欧州中央銀行の一元的金融政策の実施」が盛り込まれた．1992年2月には，この3段階アプローチに期限が設定され，単一通貨の導入は，遅くても1999年1月が最終期限とされた．

　単一通貨導入に向けては，表6-6にみられる経済収斂条件が付与された．とりわけ財政条件は多くの国にとって厳しい内容であったが，各国は財政改革や民営化等々の努力を行い[12]，収斂条件を満たし，遂に1999年1月，単一通貨ユーロ（€）の誕生にこぎつけた（当初の参加国は11カ国，2014年1月末時点では18カ国）[13]．そして，2002年1月1日には，ユーロ紙幣と硬貨を流通させた．単一通貨ユーロの歴史的実験の成功は，金本位制や金ドル本位制とは異なった，新たな通貨制度の扉を開いたといえる．当時，アメリカの政府関係者や経済学者の多くがユーロの実現に懐疑的であったり否定的であったりしたが，そこには学問的な論点のみならず，中には米ドルに対する脅威となりかねない通貨の出現に対する「通貨覇権」を巡る思いもあった．

　一方，欧州内においてユーロは，それまで欧州内の「事実上の基軸通貨」といわれた強い独マルクに対し，フランスやイタリアなどの弱い通貨の国が，より広範な通貨の創設を模索した結果ともいえる．変動相場制の下で，強いマルクと，その後ろ盾となっているドイツの中央銀行（ブンデスバンク）の影響をまともに受けるよりは，ドイツを取り込み，欧州の金融政策の策定に少しでも加わろうとする弱い通貨を抱えた国の意図も見受けられる．ただ，ドイツの存在は大きく，その影響力は例えば，①欧州中央銀行（ECB）の本部がドイツのフランクフルトに設置されたこと，②ユーロ加盟のための収斂条件に厳しいインフレ抑制基準が設けられたこと，などにも見受けられる．

　第Ⅰ部でも述べたように，戦後の欧州ではドイツをどのように取り込むか

は一大課題であり，NATO は「ソ連を追い出し，ドイツを抑え込み，アメリカを招き入れる」ことが目的であると，イズメイ NATO 初代事務総長が言及したのは有名な話である．西ドイツが，戦後欧州内で最も着実に経済発展を遂げ，最大の経済規模を誇る国になったが，その西ドイツは東ドイツを取り込みさらなる大国となった．その結果，ドイツの欧州経済・金融に与える影響が一段と強まった．フランスやイタリアなどは，そうしたドイツの影響力の下に組み入れられるよりは，ユーロ体制を構築してドイツを取り込もうとしたのである．

2) ユーロ導入のメリットとデメリット

　単一通貨ユーロの導入には，メリットとデメリットが様々ある．メリットとして，次の5つが考えられる．第1は，極めて明白なことだが，取引の決済に際し通貨交換の必要がなくなったことである．その結果，「交換に伴う費用やリスク・不確実性」が消滅したのである．EU の執行機関である欧州委員会は，ユーロ導入による決済コストの削減だけで，EU 全体の GDP の約0.4％に相当するとしていた．決済のコストやリスク・不確実性がなくなれば，域内の貿易や投資が活発化するといったメリットがある．また，旅行者にとっても，通貨交換に伴う手数料の支払いがなくなる．

　第2のメリットは，「価格の透明性」が向上することである．通貨が異なれば同一商品・サービスの価格比較は必ずしも容易ではない．しかし，同一通貨であれば各国間の価格差が明確になる．この結果，2つの効果が現れる．1つは，価格差があれば，消費者はより安い製品・サービスを購入出来るようになり，消費が刺激される効果が現れる．より安い製品・サービスを求める動きは，国境隣接地域や，高額な商品で多くみられる．いま1つは，価格の透明性が向上することによって，生産者間や販売者間の競争が高まることである．この結果，企業の合理化も進展する．

　第3のメリットは，企業経営にとって，各国における労働者や工場，設備，部品等々のコスト比較が容易になり，ユーロ圏全体を念頭においた資源の最

適配分，最適生産拠点の工場配置も可能となることである．また，会計帳簿書類が統一化されるなど，管理コストの削減も可能となる．

　第4のメリットは，ユーロ建て債券の発行により，各国通貨建てで起債していた場合に比べ，資本市場の規模が格段に拡大したことである．この結果，優良な企業にとっては，大規模な債券発行が可能となった．また，投資家にとっても，多くの銘柄に投資する機会・選択肢が増えたのである．債券需給の拡大は，市場としての厚みを増し，手数料の引き下げをもたらした．こうしたことが，さらにユーロ建て起債の増加を誘引しているのである．

　第5のメリットは，前述したメリットに加えEUが単一市場となったことから，大規模な企業合併・買収（M&A），企業・産業再編が可能になったことである．その結果，EU内の企業は強化され，経済グローバル化時代のメガ・コンペティションに対応出来るものが増えたのである．

　一方，デメリットとしては，まず各国が独自に為替レートの調整を行えないことである．この結果，為替レート調整を通じた国際収支の改善や，輸出増加・輸入抑制などを図ることが出来なくなった．また，金融政策の自由度を放棄したことも，大きなデメリットである．自国の景気の良し悪しに応じた，金利調整や金融緩和・緊縮はもはや出来ないのである．そして，経済政策のもう1つの手段である財政政策も，ユーロ安定維持のための「安定成長協定（SGP：Stability and Growth Pact）」の規定があり，毎年の財政赤字が「対GDP比3%という基準値を超えないこと」とされた．国内景気が悪化（過熱）している時に，金融緩和策（緊縮策）も財政拡張政策（収縮政策）も採れず，景気調整が出来ないのは大きなデメリットで，政治的に受け入れ困難な制約である．そして，こうしたデメリットが，後述する2010年以降の「ユーロ危機」に伴う経済混乱の主因のひとつになったのである．

(2) ユーロ危機

　当初11カ国が参加して1999年に発足したユーロ体制はその後総じて順調に発展し，ユーロは米ドルに次ぐ国際通貨とみなされ始めた．そして，2014

年1月にはユーロ参加国が18カ国まで拡大したのである．しかし，2010年に入り，ギリシャの財政不安を契機に「ユーロ危機」が叫ばれ始めた．ユーロ危機は，ギリシャなど財政不安国のユーロ離脱の可能性のみならず，ユーロ圏全体の金融不安につながりかねない．そのため，ユーロ体制そのものの存亡まで危惧するような声も上がったのである．こうしたユーロ危機は欧州のみならず世界経済にとって一大不安定要因となっている．以下では，ユーロ危機はなぜ起こったのか，ユーロ危機に対しどのような対策が実施され，今後はどのような展開が予想されるのかを検討する．

1）ユーロ危機の発生

ギリシャでは2009年10月，パパンドレウ政権が発足，同政権はカラマンリス前政権が国家財政を粉飾したことを明らかにし，2009年の財政赤字の対GDP比を3.78%から12.7%に大幅に下方修正した．こうしてギリシャの財政危機が明るみになった結果，市場ではギリシャ国債の債務不履行が懸念された．そして，ギリシャ国債は売り一色となり，国債価格は暴落，国債利回りは急上昇した．ギリシャ政府は2010年1月，ユーロ圏やIMFなどから支援を得るために，2012年末までに財政赤字の対GDP比を3%以下に削減する財政再建策を発表した．しかし，財政再建策は公務員給与の削減や社会保障制度改革などを含み，国民の不平・不満が爆発，デモや暴動が頻発し，社会不安・混乱が生じた．

こうした事態に，ギリシャを除くユーロ圏16カ国は2010年5月の緊急首脳会議で，IMFと合同で1,100億ユーロに上る緊急支援融資を正式決定した．それと同時に，欧州連合は，ギリシャ以外のユーロ導入国の財政難にも迅速に対処できるように，最大7,500億ユーロの緊急融資制度を，3年間期限の枠組みとして，創設することも決定した．その内訳は，①「欧州金融安定ファシリティー（EFSF）」4,400億ユーロ（ユーロ参加国の保証を基にした債券発行による資金調達で「欧州金融安定化基金」とも呼ばれる），②IMF拠出2,500億ユーロ，③「欧州金融安定メカニズム（EFSM）600億ユ

ーロ（EU 予算を保証として欧州委員会が発行する債券での資金調達），である．これらの３つの資金は，支援を要請するユーロ加盟国に対し，共同で供与することとされた．さらに，欧州中央銀行はギリシャをはじめとする財政不安国の国債買い入れなどを行って支援した．こうしたスキームを通じて，欧州連合・ユーロ圏諸国は，ギリシャ危機の沈静化とユーロの信認回復を図った．

　しかし，財政危機は，2010 年秋にはアイルランドに，そして 2011 年春にはポルトガルに飛び火した．アイルランドでは経営難に陥った銀行救済のため多額の公的資金が注入され財政危機が生じた．同国は緊急支援を要請し，EU と IMF は 2010 年 11 月，850 億ユーロに上る金融支援を決定した．また，2011 年 5 月にはポルトガルへの総額 750 億ユーロの金融支援を決定した．支援には前述した EFSF，EFSM，IMF の資金が利用された．

　こうした 3 カ国に対する支援は，「構造調整プログラム」として，被支援国の増税や歳出削減を通じた財政再建を条件として実施されたが，景気後退時の急激な緊縮財政は各国の景気をさらに悪化させ，財政再建は一段と困難になった．このため，ギリシャやポルトガル，アイルランドの信用不安は収まらず，それどころか市場ではスペインやイタリアに対しても疑念が広がり，各国の国債は売られ，国債価格は下落，国債利回りが急騰した．ちなみに，これら財政不安 5 カ国は，各国の頭文字をとって「PIIGS」と呼ばれるようになった．

　前述したように，ユーロ加盟のためには，「単年度財政赤字対 GDP 比 3% 以内」と「政府債務残高対 GDP 比 60% 以内」の条件が課されているが，ユーロ加盟国の多く，特に PIIGS 諸国は，表 6-7 に見られるように，2009 年以降こうした限度を大幅に逸脱している．各国で財政赤字が急拡大した背景には，2008 年 9 月のリーマン・ショックを契機に，アメリカ発の世界金融危機・経済危機が起こり，各国で税収入が減少する一方，景気対策としての財政支出が急拡大したこと，金融危機対策として銀行に多額の公的資金を注入したこと，などが大きな要因となっている[14]．

表 6-7 財政赤字・政府債務残高の対 GDP 比率

(単位：％)

	ポルトガル	イタリア	アイルランド	ギリシャ	スペイン	ドイツ	フランス
財政赤字 (2009 年)	−10.2	−5.4	−14.0	−15.6	−11.2	−3.2	−7.5
財政赤字 (2010 年)	−9.8	−4.5	−30.8	−10.7	−9.7	−4.32	−7.1
財政赤字 (2011 年)	−4.4	−3.8	−13.4	−9.5	−9.4	−0.8	−5.3
財政赤字 (2012 年)	−6.4	−3.0	−7.6	−10.0	−10.6	+0.2	−4.8
政府債務残高(2012 年末)	123.6	127.0	117.6	156.9	84.2	81.9	90.2

出所：EU 統計局データベース（2013 年 9 月時点）．

　PIIGS などの財政不安に対応するために，EU 首脳会議は 2010 年 12 月，「欧州版 IMF」と呼ばれる，常設の「欧州安定メカニズム（ESM）」を 2013 年 6 月に創設することを決定した（その後 ESM 創設は 2012 年 1 月に 1 年前倒しして 2012 年 7 月とされた．しかし，最大の出資国であるドイツの批准が遅れ，ESM 創設は 2012 年 10 月となった）．これは，欧州金融安定ファシリティー（EFSF）が期間 3 年で 2013 年 6 月末に期限切れとなるため，ESM がそれを引き継ぎ，EFSF を常設化するというものである[15]．ESM の資本金は 7,000 億ユーロ（払込資本金 800 億ユーロ，請求払資本金 6,200 億ユーロ）で，最大支援可能金額は 5,000 億ユーロとされた．

　しかし，こうした対策にもかかわらず，2011 年春になると，まずギリシャの財政再建が危ぶまれる事態となり信用不安が再燃した（第 2 次ギリシャ危機）．そして，ギリシャの信用不安が他の財政不安国にも波及した．特に，ユーロ圏で第 3，4 位の経済規模を誇るイタリアとスペインの財政不安は，ユーロ体制そのものを揺さぶる危機に結びつきかねない大問題となった．こうした事態に，ユーロ圏首脳会議は 2011 年 7 月，ギリシャへの総額 1,090 億ユーロに上る追加融資支援に加え（他に民間銀行がギリシャ国債の借り換えなどで 500 億ユーロを負担）[16]，スペインやイタリアなどの支援に備えるために欧州金融安定ファシリティーを 4,400 億ユーロから 7,800 億ユーロにまで拡充することに合意した．さらに，ユーロ圏首脳会議は 2011 年 10 月，欧州債務危機克服に向けて「包括戦略」に合意した．その柱は，①民間投資家に対しギリシャ国債の元本削減（ヘアーカット）を 21％ から 50％ に引き

上げること（2012年2月にはさらに53.5％まで引き上げられた），②欧州金融安定ファシリティーの規模を実質1兆ユーロまで拡大すること，③欧州大手民間銀行の資本を増強（1,000億ユーロ）し，中核的自己資本比率を9％まで引き上げること，である．

　しかし，こうした対策にもかかわらず，PIIGSの財政不安はなおも収まらず，ギリシャは2012年2月，約1,300億ユーロに上る追加支援を受けることになった（国債元本の削減率もさらに53.5％にまで引き上げられた）．しかし，ギリシャでは支援の条件である財政再建に対して，国民の間で激しい反発が起こった．このため，歳出削減・財政再建目標は，その後2年先延ばしされた．また，スペインも，不動産バブルなどで巨額の不良資産を抱えた銀行破綻の可能性が高まり，2012年6月には欧州金融安定ファシリティーが最大1,000億ユーロの支援を行うことが決定された．こうした措置に加え，ドラギ欧州中央銀行総裁が同年7月に「ユーロを守るためなら何でもする」と発言，その後9月にはECBが南欧諸国などの国債の無制限買い入れを発表したことから，市場は小康状態となり，財政不安国の国債利回りも低下し始めた．こうしたことから，ドラギECB総裁の手腕は「ドラギ・マジック」とも評された．

　EUは，こうした危機発生後の対処策に加え，危機再発の防止策として，①各国銀行の監督一元化や，②ユーロ共同債の導入，③ユーロ圏予算の共通化など財政統合策に関しても検討を行った．銀行監督の一元化に関しては2012年6月，EU首脳会議で「銀行同盟（Banking Union）」の枠組みが提案された．その骨子は，①域内銀行に対するECBの中央監督機能，②銀行破綻処理のための共同基金，③預金者保護のための預金保険制度である．中央監督機能に関しては2012年10月のEU首脳会議で，ECBが直接域内の大手銀行（128行）を監督することが合意され，欧州議会が2013年9月に承認，2014年9月から開始されることとなった．そして，破綻処理に関しては，時間が掛かったものの，2013年12月の首脳会議で，2015年の導入を目指すことが合意された．しかし，域内全体の共通預金保険制度設立に関して

は，ドイツやオランダなどの反対が強く，2013年末の段階でも先送りされたままである．共通の預金保険が実現しなければ，銀行同盟の意義は限られたものになる．

さらには，財政統合化に向けたユーロ共同債とユーロ圏予算の共通化は，意見の相違が大きく，見送られた．ユーロ共同債は，ユーロ圏全体の信用を担保に発行する共同の国債であり，財政不安国に加え市場や投資家が強く期待していたが，ドイツやオランダが財政規律が緩むとして納得しなかったため，検討すらされなかった．ユーロ共同債のみならずユーロ圏予算の共通化をはじめとする財政統合策の実現が見通せない現状では，ユーロ危機が再燃しユーロ体制を揺さぶる事態が再び起こる可能性が残る．

こうした中，2013年秋には，ギリシャが2015年以降再び資金繰りに窮するとの観測が広がり，追加支援が必要視され始めた．しかし，最大の支援国であるドイツでは国民の間で「支援疲れ」も広がっており，先行きは予断を許さない．

2）ユーロ危機の問題

銀行不安　　信用不安国の国債はユーロ建てである．経済規模が小さいギリシャやポルトガルが，ユーロ加盟前に自国通貨建で起債した国債は元々信用度が低く，資本市場も小規模であったため，起債規模には自ずと限度があった．しかし，それがドイツと同じユーロ建てとなったことにより，起債規模は拡大され信用度も以前より増したように見られたのである．ドイツ，フランス，ベルギー等々の欧州系銀行は，そうした国債に積極的に投資した．財政不安国の国債価格の下落は，こうした銀行の不良債権を増加させた．その規模は，表6-8に見られるように，ギリシャ1カ国なら対処できるような範囲だが（それでも，フランス・ベルギー系の金融大手デクシアは2011年10月に破綻した），それにポルトガル，アイルランドが加われば，深刻度は増す．その上さらに経済規模の大きなイタリア，スペインが加われば，その影響は破滅的なものとなる．特に，イタリアの国債発行残高は1兆

表 6-8　財政不安国のデフォルトが各国銀行に及ぼす衝撃度
（損失規模の自己資本に対する比率％，2011 年）

	ベルギー	フランス	ドイツ	イタリア	日本	アメリカ
ギリシャ1カ国	3.5	6.1	5.5	0.8	0.1	0.3
ギリシャ，ポルトガル，アイルランドの3カ国	27.7	13.6	32.1	3.4	1.4	1.9

資料：野村証券試算，『日本経済新聞』2011 年 9 月 14 日朝刊．

8,000 億ユーロと，アメリカ，日本に次ぐ世界第 3 位の規模である．PIIGS の財政不安拡大は，欧州全体の信用不安に結びつき，ユーロ体制そのものを揺るがす可能性が高いのである．

景気悪化　財政不安国は財政再建を強いられるが，景気悪化の状況下での増税・緊縮財政は，景気のさらなる悪化を招き，結果として歳入減少から財政状態が悪化するといったジレンマに直面する．実際，表 6-9 に見られるように，財政不安国の景気状態は深刻な状態に陥っている．この結果，失業率は急速に上昇し，とりわけ若者の失業率は危機的な状態になっている．失業者――とりわけ若者失業者――の急増は，社会不安・暴動に結びつきやすい．また，極右・極左勢力の伸張や，移民・外国人労働者排斥運動の拡大も招きかねない．したがって，信用不安国の財政再建・健全化を進める一方で，景気回復・雇用創出も図る必要性があるが，その道筋は容易ではない．

表 6-9　各国の実質 GDP 成長率と失業率
（単位：％）

	実質 GDP 成長率（％）		失業率（2013 年 7 月，％）	
	2011 年	2012 年	全体	15～24 歳（括弧内は 2005 年末）
スペイン	0.1	−1.6	26.3	56.1 (19.7)
ギリシャ	−7.1	−6.4	27.6*	53.9* (16.7)
イタリア	0.4	−2.4	12.0	39.5 (24.0)
フランス	2.0	0.0	11.0	26.0 (20.3)
イギリス	1.1	0.2	7.7*	21.3* (12.2)
ドイツ	3.3	0.7	5.3	7.7 (15.2)
アメリカ	1.8	2.8	7.4	15.6 (11.3)

注：*2013 年 5 月の失業率．
出所：EU 統計局のデータベース（2013 年 9 月時点）．

表 6-10　各国の ESM 拠出額のシェア
(単位：％)

	ドイツ	フランス	イタリア	スペイン	オランダ	ギリシャ
シェア	27.1	20.4	17.9	11.9	5.7	2.8

注：小数第2位を四捨五入．

そうした中，財政再建が遠のけば，また財政不安が拡大する．

対策の問題　前述したように，ユーロ圏諸国の財政不安に備えるために，欧州安定メカニズム（ESM）が発足したが，ESMの各国拠出額の割合は表6-10の通りである．ESMの資金規模が十分か否かといった疑問もあるが，財政不安国のギリシャやスペイン，イタリアが果たして拠出できるのかどうかといった深刻な問題がある．そして，最大の支援国であるドイツなどでは，「財政放漫で脱税が横行し公務員大国であるギリシャなどを，何故自分たちの税金で救済しなければならないのか」といった国民の根強い不満がある．

また，これまで南欧諸国などの危機は，ECBが無制限の国債買い取りを公約したことによって回避されてきた側面が強いが，それは「ECBが財政赤字を埋め合わせしているだけ」との批判も多い．国債買い取りによるECBの資産増加・劣化の影響が，今後ユーロ体制にどのような影響を及ぼすのかも予断を許さない．

前述したようにESMや国債買い取りは危機が発生した時の対処方法であるが，危機を未然に予防するようなユーロ共同債や予算の共通化は，現時点でも全く先行きが見通せない．金融は統合するも財政は国ごとにバラバラといったユーロ体制の問題が解決されない限り，ユーロ危機はいつでも再燃する恐れがある．

4.　新たな通貨引き下げ競争？

前述したアメリカ発の未曾有の世界金融危機・経済危機は，世界貿易の急

速な縮小をもたらし（世界輸入総額：2008年7～9月4.1兆ドル→2009年1～3月2.6兆ドル），大恐慌再来の恐れを人々に抱かせた．そして，各国が危機脱出のために，保護主義政策や通貨安政策を採用することが憂慮された．こうした事態に対し，ブッシュ米大統領が主導して2008年11月14～15日，20カ国・地域（G20：Group of 20）の緊急首脳会議がワシントンD.C.で開かれた．この結果，金融・経済安定化のため各国が協調して対策を採ることが合意された．また，保護主義や通貨安政策を採用せず，開放的な世界経済を堅持し，WTOドーハ・ラウンドの年内の大枠合意に向けて努力することも合意された．

G20は，主要先進7カ国（米，日，独，仏，英，伊，加）とEUに加え，G7以外の経済規模の大きな12カ国（中国，ブラジル，インド，ロシア，南ア，オーストラリア，韓国，インドネシア，トルコ，サウジアラビア，メキシコ，アルゼンチン）を含み，そのGDPは世界の8割以上を占めていることから，G20が協調路線を採ることは，大恐慌の再来を回避するという意味合いで大きな意義があった．

G20首脳会議ではまた，通貨問題に関し，ブラウン英首相が「ブレトン・ウッズ2」構築の必要性を訴え，サルコジ仏大統領が基軸通貨問題に言及した．そして，中国，ブラジルなど新興国は「ドル基軸体制の見直し」を主張した．こうした一方で，麻生首相はドル基軸通貨を支援するよう主張した．その後，G20首脳会議は翌2009年9月のピッツバーグ・サミットで定例化が決められた．それ以降半年おきに開催され，世界経済問題に関する協議が継続されて来ている．しかし，通貨問題に関しては，ブレトン・ウッズ2も基軸通貨の見直しも，何も進展していない．

各国は，リーマン・ショックを契機とする未曾有の金融危機・経済危機に対し，大胆な金融政策・財政政策を展開した．とりわけアメリカは，年間GDPの約6％に相当する7,872億ドルの財政出動に加え，金融政策面でもゼロ金利政策と，これまでに前例がないような大胆な金融緩和を打ち出した．金融緩和は，連邦準備制度理事会（FRB：Federal Reserve Board）が，国

債や不動産ローン担保証券（MBS）などを大量に購入し，市場に大規模な資金を供給する形で行われた．それは「量的金融緩和（QE：Quantitative Easing）」政策ではあるが，MBS等のリスク資産や中長期の国債の買取りなどを通じて実施されたため，「非伝統的な金融政策」と評された．

量的金融緩和の第1弾（QE1）は2008年11月から2010年6月にかけて実施され，その額は1兆7,500億ドルにも上がった．第2弾（QE2）は，2010年11月から2011年6月までに，国債を6,000億ドル追加購入する形で実施された．そして，第3弾（QE3）は2012年9月からMBSを対象に月400億ドルで実施され，2013年1月からは毎月450億ドルの国債購入も追加され，月額850億ドルの資金供給が行われた．こうした結果，FRBの総資産は，危機直前の約1兆ドルから，2013年末には約4兆ドルと，4倍にも急拡大した．

こうした大規模な量的金融緩和は，アメリカの景気下支えや株価上昇などには役立った．たが，QEはドルの主要通貨に対する減価をもたらした．例えば，ドル・円為替レートはリーマン・ショック直前には1ドル＝110円前後であったが，その後QEもありドル安・円高傾向となり，2011年夏から秋にかけて1ドル＝75～76円台と，円は史上最高値を更新した．また，QEによって供給されたマネーが新興国への投資にも向かい，ブラジル，インドネシア，南アフリカ，トルコなどの新興国では通貨高となった．ドル安は，輸出倍増計画を打ち出したオバマ政権には追い風となったが，通貨高となった日本や新興国の輸出にはマイナスの影響を及ぼした．こうしたことから，「QEはドル安による国内景気刺激策であり，通貨戦争だ」（ブラジルのギド・マンテガ財務相）といった批判の声も上がった．そして，2010年11月にソウルで開催されたG20首脳会議では，アメリカのQEに対する批判が一段と高まり，G20は「通貨切り下げ競争の回避」を盛り込んだ首脳宣言を採択した．

QEは，無期限に継続することはできない．実際FRBは景気や雇用の回復度合いをにらみながらQEの縮小，終了時期を探っている（出口戦略）．

しかし，FRB のベン・バーナンキ議長が 2013 年 5 月，QE 縮小の可能性に言及するや否や，今度は新興国に流れていた投資資金がアメリカに回帰する動きが見られ，ブラジル，インドネシア，インド，トルコなどの新興国では株式や債券相場が急落，通貨価値が大幅に下落した．そして，通貨安は新興国に輸入物価上昇に伴うインフレ圧力をもたらし，各国の経済運営に支障を来した．こうした結果，2013 年 9 月の G20 首脳会議（サンクトペテルブルグ）では[17]，新興国から QE 縮小に関し注文が相次ぎ，G20 は，QE 縮小が新興国の経済に与える影響を監視することで合意し，首脳宣言に盛り込まれた．

こうしたこともあってか，バーナンキ FRB 議長は 2013 年 12 月，2014 年 1 月からは QE を月額 750 億ドルと，100 億ドルの小幅な縮小にとどめることを表明した．ただ，FRB は 2014 年 1 月末，金融政策決定会合である連邦公開市場委員会（FOMC：Federal Open Market Committee）で，QE 縮小を粛々と進め，2 月からさらに 100 億ドルを減額し，月額 650 億ドルにすることを決定した．この結果，多くの新興国では投資マネーが逆流・流出し，通貨・株価が急落，不安定な様相となった．

アメリカの QE に次いで，2012 年末に発足した安倍政権はデフレ脱却のために，①大胆な金融緩和，②機動的な財政政策，③成長戦略，からなるいわゆる「アベノミクス」と称される経済政策を展開したが，大胆な金融政策の結果，円は急落した．例えば円の対ドル・レートは，2012 年秋の 70 円台後半から，2013 年 5 月には 100 円台前半にまで減価した．これに対し，ドイツのメルケル首相などが，日本の通貨安政策の懸念を表明した．安倍政権は，大胆な金融緩和がデフレからの脱却を目指したもので，日本経済がデフレから脱却し成長路線に転ずれば，世界経済に好影響を及ぼすと主張し，通貨安政策を懸念する声は一旦後退した．アメリカの QE による円高・ドル安が行き過ぎた懸念もあり，アベノミクスはアメリカの QE に伴う円高・ドル安傾向を修正しただけとの見解もある．アメリカの QE と同様，日本の大胆な金融政策は円安に結びつき，輸出競争力改善，輸出企業の収益改善に役立

ったことは明らかである．

　こうした金融緩和に伴う通貨安を，1930年代の「通貨切り下げ競争」の再現，「通貨戦争」と批判する声も上がっている．しかし，固定相場制や管理相場制の場合とは異なり，変動相場制の現在では金融緩和による通貨安は自ずと限度があるとの意見も多い．いずれにせよ，金融緩和がまず本来の目的である自国の景気回復に結びつけば，貿易相手国にも輸出増加の可能性も出てくることから，「近隣窮乏化政策」との批判は当たらなくなるだろう．しかし，自国の景気回復がおぼつかず，輸出だけが増加するとなれば，他国から批判する声も上がってこよう．そして，前述した2013年9月のG20首脳会議では，改めて「通貨切り下げ競争を回避する」ことが首脳宣言に盛り込まれたのである．しかし，具体策は示されなかった．

5. 国際通貨体制の今後

(1) 続く変動相場制

　経済学者ロバート・マンデルは，国際金融の「不可能な三位一体論（impossible trinity）」を展開した．これによると，国際金融の世界では，次の3つの要件は同時には成立し得ない．すなわち，①固定相場制，②自由な国際資本移動，③独立した金融政策，である．したがって，固定相場制に固執すれば，自由な国際資本移動か，独立した金融政策を放棄せざるを得なくなる．

　経済グローバル化が進み，海外との貿易・投資が1国の経済の重要な要素となった時代に，国際資本移動を規制することは，資源の効率的な配分を歪めることにもなり，そのコストは大きい．例えば，日本でも，証券取引所に上場されている株式の28％（金額ベース，2013年3月末時点）が外国人によって保有され，日々の株式売買の多くが外国人によって行われている現代にあって，国際的な資本移動を規制すれば，株式市場のみならず日本経済全体に深刻な悪影響がもたらされるのは明らかであろう．金融政策の独立性とは，外国の経済変動による影響に考慮することなく，自国の国内経済を優先

する金融政策を展開することができることである．端的に言えば，例えばアメリカが金利を下げたことによってドル安・円高となっても，その影響を打ち消すために日本も金利を引き下げる必要がないことを意味する．この金融政策の独立性を放棄する国もそうそう多くないだろう．こうした結果，固定相場制を断念し，変動相場制に移行・維持する国が多くなる．

　貿易決済金額を遥かに上回る規模の資本が，自由な市場で多数の投資家や投機家の様々な思惑もあり，多数の複雑な商品を通じて，時に瞬時に移動するような現在にあっては，とりわけ先進諸国では固定相場制を維持すること自体がもはや不可能かもしれない．イギリスの経済学者スーザン・ストレンジは，今やグローバル市場は余りに強力で，主権国家間の協力体制は残念ながらそれに対抗できる状態にないのが現状であるとして，「カジノ資本主義」の時代であるとした．

　このように見てくると，多くの主要国で「変動相場制は続く」と考えるのが自然であろう．事実，主要国の中で現在でも変動相場制を採用していない国・地域は，中国，香港，サウジアラビアをはじめとする湾岸諸国など，少数の国に限られている．そして中国でも，変動相場制移行への圧力が強まっているのである．

　ただ，そうした観点で興味深いのはユーロである．2014年1月段階でEU加盟国の内18カ国が単一通貨ユーロを採用しているが，その条件として18カ国は独自の金融政策を放棄し，金融政策はドイツのフランクフルトにある欧州中央銀行に一元化しているのである．金融政策や通貨主権を放棄し，今やフランもマルク，リラ，ギルダーもなくなり，ただ単にユーロが存在するだけである．単一通貨実現への道のりは前述したように平坦ではなく，その背景には何よりも加盟各国の政治的意思が強く働いていた（しかし，ユーロ体制も2010年以降大きな試練に直面している）．単一通貨や共通通貨の導入は一時，東アジア地域でもその可能性が検討されたが，東アジア諸国の政治的意思の統一が欠如している限り，その実現可能性は極めて低い．

(2) 基軸通貨の今後

　世界的に変動相場制の時代が続くとして，基軸通貨はどうなるのだろうか．識者の間ではこれまで，おおよそ次のような説が話題となってきた．すなわち，①現状のような米ドルの事実上の基軸通貨体制が続く，②米ドルに比肩する形でユーロが台頭し，ドルとユーロの2極体制になる，③ドル・ユーロ・円の3極体制，あるいはドル・ユーロ・中国人民元の3極体制，ドル・人民元の2極体制になる，などとする説である．

1) ドル基軸通貨説

　ドル基軸通貨説は，いわば現状を追認するような見方である．すなわち，アメリカは唯一の軍事超大国で，国内総生産や金融・資本市場も世界最大の規模を誇り，自由化も最も進み，市場などのインフラも整備され，技術革新も早い．また，巨額の経常収支赤字・財政赤字を継続し，世界最大の純債務国になっている状況下の現在でさえも，アメリカは最大の投資先となっており，世界各国から資金が流入している．そうしたアメリカの地位は今後も変わらず，したがって米ドルの基軸通貨としての役割が続く，とする見方である．伝統的な理論によれば，大幅な経常収支赤字の国の通貨はいずれ下落する．その観点からすれば，米ドルはいずれ「大暴落」する可能性も出てくる．しかし，ドル暴落説は随分以前から言われているが，そのX-Dayは未だに起こっていない．最近では，アメリカの経常収支が大幅な赤字になるのは，アメリカ経済が強い証拠であって，そのことがドル下落をもたらすものではない，との説も見受けられるようになってきた．

　しかし，こうした説には，2007年夏にアメリカでサブプライム・ローン問題が表面化したことからいささか疑問が投げかけられた．前述したように，サブプライム・ローンは信用力の低い個人向け住宅ローンであるが，そのローンが証券化されて多くの証券化商品に組み込まれ，その証券化商品を担保にまた複雑な金融商品が仕立て上げられた．このため，サブプライム・ローンの問題が生じたことを契機に金融商品の価格が急落し，そうした金融商品

を保有してきた金融機関や投資家に多額の損失が発生，破綻・経営危機に陥った金融機関も多数現れた．こうした結果，アメリカの株価・債券価格は急落し，アメリカへの海外資本流入も減少，ドルは減価し始めた．

　しかし，こうした事態にもかかわらず，また米経済がリーマン・ショック後の景気悪化から完全に立ち直ったわけではないにもかかわらず，対米投資は再び活発になった．そして，アメリカの株価（NYダウ）は2013年3月には8日間連続で史上最高値を更新し続け，それ以降もたびたび史上最高値を更新している．さらに，リーマン・ショック後の欧州金融市場では，ドルの調達困難がユーロ危機を増幅し，世界的なドル不足が真剣に憂慮されたのである．こうしたことからしても，米ドルは事実上，基軸通貨として機能し続けている．しかし，中国など新興国の躍進もあり，アメリカ経済は相対的に地位が低下し続ける．そして，アメリカは巨額の財政赤字・経常収支赤字を続け，世界最大の対外純債務国となっている．こうしたことから判断すれば，ドルの基軸通貨としての役割は低下して行くと予想される．

2) ドル・ユーロ2極体制

　ドルの基軸通貨としての役割の低下に伴って，まず可能性が指摘されてきたのは，ドル・ユーロの2極体制である．ユーロがドルと同じように基軸通貨としての役割を果たせるようになるためには，ユーロが世界中で利用され，ドルに比肩できるような国際通貨になれるかどうかに大きく依存している．

　ユーロ加盟国が18カ国となり，前述したように世界の国際債発行残高に占めるユーロ債のシェアは2012年末の段階で44.2％と，米ドル建て債（35.7％）の割合を上回っている．また，イランや中国などでは，半ば政治的な観点から，外貨準備を米ドルからユーロにシフトしようとしている．さらには，イランやベネズエラなどが，石油代金決済をドル建てからユーロ建てにシフトしようとしている．ロシアも，石油やガスの輸出代金をルーブル建てやユーロ建てに変更する方法を模索している．こうしたこともあり，ユーロが国際的な役割を拡大するきっかけは既に散見される．そうした役割を

担い，確実なものにするためには，EUが取り組むべき課題がある．それらは，①EU統合のさらなる深化，②EU経済の改革と成長，③欧州金融資本市場の発展，④ユーロの流動性・国際的な利用価値の増大，⑤欧州中央銀行の役割の定着，などである．

しかし，こうした流れに水を差したのが，前述した2010年のギリシャの財政危機を契機に始まったユーロ不安である．欧州が少なくともユーロ不安を抜本的に解消するようになるまで，ユーロがドルに比肩できるどころか，ドルに次ぐような通貨となることはないであろう．

3) ドル・ユーロ・円あるいは中国人民元の3極体制など

ドル・ユーロ・円の3極体制の可能性は，とりわけ日本経済がバブルに向かう1980年代後半以降に話題になった．しかし，バブル崩壊後の日本経済の長期低迷や，前述した日本円の国際面における地位低下（前掲表6-2，6-3参照）からして，その可能性は明らかに低くなった．ただ，日本と，経済発展が著しい中国との「共通通貨」や，アジア版ユーロの創設ができれば，日本の国際的地位は向上する可能性はある．しかし，日中共通通貨やアジア版ユーロの実現は，少なくとも当面考えられない．日中，日韓の政治・外交問題も障害になっている．

日本円の地位が低下する中，注目を浴び始めているのは「世界の工場」のみならず，今や「世界の消費市場」と呼ばれている中国の国民通貨である人民元である．中国は年率10％程度の高度経済成長を続け，国内総生産（GDP）は2010年には日本を抜いて世界第2位となった．そして，今や，輸出も世界第1位で，海外からの直接投資受入れ額も日本を遥かに上回り世界第1，2位の地位を維持している．外貨準備高も2012年末には3兆3,300億ドルと，世界第2位の日本（1兆2,271億ドル）を遥かに凌ぐ，断トツ世界第1位である．こうした中国の通貨である人民元に，多くの注目が集まっている．貿易決済に占める人民元の割合も増加傾向にある．こうした結果，ドル・ユーロ・人民元の3極体制，はたまたドル・人民元の2極体制の可能性

が話題に上っている．ただ，人民元が基軸通貨の一翼を担うためには，中国経済の持続可能な発展や，中国の金融政策の透明性向上，金融・資本・為替市場の自由化，はたまた中国覇権主義の行方など課題も多い．

4) 第三国の影響力拡大

　中国以外にも，ロシア，中東産油国，ブラジル，インドなども，経済規模の拡大や外貨収入の増加を背景に影響力が強まる可能性がある．中国やロシア，中東諸国などの影響力が増大すれば，国際通貨体制は，これまでの米欧主導型の体制とはいささか異なった意味合いでの政治的な影響を受け，市場には不透明感が増す可能性も出てこよう．また，石油収入で潤うペルシャ湾岸 6 カ国で構成する湾岸協力会議（GCC）や，資源価格の上昇・高止まりで経済が成長している南アフリカおよびその周辺諸国は，ユーロのような単一通貨に向けて動いているが，こうした中小規模の新たな単一通貨圏がどのような影響をもたらすのかも注目される．

　　注
1) ダウ工業株 30 種平均は 2009 年 3 月には 6,500 ドル台と，リーマン・ショック直前のレベルを 4 割以上も割り込み，12 年ぶりの安値水準となった．
2) 輸入価格に対する輸出価格の比率は交易条件（terms of trade）と呼ばれる．輸出価格の下落は交易条件を悪化させ，輸出財 1 単位で購入できる輸入財の量が減ることを意味する．
3) OPEC はその後加盟国が増え，現在 12 カ国となっている（メンバーは，前記 5 カ国に，北アフリカ・中東地域のアルジェリア，カタール，アラブ首長国連邦，リビアに加え，インドネシア，ナイジェリア，アンゴラとなっている）．イスラム教の国が多いのも，OPEC の特徴である．本部はオーストリアの首都ウィーンにある．
4) OAPEC は Organization of Arab Petroleum Exporting Countries の略である．サウジアラビア，クウェート，リビアの 3 カ国が 1968 年 1 月に結成した．現在の加盟国は，前記 3 カ国に，アルジェリア，アラブ首長国連邦，カタール，バーレーン，イラク，エジプト，シリア，チュニジアの合計 11 カ国となっている．
5) イスラム教には，スンニ派とシーア派という 2 大宗派がある．スンニ派（スンナ派とも言う）は，全世界イスラム教徒約 12 億人の約 8～9 割を占めている．人

口最大のイスラム教国は，約2億2千万の人口を有するインドネシアであるが，その9割近くがスンニ派である（他，キリスト教徒約9%）．中東地域でスンニ派が多数の国は，トルコ（全人口の約99%），サウジアラビア（同約85%），シリア（同約74%）などである．一方，シーア派が多数の国はイラン（同約95%），バーレーン（同約75%），イラク（同約62%）などである．2003年のイラク戦争以来，イラクではスンニ派とシーア派間の宗派対立が激化している．イラクでは1921年の建国以来，人口では約2割の少数派であるスンニ派が政治の実権を握ってきたが，スンニ派の政治支配は1979年にサダム・フセインが政権を握って以来一段と強まった．フセインはスンニ派を優遇する一方，シーア派やクルド民族（人口の2割弱）を冷遇・抑圧・弾圧してきた．こうしたイラクで，イラク戦争後にアメリカが描いた民主化路線が敷かれ，選挙の結果シーア派政権が誕生した．しかし，宗派や民族の違いを乗り越え，国民和解を促すような政策が実効的にはなされなかった．その結果，スンニ派とシーア派，クルド民族間で，実権や権益を巡り対立・抗争がエスカレートし，こうしたことが報復・復讐の応酬といった様相をもたらし，泥沼化しているのである．

6) ここで，通貨を買う権利をコール・オプション，売る権利をプット・オプションと呼ぶ．また，権利行使の期間には2種類あり，通知期日のみ権利行使ができるのをヨーロッピアンタイプ・オプション，オプション購入時から通知期日までの間ならいつでもできるものがアメリカンタイプ・オプションと呼ばれている．

7) 日本も，アメリカからの圧力もあり，1980年代後半に金融自由化に乗り出した．1986年には東京オフショア・マーケットが開設され，金利自由化も順次進められ，預金金利の自由化は1994年に完了した．

8) ブッシュ政権は，低所得者に対し，従来の公営住宅の提供や賃貸物件の家賃補助といった支援ではなく，「所有」を支援することを重視し，例えば住宅購入に対する頭金を補助する「アメリカン・ドリーム頭金法」を2003年に制度化したり，住宅購入手続きを簡素化するために連邦住宅局（FHA）の規制緩和を行い，借入の頭金条件の撤廃などを盛り込んだ．

9) 手数料収入を狙った金融機関は，失業者や極めて低所得な個人などにもサブプライム・ローンを組ませたが，そのローンは「NINJAローン」とも呼ばれた．NINJAは"No Income, No Job, No Asset（収入なし，仕事なし，資産なし）"の頭文字を合わせた造語である．こうしたNINJAローンをはじめ，住宅ローン担保証券（RMBS）を販売した金融機関の多くは不正販売の嫌疑で調査・起訴されているが，2013年10月には米大手商業銀行のJPモルガン・チェースが，RMBSの不正販売行為に対し，その責を認め51億ドルにも上る和解金を住宅金融公社2社（ファニーメイとフレディマック）に支払うことで合意した．同行は他にも同様の係争を抱えており，最終的にはその支払額は200億ドル近くに上ると見られている．ただ，同行が販売したRMBSの大半は，救済買収した投資銀行ベアー・スターンズと住宅金融ワシントン・ミューチュアルが販売したもので

あり，JP モルガン・チェースは半ばその後始末をさせられた格好となっている．
10) AIG が FRB に救済された後，CDS 取引で支払った金額は総額で 621 億ドルに上った．上位の支払い先は，ソシエテ・ジェネラル（仏銀）165 億ドル，ゴールドマン・サックス 140 億ドル，ドイツ銀行（独銀）85 億ドル，メリル・リンチ 62 億ドル，カリヨン（仏銀）43 億ドル，UBS（スイス銀）38 億ドル等々となっている．
11) アメリカ企業――とりわけ金融機関――の経営者の報酬は長年増加傾向を辿り，極めて高額である．ちなみに，売上高全米トップ 500 社の最高経営責任者（CEO）の年間報酬額のブルーカラー労働者のそれに対する倍率は，1960 年の約 25 倍から，1988 年には 93 倍，1999 年には実に 419 倍にも達した（秋元・菅〔2003〕352-353 頁）．こうした大規模な収入格差が，反ウォール・ストリート運動の 1 つの要因となっている．
12) 例えば，財政規律が弱いといわれたイタリアの場合，財政赤字の対 GDP 比率が 1990 年にはマイナス 12% にも達していたが，1997 年にはマイナス 3% 以下，2000 年にはマイナス 1% 以下にまで低下した．ユーロには参加しなかったが，イギリスも 1993 年のマイナス 8% から，1997 年にはマイナス 2% と激減し，2000 年には 4% の黒字となった．
13) 当時 EU 加盟 15 カ国の内，イギリス，デンマーク，スウェーデンの 3 カ国はユーロ不参加を自ら決定した（オプト・アウト）．3 カ国とも国民の過半数は，単一通貨導入をはじめ EU 統合が急速に進むことに躊躇していた．特にイギリスでは，国民の間で「通貨主権」の意識が強く，ポンド放棄を容認する声は少なかった．こうした中，ユーロ加盟に積極的だったブレア首相も，1997 年以来の 10 年間にわたった任期期間中に，結局は国民を説得することはできなかった．残るギリシャはユーロ加盟を希望したものの，収斂条件未達と判断され加盟は 2001 年となった．なお，2014 年 1 月にはラトビアがユーロに加盟した．
14) ギリシャは元々，財政規律が緩く，納税意識や徴税能力の低さが問題視されていた．
15) EFSF の問題の 1 つとして，その規模の拡大が小出しだったことが挙げられる（2010 年 5 月€4,400 億→2011 年 7 月€7,800 億→2011 年 10 月€1 兆）．
16) 対ギリシャ第 2 次支援策は総額 1,590 億ユーロとなった．
17) G20 首脳会議は当初，リーマン・ショックを契機とするアメリカ発世界金融危機に対処するために 20 カ国・地域の首脳が協議を行う場として発足した．その後半年毎に開催された首脳会議でも，金融危機，財政問題，通貨・為替問題など世界の経済問題が協議されてきた．しかし，今回のサンクトペテルブルグ首脳会議では，シリアへの軍事介入といった政治・安全保障問題も初めて取り上げられた．

第 III 部　国際貿易体制

第7章
GATT 体制

　戦後 GATT 体制は，8回にわたる多角的貿易交渉（ラウンド）を通じ，関税引き下げ・貿易自由化に貢献し，世界貿易の発展に大きく寄与した．その GATT の目的や役割は，協定書に明記されている．GATT 協定書は，前文と本文 4 部 38 条からなる．前文には GATT の目的として，「関税その他の貿易障壁を大幅に削減し，国際取引における差別的取扱いを廃止する」ことが挙げられている．この目的は，前述したように「戦前の悪しき通商政策」の反省を踏まえたものになっている．

　GATT は「自由・無差別・多角主義」を原則としており，そうした原則は協定書に現れている．まず，「自由・無差別」原則に関連する規定として，とりわけ本文第 1 条「最恵国待遇」（締約国間の無差別），同 2 条「関税引き下げ」，同 3 条「内国民待遇」（内外無差別），同 11 条「数量制限の一般的禁止」と同 13 条「数量制限禁止の無差別適用」が重要である．本章ではこうした GATT の原則を踏まえて，GATT 体制を概観する．

1．最恵国待遇・内国民待遇・数量制限の禁止

(1) 最恵国待遇

　最恵国待遇（MFN：most favored nation treatment）とは，通商協定において，ある国が締約国に対し，他の国との新たな交渉によって与えることになった関税引き下げなどの貿易上の優遇措置を，その締約国にも提供するものである．最恵国待遇には，条件つき最恵国待遇と無条件最恵国待遇がある．

前者は，例えば，アメリカがイギリスに与えた関税や貿易上の優遇と同じ措置を，他国であるドイツがアメリカから受けたければ，ドイツもイギリスがアメリカに与えたのと同様の関税や貿易上の優遇措置を提供することを条件としたものである．これに対し，無条件最恵国待遇はこうした条件を設けず，新たな優遇措置を最恵国に提供するものである．GATT では無条件最恵国待遇が基本となっている．無条件最恵国待遇には，他国を差別しないという GATT の無差別原則（締約国における無差別）に沿っている．また，2 国間の関税引き下げや貿易上の優遇措置が，両国いずれかと最恵国待遇を有する第三国にも適用されることから，より自由な貿易体制を拡大できるメリットもある．

　最恵国待遇の利点は大きく，その待遇の喪失は 1 国にとり大きな打撃となる．例えば，日本は 1955 年に GATT に加盟したにもかかわらず，西欧諸国等から最恵国待遇提供を拒否され，日本政府が最恵国待遇獲得のために経済外交を積極的に展開したことは前述した通りである．

　最恵国待遇の喪失が多大な経済的損失をもたらしうることから，外交政策・経済制裁の一環として，その撤回が持ち出されることも散見される．例えば，ソ連が同国から出国しようとする移民——狙いはユダヤ人——に出国税を掛け移住制限したことに対し，アメリカ議会は 1974 年，最恵国待遇の撤回など貿易上の制限を設けるジャクソン＝ヴァニック修正条項や，米輸出入銀行からの対ソ融資に上限を設ける修正条項を可決・成立させた．

　また，1989 年 6 月に中国政府が民主化を要求するデモを武力で鎮圧した天安門事件が勃発し，多くの犠牲者がでたが，人権・民主主義を重視するアメリカ議会が 1990 年，対中 MFN 供与の撤回を決議した．この決議に対し，ジョージ・ブッシュ大統領は，米企業にとっての中国市場の重要性に鑑み拒否権を発動し，対中 MFN 供与の延長を図った．しかし，米議会を説得するのは困難で，MFN を 1 年間延長するのが精一杯であった．1993 年 1 月に発足したビル・クリントン政権は，中国市場の重要性を念頭に入れつつも，人権・民主主義を声高に主張する自党民主党の意向も取り入れ，対中 MFN

を毎年更新し，更新に際しては「中国の人権と民主化の進展」をリンクさせる方針を採った．しかし，クリントンは，中国政府や米中貿易を重要視する米企業などからの猛反発を受け，この方針を撤回した．その後，中国が切望した恒久的最恵国待遇（毎年更新する必要のない MFN）を，アメリカから獲得したのは 2000 年 10 月と，長い時間が掛かったのである．

(2) 内国民待遇

内国民待遇（NT：national treatment）とは，輸入品を税制や国内規制等の適用面で，同種の国内品と同等に扱うことである．これは，最恵国待遇と同様，GATT の無差別原則（内外無差別）に沿う．例えば，日本では，焼酎とウィスキーは同じアルコールであるにもかかわらず，ウィスキーの酒税が焼酎（甲類）の約 4 倍であった[1]．これは内国民待遇違反であるとして，ウィスキーを製造・輸出する欧州連合（EU），カナダ，アメリカが WTO に提訴し，勝訴した．その結果，日本政府は 1997 年に酒税法を改正することになった．酒税法が改正され，それまで高級品であった外国産のウィスキーのみならず，日本産も大幅に値が下がったのである．

(3) 数量制限の一般的禁止

数量制限（quantitative restrictions）は，特定製品の輸入数量を制限，あるいは輸入を禁止するものである．GATT は，国内産業を保護するための手段としては，関税を用いることとし，数量制限を一般的に禁止した．数量制限禁止措置は GATT の自由貿易主義に合致し，その措置の無差別適用は GATT の無差別原則に合致する．しかし，輸入数量制限に関し種々の例外規定が設けられた．とりわけ重要なのは，①農水産品の生産制限と国内過剰生産の除去，②国際収支擁護条項，③緊急輸入制限措置，である．

農水産物の例外措置は，国内産品の生産数量を制限するためや，国内産品の一時的な過剰を除去するために，輸入品に数量制限を設けることである．これは，第 2 次世界大戦前に農産物価格が暴落し農家が大打撃を受けたこと

表 7-1　国別セーフガード発動件数

	1970-79 年	1980-89 年	1990-94 年
米国	9	4	0
EU	3	14	4
豪州	17	4	1
カナダ	13	4	1
合計	47	37	12

出典：通商産業省『1995 年版不公正貿易報告書』．

もあり，各国で政治的影響力が強い農産品生産者の利益を擁護することを最大の要因として導入された．

国際収支擁護条項は，国際収支が急速に悪化している国に，条件付きで輸入数量制限を認めるものである．ただ，この条項は，GATT 第 12 条の「国際収支理由を主張しうる加盟国」に関する規定であり，前述した IMF 8 条国（「経常取引に関する為替制限の回避」）に移行すれば，GATT 第 11 条の「国際収支理由を主張し得ない加盟国」となり，本条項は適用できなくなる．こうした結果，12 条国の数は減少し，現在ではほとんど意味のない条項となっている．ただ，途上国に対しては，別途第 18 条で国際収支の擁護に基づく輸入数量制限を認めている．

緊急輸入制限（SG：safeguard）は GATT 第 19 条に規定がある．それは，特定の製品の輸入が急増することにより，国内の生産者に重要な被害がある，あるいはその恐れがある場合に，導入することが認められる措置である．緊急輸入制限の手段は，数量制限か追加的な高関税による．ただ，セーフガードには，適用にあたって厳格な条件がある．すなわち，①SG 発動にたる重大な損害の発生あるいはその恐れがあることを認定すること，②輸入制限措置は 4 年以内で延長しても合計 8 年以内とすること，③SG 措置をすべての供給国からの輸入品に対して無差別に適用すること（無差別主義），④SG の埋め合わせとして他産品関税引き下げ等の代償を提供するか，輸出国による対抗措置を甘受すること（相互主義・互恵主義），などである．セーフガードは 1970 年から 80 年代にかけて，欧州やアメリカ，オーストラリア，カ

日本初のセーフガード暫定措置

> コラム

　日本政府は 2001 年 4 月 23 日,「ねぎ・生しいたけ・畳表」の輸入(ほぼ全量が中国からの輸入)に対し,初めてセーフガード暫定措置を発動した.下表に見られるように,輸入が急激に増加し,日本の生産農家の収益が激減したからである.措置として,関税割り当て数量を超える輸入に対し,非常に高い関税率が賦課された.その結果,輸入は激減し,日本の生産農家も一息つけるようになった.中国は 6 月 22 日,対抗措置として日本からの「自動車・携帯電話・エアコン」の輸入に 100% の報復関税を実施した.日本の当該製品の生産者は,いわば「とばっちり」を受けた形となった.

　こうした結果,セーフガード暫定措置適用の 200 日の期間に,本格的なセーフガードへの格上げを要求する生産農家と,彼らの利益を代弁する農林水産省,自民党農林族などと,それに反対する報復関税対象品目の生産者と,経済産業省,外務省などの間で,激しいやりとりが行われた.そして,最終的には 12 月 21 日,日中閣僚協議会で,日本側はセーフガードの本格発動を断念し,中国も報復関税を取り下げることで合意した.同時に,日中農産物貿易協議会といった民間ベースでの協議が行われ,中国側は「秩序ある輸出」に努めることを確認した.また,日本政府は,当該農産品の生産農家に構造調整費を支給し,より付加価値の高い農産品への転作を奨励した.こうした一連の動きを消費者の観点から見れば,中国側の「秩序ある輸出」のために輸入数量が減り,価格が上昇するという不利益を蒙った.また,構造調整費等として,税金が 220 億円使用されたことも,納税者にはコストとなっている.

	ねぎ	生しいたけ	畳表
輸入増加割合 (2000 年の 5 年前比)	2.5 倍	1.7 倍	1.8 倍
輸入品の国内市場占有率 (2000 年)	8.2%	38.5%	59.4%
生産農家の収益増減率 (2000 年)	△55%(前年比)	△63%(96 年対比)	△86%(96 年対比)
輸入割り当て超過分に対し追加された関税率(現行関税率)	250% 相当 (3%)	266% 相当 (4.3%)	106% 相当 (6%)
2001 年 5-7 月輸入量前年同期比	△56%	△55%	△37%

資料:財務省・経済産業省・農林水産省「ねぎ等 3 品目に関するセーフガード暫定措置について」平成 13 年 4 月 10 日等から作成.

ナダが頻繁に発動した（表7-1参照）．こうした中，日本がGATT体制下ではセーフガードを1度も発動しなかったことは評価される．

　セーフガードは適用条件が厳しいことから，その正式な手続き期間中に国内の生産者が甚大な被害を受け，立ち直れなくなったとしたら意味がない．そのために，手続がより簡便なセーフガード暫定措置が導入された．この措置でも適用には条件が課されている．すなわち，①措置の適用期間が200日以内であること，②その期間内に正式なセーフガードに移行するかあるいは暫定措置を断念すること，③輸入制限の手段は関税引き上げのみによること，④代償を提供すること，あるいは輸出国による対抗措置を甘受すること，である．日本政府は2001年，GATTを引き継いだWTO体制の下で，ねぎ，生しいたけ，畳表の輸入に対して，初めてセーフガード暫定措置を適用した（コラム参照）．

　なお，セーフガード措置はその後，WTO繊維協定に基づいて繊維・繊維製品を対象とした繊維セーフガード（TSG）が，またWTO農業協定に基づいて特別セーフガード（SSG）が設けられた．そして，前述したSGは一般セーフガード（SG）と呼ばれるようになった．SSGは，GATTウルグアイ・ラウンドで自由化（関税化）した農産物を対象としたもので，SGに比べ発動要件が緩く，日本もこれまでに豚肉，生糸などを対象にSSGを発動した．

2. 関税引き下げ

　関税引き下げは——特に最恵国待遇と併せて——世界貿易の発展に大きな役割を果たした．GATTは戦後8回にわたる多角的貿易交渉（ラウンド）を行い，関税の大幅な引き下げをもたらした（表7-2参照）．とりわけ，第6，7，8回のラウンドには多くの加盟国・地域が参加し，関税引き下げ品目も多数に及び，なおかつ大幅な関税引き下げがなされた．関税引き下げの対象となった製品の世界貿易に占めるシェアも，第1回ラウンドの58％から，

表 7-2 GATT ラウンド一覧表

ラウンド	時期	参加国数	主要な交渉成果	平均関税引き下げ率
第1回ラウンド	1947年4〜10月	23	関税引き下げ（約15,000品目）	N.A.
第2回ラウンド	1949年8〜10月	33	関税引き下げ（約5,000品目）	N.A.
第3回ラウンド	1950年9月〜51年4月	34	関税引き下げ（約8,700品目）	N.A.
第4回ラウンド	1956年1〜5月	22	関税引き下げ（約3,000品目）	N.A.
ディロン・ラウンド	1961年5月〜62年7月	45	関税引き下げ（約4,400品目）	N.A.
ケネディ・ラウンド	1964年5月〜67年7月	48	関税引き下げ（約33,000品目） アンチ・ダンピング協定合意等	35%
東京ラウンド	1973年9月〜79年7月	99	関税引き下げ（約33,000品目） 非関税障壁関連等10本の協定に合意	33% (OECD工業品)
ウルグアイ・ラウンド	1986年9月〜94年4月	117	関税引き下げ（約305,000品目） WTO創設，サービスや知的財産権に関する協定等に合意	33%

資料：WTO〔2007〕*World Trade Report*, April 12 (p.198) とWTOホームページに一部加筆．

第8回のウルグアイ・ラウンドでは95%にも拡大した．こうした関税引き下げが，世界貿易の拡大の一大要因となった（図7-1参照）．

第6，7，8回のラウンドでは，関税引き下げのみならず，他の分野でも意欲的な取り組みがなされた．第6回のケネディ・ラウンドでは，GATT協定書では自由化交渉免除の対象であった「農業の自由化」も交渉された．また，関税引き下げの進展に逆行して増加してきた，関税によらない非関税障壁（NTB：non-tariff barrier）も交渉の対象にされた（NTBについては第8章参照）．しかし，農業も非関税障壁に関しても，目立った成果はなかった．

ケネディ・ラウンドは，前述した1950-60年のゴールド・ラッシュに対するドル防衛策の一環として，各国の市場開放による米製品の輸出市場の拡大を狙って，当時のケネディ米政権がリーダーシップを発揮して開始されたものである．アメリカの最大のターゲットは，地域統合の色彩を強める欧州経済共同体（EEC）であった．事実，ケネディは1962年1月，恒例の大統領一般教書演説で，EECに対する通商政策を強化することを主張し，議会に

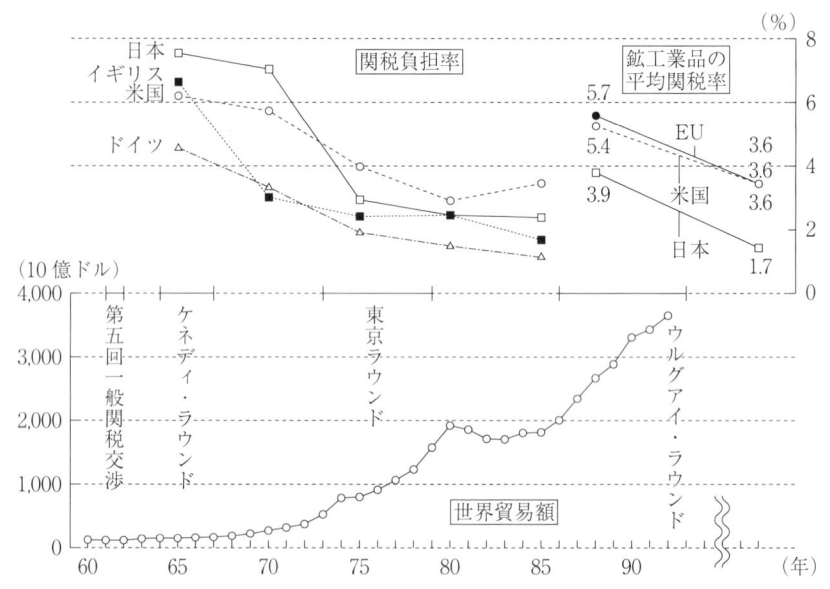

図 7-1 主要国の関税負担率と世界貿易額の推移

備考：1. 世界貿易額は，世界輸出額（FOBベース，名目値）．
2. 関税負担率（65, 70, 75, 80, 85の各年）．
　　＝関税収入額/輸入額（ドイツ・イギリスはEU域内輸入額を含む）．
3. 鉱工業品の平均関税率は，94年3月GATT試算（林産物．水産物を含む）．

資料：IMF「IFS」，OECD「Revenue Statistics of OECD Member Countries」．
出所：通商産業省『通商白書1994年版』．

大統領の通商権限を拡大することを要請した．IMF・GATT体制の下で，経済回復・拡大を遂げつつあった欧州に，IMF・GATT体制維持のためのコスト負担を求めたのである．

　東京ラウンドは，東京での閣僚会議を受け，1973年9月に開始された．東京ラウンド開始にイニシアティブを発揮したのは，ケネディ・ラウンド同様アメリカである．その背景には，米政府が，1960年代末以降の国際収支悪化を反映して，今度は欧州のみならず日本の市場開放にも注力しようとした意図があった．したがって，「東京まで乗り込んでラウンドを開始した」とも言われた．東京ラウンドは，直後に起こった第1次石油危機の影響で各国経済が混乱し，国際収支の不均衡が拡大したこともあり交渉が難航，合意

達成には1979年7月までの長い時間が掛かった．東京ラウンドでは，増加・拡大するNTBに対し交渉が重ねられ，アンチ・ダンピング協定（コラム参照），補助金・相殺措置協定，政府調達協定など10本の協定が合意された．

　ウルグアイ・ラウンドは1986年9月，南米ウルグアイで開始された．ウルグアイ・ラウンドも，アメリカがイニシアティブをとり1982年に提唱した．その背景には，議会や産業界から保護主義圧力が高まっていたことに対し，米政府が，同国が競争力を有する農業やサービス貿易の自由化に加え，知的財産権や多国籍企業の海外活動を制限するような投資措置の改善を図ることによって，乗り切ろうとしたことがあった．

　交渉期間は当初4年以内とされたが，特に農業を中心に交渉が難航を極め，調印にこぎつけたのは1994年4月と，実に7年半もかかった．ウルグアイ・ラウンドでは，GATTが従来扱っていなかった分野で，アメリカが強硬に要求したサービス貿易や，貿易関連投資措置（TRIMS，第9章参照），貿易関連知的財産権（TRIPS，第9章参照）などに関してもルール作りがなされた．また，そうした措置を含めた広範な貿易・投資ルールを扱う新しい機関として，世界貿易機関（WTO）の創設が合意され，WTOは1995年1月1日，GATTを発展拡大する形で発足した．

　ラウンド交渉が長期化するようになったのは，①交渉に参加する国の数が増えたこと，②交渉品目が急増したこと，③各国の利害が一段と錯綜するようになったこと，④貿易が複雑化してきたこと，などの現実がある．GATT・WTO交渉の長期化もあり，1990年代以降には自由貿易協定（FTA，第10章参照）が急増するようになった．

3. 多角主義

　貿易などの交渉は，2国間主義（bilateralism），地域主義（regionalism），そして多角主義あるいは多国間主義（multilateralism）といった3つのアプ

> コラム

アンチ・ダンピング

ダンピングとは不当廉売のことだが，とりわけ貿易で大きな問題になる．貿易面でのダンピングは，国内の正当な価格を下回る価格で輸出される不公正な貿易行為である（差額はダンピング・マージンと呼ばれる）．ダンピングを行う目的は，競争上優位に立ちマーケット・シェアを拡大することや，過剰生産物・在庫の投売りなどである．

AD確定措置件数(1999年6月末)

	提訴件数	被提訴件数
合計	1,071	1,070
米国	336	70
EU	151	164
日本	1	83
カナダ	77	20
途上国	438	721

輸入国にとっては，ダンピングされた製品の製造業者が損害を受け，正常な事業活動ができなくなり，経営不振や倒産といった状態になりかねない．

輸入国がダンピングの疑いを持てば，ダンピング調査が始まる．調査が始まれば，輸出業者は資料作成・提出など膨大な作業に直面し，弁護士費用等のコストも発生する．膨大な作業・コスト・時間のために，輸出業者の中には，ダンピングの嫌疑が掛けられた段階で，輸出を停止するケースもある．それが，ダンピングの嫌疑を掛ける目的のひとつとも見られている．

ダンピング調査には問題が多い．最大の問題は，価格の算定が困難であり，計算が恣意的になされるケースも多いことである．ダンピングと認定されれば，輸入国はダンピング・マージンを上限とするアンチ・ダンピング（AD：Anti-dumping）税を賦課することが出来る．この措置は，GATTやWTOの無差別原則の例外とされている．

ADはセーフガードに比べ発動が容易で，相手国からの対抗措置もないことから，表に見られるように多用された．特に，日本はアメリカやEUから，鉄鋼や電気製品，機械製品など，実に多くのダンピング疑惑を掛けられた．その中には，明らかにダンピング行為があり輸入国側に実害が伴ったものもあるが，中には競争力のある日本製品の輸出増に歯止めを掛けるために嫌疑を掛けただけのケースもあった．ADは恣意的に濫用されることが多く，WTOドーハ・ラウンド（詳細後述）でもADに対する規律の明確化・改善に関し議論が行われた．

ダンピングはクロと認定されても，輸出者が，第三国から輸出したり（カントリー・ホッピング），また部品の状態で輸出し，輸入国で組み立てる（輸入国迂回），あるいは第三国で組み立て輸出する（第三国迂回）といったような，迂回行為もみられ，ADを巡る問題は複雑である．

ローチがある．GATT は貿易交渉・協議を多国間で行う多角主義を原則とした．その背景には，無条件の無差別主義原則を実践し，戦前に見られたような排他的な 2 国間協議や地域間取り決めを回避することを目指していたことが要因としてある．多角主義の原則は，例えば戦後 8 回にわたる GATT ラウンド（多角的貿易交渉）で，関税引き下げ交渉が行われたことに現れている．しかし，後述するように 1970 年代以降，多角主義に矛盾するような内容を含む，2 国間取り決めや自由貿易協定（FTA）が多数見受けられるようになった．2 国間主義や自由貿易協定は，GATT の無差別原則に基本的には整合しないものである．

注
1) 焼酎の酒税が低かったのは元々，第 2 次世界大戦後間もない混乱期に，粗悪な密造品の製造・流通を防ぐことが目的だった．しかし，豊かになった日本ではそうした措置は，国際貿易のルールにそぐわなくなったのである．ウィスキーの酒税が下がったことにより，焼酎業界はいわば「保護」がなくなり，激しい競争に晒されることになった．しかし，そのために焼酎業界は，焼酎カクテルなど多様な飲み方を考案し，客層を若者や女性にも広げるなど，新たな道を開拓したのである．

第8章
保護主義の台頭

　GATT体制の下，特に関税引き下げを通じて世界貿易は発展・拡大していった．しかしその反面，1960年代末以降アメリカをはじめ各国で保護主義圧力が強まり，各国間で貿易問題や貿易摩擦が頻発するようになった．本章では，保護主義について述べるとともに，保護主義が反映した好例としてアメリカの通商政策を概観する．

1. 主な貿易理論

　保護主義を理解するには，「なぜ貿易が生じるのか」を考えることが大きなヒントになる．例えば日本の場合，世界各国から様々なものを輸入しているが，なぜ輸入が必要なのだろうか．石油のように，我々の日々の生活や産業に欠かせないものであるにもかかわらず，日本では産出・生産されないものならば，輸入せざるを得ない．しかし，今日，世界貿易の大半は自国でも生産されている工業製品である．それでは，なぜ国内で生産されている製品でも，輸入がなされるのだろうか．この疑問に対し，経済学者はこれまで様々な理論を展開してきたが，最も代表的なものとして，以下が挙げられる．

(1) リカードの「比較生産費説」(1817年)
　イギリスの経済学者デービッド・リカードは[1]，各国が比較優位のある製品の生産に特化し同製品を輸出する一方，比較優位のない製品を輸入することによって，1国の労働の節約が行われ，生産量が拡大するとして，自由貿

表 8-1 ワインとラシャの生産に要する労働者数

	ワイン1単位	ラシャ1単位
イギリス	120人	100人
ポルトガル	80人	90人

易を擁護した．彼は，その例として，当時イギリスとポルトガル間で貿易されていたワインとラシャ（毛織物）に注目，次のように説明した．まず，製品のコスト（生産費）は，生産に投入される労働者の数によるとした（したがって，比較生産費説は「2財・1生産要素・2国（2×1×2）モデル」である）．そして，両国における各製品の生産に必要な労働者数を表 8-1 のように前提した．両製品とも，イギリスよりもポルトガルで生産する方が労働者数は少なくて済み，ポルトガルの方が生産コストは低い．これは，ポルトガルの方が，労働生産性が高いことを意味する．こういう状況を，ポルトガルが両製品の生産において絶対優位を持っているという．とすれば，ポルトガルがこの製品を2つとも生産し，イギリスに輸出した方がいいのだろうか．そして，イギリスは国内で生産せず，両製品ともポルトガルから輸入した方がいいのだろうか．

　ここで，リカードは比較生産費（comparative cost）の概念を用い，2国間で貿易が生じ，貿易を通じて両国の生産量・経済厚生が高まることを論じた．まず，ポルトガルではイギリスに対し両製品の生産とも絶対優位を持っているが，優位の程度はワインの方がラシャよりも大きい（このことを，ポルトガルはワインの生産に関して比較優位も持っているという）．ポルトガルがワイン1単位の生産に必要な労働者数で，生産できるラシャの数量は 80/90 である．一方，ポルトガルがワイン1単位をイギリスに輸出して，イギリスから輸入して入手できるラシャの量は 120/100 単位である．したがって，ポルトガルが比較優位のあるワインの生産に特化，イギリスに輸出し，イギリスからラシャを輸入した方が，ワイン1単位当たりの労働者数で，ラシャを 14/45（＝120/100－80/90）多く得ることができる．

イギリスの場合は両製品とも絶対劣位にあるが,その程度はラシャの方が小さい.こうした状況を,イギリスがラシャの生産に関して比較優位を有していると言う.イギリスが比較優位のあるラシャの生産に特化しポルトガルに輸出し,ワインをポルトガルから輸入すれば,より多くのワインを入手できる.

このように両国に利益が生じるために貿易が行われる.ポルトガルはワインの生産に,イギリスはラシャの生産に特化し,両国間で貿易を行えば,両国とも労働量を節約でき,生産量を増すことができるのである.こうした比較優位が生じるのは,両国で生産技術が異なり,労働生産性が異なるからである[2].

しかし,現実には,生産技術・労働生産性が同じような2国間でも貿易は生じている.この問題に対し,リカードの比較生産費説を発展させ,比較優位を労働のみならず資本の両生産要素で説明したのが,スウェーデン人の経済学者エリ・ヘクシャーとバーテル・オリーンである(ヘクシャー=オリーン理論,1919年).したがって,このモデルは「2財・2生産要素・2国($2 \times 2 \times 2$)モデル」である.このモデルでは,2カ国に生産技術の差異がなくても,生産要素である労働と資本の賦存量の比率(資本労働比率)の違いが,比較優位を決定する.ここで,相対的に労働(資本)の投入量が資本(労働)の投入量より多い方の財が労働集約財(資本集約財)である.

このモデルに関しては後に多くの経済学者が検証を行ったが,その結果は様々である.例えば,計量経済学者であるワシリー・レオンチェフが1953年にアメリカの産業連関表に基づいて行った検証によると,当時資本が圧倒的に豊かであったアメリカが労働集約財を輸出し,資本集約財を輸入しているとする結果を得た.これは,ヘクシャー=オリーン理論(H=O理論)とは逆の結果で,「レオンチェフの逆説(Leontief Paradox)」と呼ばれた.しかしその後,レオンチェフの検証に種々手を加えた研究が行われ,H=O理論の整合性を訴える検証もなされた.

(2) 産業内貿易・企業内貿易

　第2次世界大戦後，先進諸国間では同一産業に属する製品の輸出入が活発化した．このことに注目したのが，産業内貿易論（intra-industry trade）である．例えば，乗用車は日米欧いずれの国・地域でも生産されており，相互に輸出入がなされている．これは，①所得増加等に伴って消費者の需要が単に価格のみならず，デザイン，性能等々に応じ多様化したこと，②そうした多様化した需要に適したすべての製品を生産するのは製品ごとの生産量も少なく効率的ではなく，「規模の経済」を追求するために特定の製品の生産に特化することが効率的であること，から貿易が生じるのである．

　「規模の経済」とは，生産の規模拡大が単位当たりの生産コストを下げ，生産の効率を高める性質のことである（「規模に関する収穫逓増」）．各生産者が貿易を通じて規模の経済を追求し生産を拡大する結果，消費者にとってみれば「選択の幅」が広がり，かつ「製品価格が低下」するといったメリットを享受できる．貿易が生産国のみならず消費国にも利益をもたらし，ひいては世界の経済厚生の水準が高まるのである．

　また企業内貿易（intra-firm trade）とは，例えば，日本製のパーソナル・コンピュータは，その部品の多くがアジア諸国の自社工場や契約工場でそれぞれ生産され，そうした部品が例えば中国等の自社工場・契約工場に集められて組み立てられ，製品が日本や他国に輸出されているなど，生産・貿易が1企業内で国境を越えて完結していることに注目している．要するに，多国籍企業が「企業内国際分業体制（international division of labor within in a firm）」を確立し，資本・労働・技術の最適配分を，国境を越えて行っている結果，貿易が生じるとするものである．

(3) プロダクト・ライフ・サイクル論

　これは，アメリカの経済学者レイモンド・ヴァーノンが，1950-60年代に活発に行われた米多国籍企業による直接投資の動向の研究から編み出したものである．彼は，企業の海外進出が製品のライフ・サイクル（開発・普及・

表 8-2 製品のライフ・サイクルと生産・貿易の流れ

ライフ・サイクル	第1段階： 新製品開発	第2段階： 製品普及・成熟	第3段階： 製品標準化
比較優位の決定要因	研究開発（R&D）投資	製品改良＋生産コスト	生産コスト
製品の流れ	国内生産・消費と一部輸出	輸出拡大と一部現地生産	途上国現地生産と輸出

標準化）に応じたものであるとし，海外進出に伴って貿易が生じることを説明した．製品のライフ・サイクルと企業の海外進出，貿易は，以下のような段階に分け明確化された（表8-2参照）．

すなわち，第1段階の新製品開発には高度かつ巨額の研究開発投資が必要とされるため，先進国で開発・生産される．この段階では，製品価格は高い．したがって，販売は所得水準が高く，かつ需要動向が分かりやすい国内が主となり，一部は他の先進国に輸出される．しかし，製品が普及すれば，今度は製品が種々改良され，価格が下がる．製品価格が下がれば，中進国でも需要が急増し，中進国向けの輸出も拡大する．この第2段階では，製品を模倣する企業も現れ，それに対抗するためにも生産は国内のみならず，生産コストの安い国で現地生産も開始されるようになる．最後の第3段階は，製品が標準化を迎えるが，この段階でのポイントは価格競争である．したがって，生産はコストの安い途上国が主力になり，途上国で製造された製品を先進国や中進国，途上国に輸出するようになる．

ヴァーノンは以上のように，製品のライフ・サイクルに応じて，直接投資と貿易の動向を統合的に説明した．しかし，経済グローバル化の現代にあっては，先進国企業による途上国への直接投資は，高度な技術を要する新製品の生産の一部を担うような垂直的な統合も多々見受けられる．そうした観点で見れば，前述した企業内貿易の方がプロダクト・ライフ・サイクルより説得力のあるものとなっている．

2. 保護主義

　自由貿易に対し，「国内産業を外国との競争から保護すべき」とする主張が保護主義である．そうした保護を，輸入制限や輸出奨励策等を通じて行うのが保護主義政策である．こうした保護主義はどのようなプロセスを通じて生じるのか，保護主義の手段にはどのようなものがあるのか，について見ていこう．

(1) 保護主義のプロセス

　保護主義は，前述した貿易理論にある比較優位論から容易に理解できる．すなわち，自分が勤める企業や産業が比較優位にある場合は良いが，比較優位ではない，あるいは比較優位ではなくなった企業や産業の場合[3]，市場から退出することが経済合理性に適った行動となる．しかし，市場からの退出は，倒産，失業といった生身の問題を生む．その意味合いから，自由貿易は「強者の論理」である，と言われることが多い．

　同種あるいは競合する製品の輸入急増で倒産や失業といった状態に陥る，あるいは陥る可能性のある企業の経営者や労働者からは，輸入を禁止あるいは制限するよう要求が出てくる．また，比較優位のない産業や企業からは，生産量を確保するために，あるいは輸出促進を図るために，補助金や様々な優遇策の導入を要求する声も上がってくる．企業経営者や労働組合は，政府や政治家に苦境を訴え，保護主義的な政策の導入を陳情する．政府や政治家は，1国の全体的な国益や経済厚生といった観点のみならず，その時の政治環境や，保護主義的措置の国内経済や産業への影響，2国間・多国間貿易交渉への影響，外交面への影響等々を勘案して政策決定を行う．しかし，選挙や地元の利益などを優先して，輸入禁止や制限，輸出奨励策に踏み切ることもありうる．こうしたプロセスは，特に当該企業や産業が，政治力のある場合や他業種への転換能力が低い場合などに多く見られる．輸入禁止や制限を

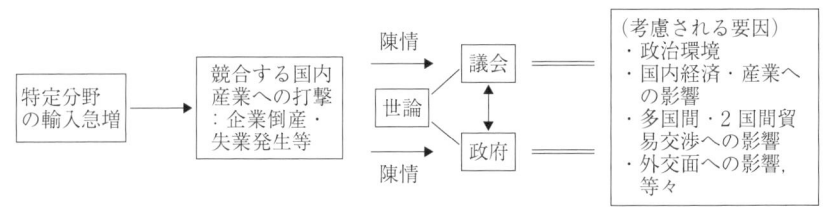

```
┌─────────┐   ┌──────────┐           ┌──────┐   ┌──────────────────┐
│特定分野 │   │競合する国内│  陳情  │議会  │   │(考慮される要因)  │
│の輸入急増│→ │産業への打撃│────→ │      │== │・政治環境        │
│         │   │：企業倒産・│  世論  │  ↕   │   │・国内経済・産業へ│
└─────────┘   │失業発生等 │────→ │政府  │   │  の影響          │
              └──────────┘  陳情  └──────┘   │・多国間・2国間貿 │
                                              │  易交渉への影響  │
                                              │・外交面への影響，│
                                              │  等々            │
                                              └──────────────────┘
```

図 8-1 保護主義の経路（輸入の場合）

要求する保護主義のプロセスは，図 8-1 のように簡略化される．

　保護主義は通常，保護される製品や産業の生産者や労働者といった少数の人には「多大な利益」をもたらす．その反面，大多数の消費者には「不利益」を生じさせる．多大な利益を得る生産者や労働者は通常パワフルな圧力団体になりうるが，消費者はサイレント・マジョリティになることが多い．したがって，特に選挙を控えた政治家には保護主義の誘惑が働き易い．

　保護主義は貿易を歪曲し，結果的には当該国のみならず世界経済にマイナスの影響をもたらす場合が多い．しかし，経済学の観点からすると，次の3つの場合には正当化されうる．すなわち，①「幼稚産業」の保護・育成，②社会的に適正な水準の生産達成（「市場の失敗」を補完する場合），③業種転換・職種転換等調整コストの軽減，の場合である．

　「幼稚産業の保護・育成」とは，その産業が今は幼稚な産業だが，「一定の期間」保護することで，生産規模を拡大させ，生産性を向上させることによって，国際競争力のある重要な産業に育成しようとするものである．幼稚産業の保護・育成には様々な例があるが，よく用いられる例として日本の自動車産業がある．自動車は最初ドイツで発明され，アメリカで大量生産されて大衆化・普及した製品である．かつて日本には自動車産業がなく，第2次世界大戦直後も未熟な産業のままだった．そこで問題は，乗用車の輸入自由化を容認するか，あるいは「一定の期間」は輸入に制限を設けて，自国の自動車産業を保護し育成するか，である．この判断で特に問題になるのは，その産業の保護にはどれほどのコストと時間がかかり，その産業が将来的にどれ

ほどの競争力・経済規模・重要性を持ちうるか，である．

　日本の自動車産業（関税分類 HS87）は現在，非常に強い国際競争力を持ち，日本にとって一般機械（同 HS84），電気機械（同 HS85）とともに3大輸出品目（こうした3分類で日本の全輸出額の約70～80%）となっている．そして，自動車産業は下請企業が非常に多く（したがって裾野産業と言われる），雇用吸収力の大きな産業である．こうしたことが，幼稚産業育成のための保護主義政策の正当性を裏づける根拠として多用される．ただ，当該産業が国際的競争に耐えうるようになれば，保護主義的措置は撤廃され，自由貿易に転換することが要請される．しかし，一旦導入された保護主義的措置の撤廃は後手に回ることが多い．

　「市場の失敗」とは，市場メカニズムが「効率的な資源配分」を実現しないことである．すなわち，ある製品・サービスの提供を市場（民間）に任せたままでは，十分に供給されないような状況が生じる場合である．例えば，公園のような公共財や，外部経済が生じるような産業で見受けられる．通常の住宅地にあるような公園は，入場が有料化されれば，ほとんどの人が利用しなくなる．したがって，市場に任せたままでは，市民の憩いの場である公園はまずできない．一方，「産業のコメ」と呼ばれる半導体産業のように，他の多くの産業にもプラスの経済効果をもたらす（「正の外部経済」）場合でも，市場に任せておくだけでは，1国として社会的に望ましい水準まで生産が達しない可能性がある．したがって，当該産業を保護し，社会的に望ましい水準まで生産を高めるべきである，との議論が成り立つ．そして，日本政府は1970年代後半以降，半導体をはじめとするハイテク産業育成を目的として様々な支援を行ったのである．

　「業種転換の調整コスト」とは，比較優位を失った企業が他業種に転換するために必要とするコストであるが，そのコストが余りに高いと業種転換はなされない．したがって，当該企業を一定期間保護し，業種転換する時間的猶予を与え，その調整コストを軽減することができれば，業種転換も可能となりうる．職種転換は，比較優位を失った企業の労働者が，比較優位のある

職種に転換することであるが，これにも職業訓練等の調整コストが必要とされる．

以上，いずれの場合も，適用に当たっては大きな問題がある．それは，何が幼稚産業で，どれほどの外部経済があり，またどれほどの調整コストがかかり適正なのか，などに関して予想・判断することが困難だからである．そして，予想・判断が時には政治的意図に基づき恣意的になされることもある．また，いずれの保護主義の手段も，貿易相手国の犠牲の上になりたつ「近隣窮乏化政策」になりうる問題もある．以上のような観点からすれば，保護主義的措置の導入に当たっては，明確な説明責任が要求される．

(2) 保護主義の手段

保護主義の手段には，実に様々なものがある．大きく分類すれば，関税障壁（TB：tariff barrier）と，非関税障壁（NTB）に分けられる．関税は輸出関税もあるが，通常は輸入に対する障壁として注目される[4]．

1) 関税障壁

輸入関税（import duties）は，商品の輸入に際して掛かる税金である．輸入関税は，GATT の 8 回にわたるラウンドを通じて大幅に軽減されてきた．しかし，それでも発展途上国では総じて関税率が高く，関税収入が国家歳入の重要な一源泉になっている．途上国では概して，特に贅沢品の輸入に係る関税が高く設定されており，例えば乗用車の場合には 100%，あるいはそれ以上のケースも散見される．こうした高関税は，国内の輸入需要を抑制し，貴重な外貨を必需品の輸入に優先的に充当することを主目的に設定されている．

日米欧などの先進諸国でも，一部品目で高関税が残存している．例えば日本は，非農産品の単純平均関税率は，2005 年時点で 2.5% と，アメリカ（3.3%）や EU（4.0%）よりも低く世界最低レベル（以上 WTO "World Trade Profiles 2011" による）だが，特に農産品の一部では表 8-3 のように極

表 8-3　日本の主要な高関税品目

(単位：%)

対象品目	コメ	こんにゃく芋	小麦	大麦	落花生
日本政府試算	490	990	210	190	500
WTO 基準	778	1,706	252	256	737

対象品目	雑豆	バター	脱脂粉乳	砂糖	でんぷん
日本政府試算	460	330	200	460	290
WTO 基準	—	360	218	328	583

注：上記関税率は，輸入量に対し賦課する「重量税」(例えばコメの精米の場合1kg当たり341円)を，輸入価格に税率を掛ける「従価税」に換算したものである．その換算に際し，分母を，「日本政府試算」は「実際に日本に輸入されたコメの平均輸入価格」を，一方「WTO 試算」は「国際価格」を適用している．先進国の場合，輸入農産物の輸入価格は通常，国際価格より高いため，WTO 試算の関税率の方が高くなる．WTO の試算では，例えばコメの場合「国際価格」を1kg当たり44円弱としており，1kg当たりの重量税341円のコメの関税率は，(341÷44弱)×100≒778% となる．なお，コメの国際価格が上昇すれば関税率は下がる．WTO 試算は2005年5月のWTO非公式閣僚会議で，関税削減方式の前提をそろえるために決められたものである．

めて高い関税率を適用している．最も象徴的なコメの場合，GATT ウルグアイ・ラウンドの結果，それまでの輸入数量割当を廃止し関税化が実施されたが，ミニマム・アクセスと称される無税扱いの最低輸入数量（当初 40 万トンでその後順次引き上げられ，2000 年からは国内消費量の 7.2% に相当する約 77 万トン）以上の輸入量に賦課される 2 次関税率は WTO の試算で 778% にも達している．2 次関税率は通常，安い輸入品の価格が国内産品と同等，あるいはそれ以上の価格になるように設定される．すなわち，こうした高関税率は輸入禁止的な効果を持ち，国内の生産者保護につながるのである．また，工業製品でも，例えば，革靴（30%）や革製テニス・シューズ（27%）などは高関税率となっている．同じテニス・シューズでも布製の関税は 8.8% である．アメリカでも，例えばトラックには 25% の高関税率が課されている．

2) 非関税障壁

関税は誰の目にも明らかで，自由化交渉も関税率の引き下げといった明確な形で行える．関税に比べ複雑で厄介な問題は，関税によらない非関税障壁

(NTB) である．非関税障壁には輸入障壁のみならず，輸出補助金のような輸出促進を目的としたものもある．しかし，多くの非関税障壁は輸入抑制を目的とした障壁で，その軽減・撤廃は困難な場合が多い[5]．というのは，非関税障壁といわれる規制や措置等々が，例えば製品の衛生基準や安全基準，長年の社会習慣や商慣行等々に根ざしたものも多く，輸入制限が本来の目的かどうか，見る人の立場によって異なる場合が多いためである．また，非関税障壁は数量化することも困難である．こうしたことから，非関税障壁に係わる交渉は難航しやすい．

関税の場合には，製品の競争力が高ければ，高関税でも輸出することは可能になりうる．しかし，非関税障壁の場合には，輸出品の競争力がどれほど高くても，市場への参入は困難な場合が多い．こうした厄介な非関税障壁が，関税引き下げの進展に伴って，逆に数え切れないほどに増加していったのである[6]．例えば，欧州委員会は1985年に『欧州市場白書』を発表し，域内の関税同盟の成立など市場統合の成果があったものの，非関税障壁が増大したと断定，その非関税障壁を撤廃し，「単一市場」を達成するためには，約300に上る指令（法律）が必要だ，と訴えたほどである．

こうした非関税障壁は便宜上，表8-4のように分類できる[7]．いずれの非関税障壁も多くの国で見られるが，表には特に日本に関連するものを多く載せている．その中で特に興味深いものを，簡単に解説する．まず，政府直接関与の非関税障壁である輸出補助金（export subsidies）であるが，その最も顕著なものは欧州連合（EU）の農産品に対するものである．これは，EUの

表8-4　非関税障壁の種別

政府直接関与	輸出補助金（EU農産品等），農業補助金（アメリカ，日本等），国家貿易（日本の麦等），政府調達，相殺関税，等々
輸入手続関係	関税分類，輸入関税書類，検疫制度，等々
各種国内基準	健康・安全基準（医薬品，住宅設備，電気器具等），包装・表示規制，等々
輸出入制限	数量制限，許可制度（ライセンス），輸出自主規制，等々
価格メカニズム関係	輸入課徴金，輸入担保金，統計税，行政手数料，等々

長年の共通農業政策（CAP：Common Agricultural Policy）に基づき，例えば小麦には域内で統一価格が定められているが，その価格は国際価格に比べて高い．統一価格は域内で小麦の過剰生産をもたらしたが，その過剰分が補助金によって国際市場に輸出されている．この結果，小麦の国際貿易は歪曲され，アメリカやオーストラリアなど小麦輸出国は輸出機会が奪われることになりうる．

次に日本の小麦だが，GATTウルグアイ・ラウンドで，それまでの輸入数量制を廃止し，関税化することが決められた．小麦は総需要の約9割は外国産によって充当されており，小麦の輸入は実質的に政府が行っている．そして，政府が買入・売渡価格を決定しているが，国内生産者保護のため両価格とも国際価格に比べ非常に高い．このため政府は，小麦輸入の関税化以降も，①2次関税（一定数量以上の輸入に対し高関税を課すもの），②麦等輸入納付金（2001年度実績で関税の4.61倍を課すものでマーク・アップと呼ばれる），③内外麦コスト・プール方式（政府への売渡価格と安い外国産の輸入価格の差を国内での価格支持補塡に利用），を導入した．小麦の輸出国は，こうした措置を小麦の国際貿易を歪曲する非関税障壁とみなす．

政府調達は，例えば空港や港湾，鉄道等々の公共工事に関して問題にされることが多い．公共事業は多額の予算になるものが多く，そうした意味合いで魅力的なビジネス・チャンスである．しかし，公共工事の資金は税金という観点もあって，国内業者が優先されることが多い．仮に内外無差別・内国民待遇の原則で，入札が国内外の企業に同等にオープンにされていても，例えば入札資格に「国内での実績」の条件が盛られれば，海外企業にはハンディとなり，非関税障壁とみなされかねない．

検疫制度も議論になることが多い．例えば，日本のリンゴの検疫制度が問題ありとしてWTOに提訴された．WTOの結論は，2003年7月のパネル報告（第1審）でも，同年11月の上級委員会報告（第2審）でも「クロ」とされ，日本は是正措置を採ることとされた．日本の厳しいリンゴの検疫制度が，病虫害の防止や衛生上の観点からというよりも，輸入抑制を目的とし

た非関税障壁であると判断されたのである．

　国内基準も問題となることが多い．例えば，欧米は日本の新薬輸入承認手続きを厳しく批判をしてきた．彼らの主張は，日本では新薬の輸入に関して，許可が下りるまでに往々にして10年といった相当な時間が掛かるが，これは薬品輸入を阻害する非関税障壁である，という主張である．一方，日本政府は，日本国民の生命・健康を守るのは政府の最重要事項であり，そのために薬品に関し検査や治験に時間が掛かるのはやむを得ない，と主張する．これに対し，欧米諸国は，自国では新薬の承認はもっと短時間で済み，実際に欧米諸国で承認され利用されている安全な薬品だ，と反論する．この新薬承認期間の差（ドラッグ・ラグ）に関して，いずれの主張が正しいかどうかはともかく，新薬承認に際し輸入薬品参入を遅らせる目的で時間を掛けている面があれば，それは非関税障壁と言われてもやむを得ないだろう．ちなみに，日本政府は欧米各国・企業からの圧力や要請もあり，新薬審査・承認期間を大幅に短縮してきたが，それでも今なおドラッグ・ラグの問題が貿易交渉で話題に上っている．

　安全基準では，例えば日本では以前，乗用車の輸入に際し，右ハンドルに変更すべし，バック・ミラーのドア付けはボディ前部に変更すべし，テール・ランプの照度を上げるべし，など種々要求がなされたが，欧米メーカーからはこうした規制が非関税障壁だと批判された．仕様を変更すれば，それだけコストも掛かる．これも，本当に安全確保が本来の目的なのか，あるいは別の要因があるのかによって，非関税障壁かそうでないかの判断が分かれる．日本の消費者としては，左ハンドルの外車を好む人が多かったにもかかわらず，右ハンドルに変更させようというのは本当に安全基準のためなのだろうか．また，今や日本車でも，ドア・ミラー仕様になっていることからすると，以前の安全問題とは何だったのか疑問が残る．

　こうした基準が貿易の障害となるのを回避する一方策として，相互承認協定（MRA：Mutual Recognition Agreement）が広がってきている．これは，貿易関係国が特定の製品に関しMRAを締結すれば，当該製品を関係国に

輸出しようとする企業は，自国の評価・試験機関から関係国が納得した基準に合格した証明を受ければ，輸入国はその証明を受け入れ，製品の試験を行わない，とするものである．MRA があれば，輸入国内の基準が非関税障壁化するのを防ぐことができ，企業にとっては不慣れな他国の基準や試験に煩わされることがなくコスト削減にもなる．また MRA により関係国の市場アクセスが改善され，貿易促進に役立ちうる．

　MRA は欧米間で広まったが，日本も 2001 年 4 月，初めての MRA を欧州連合と締結した．MRA の対象は，通信機器と電気製品の適合性評価手続，化学品 GLP（Good Laboratory Practice：優良試験所基準）の非臨床試験データ，医薬品 GMP（Good Manufacturing Practice：優良製造所基準）の出荷前試験データの 4 分野である．この MRA 締結に関しては，日欧財界人による定期的な会合である「日 EU ビジネス・ダイアローグ・ラウンドテーブル（EJBDRT）」を中心に，日欧企業が「より自由な貿易」を指向する目的で，長年にわたって熱心に働きかけたことが功を奏した．貿易交渉の内容は，関係する個々の企業にとっては，時には死活問題になりかねない．したがって，貿易交渉の内容は，MRA 等の 2 国間交渉のみならず，WTO の多角交渉，後述する自由貿易協定（FTA）交渉等においても，関連する企業による要請や調査を反映したものになりやすい．FTA では通常，政府間交渉以前の初期の段階で「産官学共同研究」が行われるが，この場でも関連企業が活躍する場合が多い．

3．アメリカの通商政策

　保護主義は，前述したように，特定の製品の輸入が急増し，国内の同業者が立ち行かなくなる時に台頭しやすい．また，国内が不況で失業率が高く，国際収支が悪化している場合などにも保護主義的な動きは広がりやすい．
　前述したように，アメリカは第 2 次世界大戦後，圧倒的な国力を基にIMF・GATT 体制を構築した．その体制の下で日本，ドイツなどは経済力

を顕著に拡大したが，アメリカは相対的に経済力が低下した．その結果，IMF・GATT体制を維持するために必要なコストを負担し続けることに消極的となり，1970年代初めにはIMF体制を崩壊に導いた．一方，貿易面でも，日本や西欧諸国からの輸入が増える反面，アメリカの対日欧輸出は期待通りには伸びず，貿易収支が悪化した．輸入急増で，自動車，鉄鋼，繊維製品等々，従来アメリカが国際競争力を有していた多くの産業が苦境に立たされた．

　こうした観点から，アメリカには保護主義の要求・誘惑が高まっていった．しかし，GATT体制をリードしてきた大国のアメリカが，重要な国内産業の保護支援の目的で，そうした品目の輸入を抑制・制限するために，例えば関税を引き上げる，輸入数量を制限する，といったような露骨な手段はなかなか採れない．そこで，アメリカは，①GATTの規定にない「輸出自主規制」などの非関税障壁を拡大し，②貿易に関する2国間取り決めを行い，さらには③独自の通商法を基に相手国の不公正貿易（unfair trade）を指摘し報復措置を採るなど，GATTの精神に合致しないどころか，反するような政策を展開し始めた．

(1) 非関税障壁の拡大
1) 数量制限品目の拡大

　アメリカは1963-70年の間に，OECD諸国から輸入される工業製品に対し，数量制限を設ける品目を7個から67個に増やした[8]．これは，1967年に合意したGATTケネディ・ラウンドで約束された関税引き下げの効果を凌ぐほどのものと言われている．同期間にカナダは2個から7個に，イギリスは10個から28個に増やしたが，アメリカの増加数はそれらを遥かに凌いでいる．また，ECが同期間に76個から65個に減らし，日本も132個から81個に削減したのとは逆の動きとなっている（ただ，それでも日本とECは相変わらず多い）．GATT体制で自由貿易を推進しようとしてきたアメリカの矛盾が見られる．

表8-5 アメリカの対日2国間取り決めなど

対象品目	取り決め内容など
鉄鋼	VER（1966年以降），アンチ・ダンピング提訴
カラーテレビ	アンチ・ダンピング提訴，VER（1978-80年）
繊維	1972年日米繊維協定（VER）から1974年多国間繊維協定（MFA）に拡大
工作機械	最低価格規制
乗用車	VER：1981-83年度：年間168万台，84年度：185万台，85-91年度：年間230万台，92-93年度：年間165万台
半導体	アンチ・ダンピング提訴，86年日米半導体協定，91年新日米半導体協定（シェア明記），等

2）輸出自主規制（VER）の導入

数量制限と同様に厄介なのは，輸出自主規制（VER：voluntary export restraints）の導入である．アメリカは1960年代後半以降，貿易問題を抱える国と2国間取り決め（bilateral agreements）を展開していった．特に，日本との間では表8-5に見られるように多くの2国間取り決めがなされた．こうした製品は当時の日本輸出の花形・主力製品であるが，アメリカにとっても重要な産業の製品であった．そして，アメリカは，自動車や鉄鋼といった最重要品目に関しては，日本に輸出自主規制の取り決めを飲ませることで，国内産業を保護支援したのである．

輸出自主規制は輸出者が「自主的」に輸出を制限するというものだが，アメリカ国内に根強い需要があり，輸出すれば売れる製品を，喜んで自主的に輸出制限する企業はない．これは，日本製品の輸入急増に直面した米産業・企業が，米政府や議会を動かし，日本側に迫った措置である．すなわち，米政府としては，重要な産業である自動車産業を保護支援し，雇用を確保するために，急増する輸入に歯止めをかける必要がある．しかし，GATT体制をリードしてきたアメリカとしては，こうした重要品目の輸入に対し「関税引き上げ」や「数量制限」など，GATTの精神に明らかに反する方策はとれない．また，GATTで認められている「緊急輸入制限措置（セーフガード）」は手続きが面倒で，しかも日本以外の国からの輸入にも無差別に発動しないといけない．そうしたことから，アメリカは輸入制限と同様の効果を

持つ，しかもGATTには規定がない「輸出自主規制（VER）」を日本側に飲ませたのである．一方，日本も，アメリカに一方的・露骨な輸入制限措置を採られるより，輸出を自主的に規制する方が「まだましだ」と判断し，受け入れたのである．また，日米貿易摩擦を悪化させたくない，との思いもあったのである．

3）保護主義的措置は米産業・企業の再生に寄与したのか？

　こうした保護主義的措置は，米産業・企業に再生の機会をもたらしたのだろうか．結論から言えば，多くの場合，米産業・企業に一時的な時間稼ぎの機会を与えただけで，再生には必ずしも繋がらなかったのである．乗用車にしても鉄鋼にしても，輸出自主規制にもかかわらずアメリカ製品のシェアは総じて低下を続けた．事実，世界の自動車生産に占めるアメリカのシェアは，1970年の28.2％から，1980年には20.8％，1990年には20.0％と下がり続けたのである．鉄鋼も同じ期間に，20.1％から14.4％，14.3％と下落を続けた（米商務省統計による）．自動車王国アメリカの威光はかげり，2007年にはゼネラル・モーターズ（GM）が，トヨタ自動車に生産台数世界第1位の座を奪われた．そして，2008年以降の原油高騰および金融危機に伴い，ビッグ3（GM，フォード，クライスラー）は資金繰り難に陥り，ジョージ・W.ブッシュ政権は同年12月，GMとクライスラーに総額174億ドルの緊急融資を打ち出した．その後2009年1月に就任した民主党バラク・オバマ大統領は，両社に債権者との交渉や運転資金貸し付けなどを提案した．そして，クライスラーは2009年4月，GMは同年6月に経営破綻した．それに対し，自動車産業は「アメリカ経済の屋台骨」と称したオバマ大統領は，両社に多額の資本注入を行い，政府管理下で再建する方策を進めた．特に，GMに対しては495億ドルもの資金を投入し，再建後のGMの普通株の6割を超す筆頭株主になったのである．そしてその後，アメリカ政府は2013年12月，保有する全GM株を売却したが，その際105億ドルの損失が発生した．これが，GM救済に伴う国民負担となったのである．

日本車の本格的な対米輸出を開いた契機は，アメリカの1970年マスキー法と1973年の第1次石油危機と言われている．マスキー法はマスキー上院議員が提案した「1970年大気汚染防止法」の通称で，大気汚染対策として1975年型車以降の乗用車に厳しい排ガス規制を課すものであった．この排ガス規制は当時の技術からして非常に困難と言われていたが，日本のホンダは開発に成功し，1974年にはアメリカで適合車の販売を始めた．一方，アメリカのビッグ3は，排ガス規制適合車を開発するための技術革新に努力を傾注するよりは，政府・議会へのロビイング（陳情）に力を入れた．事実，ビッグ3は排ガス規制適合車を開発できず，その一方でマスキー法は米自動車業界の圧力もあり1974年に廃案にされた．第1次石油危機により原油価格は約4倍に跳ね上がり，ガソリン価格も高騰した．この結果，アメリカでは1リットル当たり数キロしか走らない大型の国産車の需要が落ち，燃費効率の良い日本製小型車の人気が急上昇したのである．

　技術の粋を集めた自動車の需要を決定するのは，性能やデザイン，価格であって，技術革新に熱心でなかったアメリカのメーカーは，保護主義でも結局は守られなかったのである．あるいは，保護主義に頼ることが，結局は技術革新の必要性を遠ざけてしまったとも言える．

　さらに，輸出自主規制（VER）を課せられた日本の自動車メーカーは，VERといった逆境を逆手に取り，アメリカにおける今の地位を築いたとも言われている．すなわち，日本の自動車メーカーはVERに直面し，2つの大きな戦略・戦術転換を果たした．1つは，対米輸出車を小型大衆車から高級車にシフトしたことである．事実，それまで日本車は石油危機の影響もあって燃費効率の良い小型車が中心であったが，VERに直面してメーカーは単価の高い高級車の輸出にも乗り出したのである．当時，アメリカ市場における高級車はメルセデス・ベンツやBMWといったドイツ車が主力で，日本メーカーが高級車の販売に乗り出すのにはリスクがあった．リスクを覚悟してでも，日本メーカーに高級車の販売を促したのがVERである．そして，今や日本車は，ドイツ車と同様の，あるいはそれ以上の高級車ブランドにな

った，と言われている．

2つ目は，輸出自主規制をかいくぐるために，アメリカをはじめ北米自由貿易協定（NAFTA，詳細後述）地域内での現地生産に乗り出したことである．現地生産はまた，当時の急激な円高傾向や日米貿易摩擦の悪化によっても誘発された．現地生産は，労働者の質・労働慣行の違いや，適正部品のタイムリーな入手可能性の問題など，大きなリスクを伴う．そのリスクを抱えた日本メーカーに，現地生産を促す一大要因となったのがVERである．そして今や，例えばトヨタや日産の場合，北米販売車（大半はアメリカ）の北米での現地生産比率は約7割（さらにホンダの場合は約9割）にも達し，北米での現地生産が各社にとって収益源の大きな柱になっているのである．

少なくとも工業製品に関する限り，輸出自主規制のような政治的判断でなされた保護主義的な措置は，中長期的には保護された企業の弱体化を招く一方，障壁を設けられハンディを負った企業側に飛躍の機会を与えたのである．こうした観点からすると，自由貿易がもたらす自由競争が，世界の経済・産業発展に役立っているとも言える．

(2) アメリカの通商法

アメリカの場合，通商権限は議会にある．このため，例えばGATT・WTOラウンドに臨むに当たって，行政府は通商法を成立させ，議会から期限付きで交渉権限を得る．1960年代以降，表8-6に見られる通商法が成立した．ここで問題は，とりわけ1974年通商法と1988年包括通商・競争力法に見られる．すなわち，1974年通商法には関税法301条があるが，これは，民間からの訴えに対し米政府が不公正貿易を行っている国を一方的に判断・特定し，一方的に報復措置を採れるとした条項である．これは，GATTの精神に反する「一方主義」である．

関税法301条は1984年通商関税法で強化され，民間からの訴えがなくても政府発議で適用可能となった．ターゲットは，日本の外国製タバコの輸入，韓国の保険市場への参入，ブラジルの情報機器の輸入となった．さらに，

表 8-6 アメリカの通商法

通商法	主要項目
1962 年通商拡大法	GATT ケネディ・ラウンド交渉の推進等
1974 年通商法	GATT 東京ラウンド交渉の推進,関税法 301 条（不公正貿易政策・慣行の国に対する報復措置），アンチ・ダンピング税,相殺関税（輸出補助金を受けた製品に対し同額の関税賦課）等
1979 年通商協定法	東京ラウンド協定実施のための改正,301 条の強化等
1984 年通商関税法	301 条の強化,アンチ・ダンピング法の強化等
1988 年包括通商・競争力法	ウルグアイ・ラウンド授権法,スーパー 301 条,スペシャル 301 条（知的財産権版スーパー 301 条）等
1994 年ウルグアイ・ラウンド協定法	GATT ウルグアイ・ラウンド協定実施のための改正等
2002 年貿易促進権限法（TPA）	WTO ドーハ・ラウンド,FTAA 交渉の推進等

1988 年包括通商・競争力法で,関税法 301 条はいわゆるスーパー 301 条に格上げされ,不公正貿易国の特定・調査・結果発表の迅速化が義務づけられた.しかも,不公正貿易国に対し,例えば輸入に関し数値目標を設定し,その充足を要求する「結果主義」が課せられた.スーパー 301 条のターゲットは,当時対米輸出が急増し対米貿易収支黒字が拡大していた日本であり,1989 年には日本の人工衛星,木材製品,スーパー・コンピュータが対象となった.また,同時にブラジルの輸入許可制問題,インドの投資規制と保険市場も対象にされたが,これらは日本狙い撃ちをカモフラージュするためとも言われた.

(3) 日米 2 国間協議

日本の対米輸出急増のため,アメリカの対日貿易収支赤字は拡大していったが,米政府は 1980 年代半ば以降,対日貿易赤字の改善のために,まずは日本市場を開放・自由化し,対日輸出の拡大を図ることで乗り切ることを決断,日本と包括的な 2 国間協議を繰り返した.

1) MOSS 協議

最初の 2 国間協議は,1985 年 1 月に開始された「市場指向・分野選択型

協議（MOSS：Market-oriented Sector Selective Talks）」である．MOSS協議では，電気通信，エレクトロニクス，林産物，医薬品・医療機器の4分野で協議が開始され，翌1986年には自動車部品等輸送機器分野，スーパー・コンピュータも対象になった．こうした分野は，米国製品が国際競争力を持ちながらも，日本市場の閉鎖性のために輸出が阻害されているとアメリカが判断し，日本に市場開放を要求した分野である．米政府は日本の譲歩を引き出すために，報復措置の可能性をちらつかせて交渉に乗り出した．

　協議の結果，木材の関税引き下げの合意や，外国産自動車部品の市場環境改善の確認などがなされた．また，MOSS協議と同時並行的に，アメリカが最重要な分野としていた半導体に関し1986年9月協定が調印され，日本市場における外国製半導体の市場参入機会を拡大することなどが合意された．この日米半導体協定の際に，サイド・レター（補足文書）で日本での外国製半導体シェアの目標を20％に引き上げる合意がなされたと言われた（日本政府はこのサイド・レターの存在を否定し，「サイド・レター問題」が生じた）．こうしたアメリカの手法は，攻撃的単独主義の「管理貿易」として批判されたが，管理貿易手法は繰り返された．その後，日本は1988年6月，それまで長年続いていた日米牛肉・オレンジ交渉の結果，1991年から牛肉，オレンジおよび同果汁の輸入自由化を実施することに合意した．

2）日米構造協議

　前述した日本市場の開放・自由化の結果，アメリカから日本への輸出が増えた製品もあったが，アメリカが最も重視した半導体などの重要品目では対日輸出は期待したほどには伸びなかった．しかも，日米貿易不均衡は一向に改善しなかった．こうしたことから，アメリカでは，日本とは個別品目で協議してもらちが明かず，根本的には「輸入嫌い」の日本の経済・産業・社会構造を改革することが必要である，との認識が広まった．

　その結果，当時の共和党ジョージ・ブッシュ大統領は日本政府に交渉を迫り，1989年7月には日米構造協議（SII：Japan-US Structural Impediments

Initiative Talks)[9]開始の合意を得た．協議内容は，アメリカ側からは対日指摘事項として，表8-7のように，「貯蓄・投資パターン」，「土地利用」，「流通」，「排他的取引慣行」，「系列関係」，「価格メカニズム」の6分野が挙げられた．アメリカの要求に対し，日本側は，協議である限り一方的な指摘では問題があるとして，表8-7にある7項目の対米指摘事項を挙げた．しかし，実態的には，主眼は飽くまでも日本の構造問題の改革であり，日米構造協議はいわば「日本改造計画」とも言われた．

　日米構造協議で指摘された項目は制度や慣習等にも及び，内政干渉と言われてもやむを得ない部分があった．それでも，アメリカは日本改造計画に乗り出し，1990年6月には合意に達した．アメリカとしては全面的ではないが，日本の「公共投資の拡大」，「大規模小売店舗法（大店法）の改正」，「独禁法改正」，「会社法見直し」，「労働時間の短縮」等々の成果を挙げた．事実，公共投資は1991-2001年の10年間に430兆円と，その前10年間の1.6倍にも達する計画がなされた（これが後に日本の財政赤字拡大の一因となった）．また，大店法の改正により，大規模小売店が開店・営業するまでの調整期間が，それまでの10年から最終的には1年に大幅に短縮され，大都市圏の特定地域では自由化された．こうした結果，全国にスーパー・マーケットをはじめとする大規模小売店が雨後のたけのこのように開店，林立するようになった．

　こうした成果にもかかわらず，日米貿易不均衡は改善に向かわず，アメリカでは不況が続いた．その観点からすると，アメリカにとって日米構造協議は成功であったとは言い難い．しかし，日本にとってみれば，保守的で閉鎖的な日本の経済・産業・社会構造が，「外圧」を利用しながらも，ある程度改革された意義は小さくない．実際，大店法の改正により店舗が急速に増えたのは日本企業であり，系列関係の強かった取引慣行も——バブルの崩壊もあって——ある程度改善され，新規参入がより容易になったのである．

表 8-7　日米構造協議

アメリカ側の対日指摘事項			
	対日指摘	日本側措置（最終報告）	日本の 91 年次報告
貯蓄・投資パターン	●社会資本の整備 ●消費拡大には余暇機会の増加が必要	●1991-2000 年の 10 年間に 430 兆円の公共投資 ●消費者信用の弾力化などで民間消費の拡大	●経常取支黒字の縮小 ●公共投資の積極的取り組み ●労働時間短縮，消費者信用の弾力化の奨励
土地利用	●土地に関する諸制度が売却より保有を優遇している	●市街化区域内農地の宅地化促進の措置の立法化 ●土地税制の見直し	●91 年 1 月土地政策の目標を閣議決定 ●公的土地評価の定期化と指導
流通	●種々の政府規制・手続，反競争的慣行，輸送コストなどが外国からの日本市場への新規参入の障害になっている	●大規模小売店舗法の運用の適性化と同法の見直し ●輸入関係インフラの整備	●輸入関係インフラ関係＝第 5 次空港整備 5 カ年計画を強力に推進など ●大店法の改正など
排他的取引慣行	●長期的取引の優先や談合により外国企業の参入が阻害されている ●これに対する独禁法の運用が厳しくない	●独禁法とその運用を強化 ●行政指導等の政府慣行の一層の透明性，公正法の確保 ●特許審査処理の短縮促進など	●独禁法とその運用を強化し，課徴金算定率を 4 倍に引き上げを骨子とする独禁法改正法案の成立
系列関係	●系列グループ内での排他的な取り引きが新規参入を阻害	●事業者間取引慣行の継続性と排他性についての独禁法の運用基準を 90 年末までに作成	●会社法の見直し ●法制審議会での審議の促進 改正法案の今次国会への提出
価格メカニズム	●輸入品価格および国産品輸出価格が為替調整の結果を十分に反映していない	●内外価格差是正のための 6 分野 52 項目の対策の実施 ●政府の規制緩和	●内外価格差是正のための対策の実施施策を 94 項目に拡充 ●継続的な内外価格調整の実施など

出所：木内惠〔1992〕「日米構造協議（SII）」，『日本バッシング論』学研，19-20 頁．

3) 日米包括経済協議

　ブッシュのあと大統領になった民主党ビル・クリントンは，日米構造協議が成果を上げていないとして，自動車・自動車部品や半導体等の個別製品，保険等のサービス分野での市場開放や，知的財産権保護を目指した協議を迫

(SII) における指摘事項

日本側の対米指摘

	対米指摘	米国側措置（最終報告）	米国91年次報告
貯蓄・投資パターン	●対外不均衡改善のためには，政府の財政赤字削減，民間の貯蓄不足是正，過剰消費抑制が必要	●経常収支赤字の削減，公的，民間の貯蓄を促進	●財政赤字削減は91年以降にも進展が見込まれる ●民間部門の貯蓄，投資の奨励など
企業の投資活動と生産力	●製造業の設備投資不十分が供給不足の一因	●企業の投資活動，輸出競争力を強化する ●外国からの対策，直接投資への無差別政策を維持	●反トラスト法の改善努力 ●製造物責任の改善努力の続行 ●直接投資に対する無差別政策の維持を続行
企業活動	●米国企業は短期業績を重視し，長期的に重要な活動を軽視する傾向がある	●キャピタル・ゲイン税率の引き下げ，民間貯蓄の奨励など，長期的に企業の利益への関心を喚起するような政策を追求する	●企業経営者の長期的視野の促進を図る ●資本コストの引き下げを促進するなど
政府規制関連	●企業の輸出活動を妨げるような政府規制がある	●国際貿易および競争を阻害するような輸出入両面における規制の撤廃を進めつつある	●ココム輸出規制の簡素化と緩和 ●ココム規制品を30品目削減
R&D関連	●民間企業による製造商業化のためのR&Dが不足している	●公的，民間セクターにおける研究開発を促進する ●メートル法の促進	●91年度予算でR&D関連の連邦政府支援額は，史上最高の672億ドルを計上など
輸出振興	●製品輸出に向けての努力が不足している	●輸出振興努力の効率化のために予算の増額，輸出プログラムの策定	●米国海外商業サービス局の輸出促進サービス体制の強化 ●対日貿易拡大のために訪日ミッション派遣，日米共催イベントなどを実施
労働力の訓練・教育	●労働力の訓練，生産・輸出に関する教育が不十分	●米国労働力の技術向上のための国家教育目標の設定，教育省予算の拡大，職場ベースの訓練支援などの措置を打ち出した	●91年4月，大統領が国家教育目標達成のための戦略「アメリカ2000」を発表，議会に採択を要請 ●科学・数学教育の促進など

り，1993年7月に協議開始の合意を得た．そして，一定数量のアメリカ製品の輸入を強く求めた．さらには，日本に「経常収支黒字削減の数値目標」を設定することを要求した．クリントン政権は，日本の大幅な対米貿易黒字が，アメリカにとって経済のみならず「安全保障上の脅威」であるとして，

日本に改善努力を迫った（一方で冷戦終結に伴いロシアはもはや脅威ではないとも言われた）．クリントン政権のこうした貿易政策は，「管理貿易」，「結果主義」として批判を浴びた．

交渉の結果 1995 年 6 月 28 日，日米自動車協定が調印され，日本メーカーによる現地生産の推進，日本の自動車ディーラーによる外国メーカーの参入支援などが合意された．この合意に従い，日本のディーラーでもアメリカ車が展示されるようになった．その後，アメリカ経済が急速に回復し失業率が大幅に低下する一方，日本経済の低迷が深刻化したこともあり，アメリカの対日要求は弱まっていった．また，冷戦終結後の新たな「日米安全保障共同宣言——21 世紀に向けての同盟」が 1996 年 4 月に合意され，極東における有事に際し日本がアメリカの後方支援を行うことが確認されるなど，日本が安全保障面で対米協力を積極化させたことも，アメリカが対日貿易圧力を緩和させる方向に働いた．

日米構造協議や日米包括経済協議においては，アメリカで広まった修正主義者（revisionist）の考えも影響していた．彼らは，日本は制度的に同じ資本主義を採用してはいるが，実際には，人種一体性にこだわり，市場を海外に開かず，重商主義的な政策を推進し，「消費者の利益」より「生産者の利益」を重視するような「異質の国」である，と主張していた．こうしたリビジョニストの考えは，特にクリントン政権第 1 期（1993-97 年）の戦略的貿易政策に大きな影響を与えた．

以上のように，1980 年代後半から 1990 年代前半にかけて，アメリカは，対米輸出が急増し対米貿易収支が最大の黒字国となった日本に対し 2 国間協議を重ね，貿易における「結果主義」や「一方主義」，「管理貿易」といった GATT の精神に合致しない，あるいは反するような動きを顕にするようになった．その後 2000 年以来，日本に代わって中国がアメリカにとって最大の貿易収支黒字国となり，アメリカは中国との 2 国間協議に取り組み始めた．その最初の米中経済戦略対話が 2006 年 12 月に開始され，中国市場の開放や

人民元改革（変動相場制への移行），知的財産権保護などが議題に挙げられた．その後，米中経済戦略対話は2009年に米中戦略・経済対話（米国側：国務・財務長官，中国側：国務委員・副首相）に格上げされ，経済分野のみならず，政治・安全保障問題，人権，地球環境問題なども協議することとされ，毎年1回開催されている[10]．こうした動きは，「米中2国（G2）論」を暗示するような材料となっている．

(4) 地域主義指向

GATT・WTOは，前述したように多角主義を原則としている．欧州諸国と違って，多角主義原則に固執していたアメリカも，1988年のカナダとの米加自由貿易協定の締結を皮切りに，1992年には米加にメキシコを加えた北米自由貿易協定（NAFTA：North American Free Trade Agreement）を締結し（1994年1月発効），世界最大規模のFTA経済圏を確立した．アメリカはその後も，ヨルダン，シンガポール，チリ，オーストラリア等とFTAを締結した．そして，2012年末時点で，FTA交渉発効・妥結済みが14件に上っている．このように，アメリカはFTA積極推進派に転じた．FTAがGATT・WTOの多角主義に矛盾するものなのか，あるいはGATT・WTOを補完し，自由貿易の推進に貢献するものかの問いに対しては未だ確たる結論は出されていない．しかし，アメリカが積極的にFTAを推進する姿勢になったことは，アメリカが多角主義から地域主義（regionalism）をも指向する方針に転換したことを意味する．

(5) GATT・WTO体制からの転換

アメリカは，GATT体制の構築にリーダーシップを発揮した国である．しかし，アメリカは1970年代以降，GATT・WTOの精神・原則に合致しない，あるいは反するような，「一方主義・単独主義」（スーパー301条等），「2国間主義」（日米構造協議・包括経済協議等），「地域主義（FTA）」をも指向する方向に転換し，保護主義的な色彩も強めたのである．そして，こうし

たアメリカの方針転換に対抗していく上でも，GATT を発展拡大し，より強力な WTO を構築していく必要性の認識が高まっていったのである．

注
1) リカードは近代経済学の創始者であるアダム・スミスの影響を大いに受け，彼が『経済学および課税の原理』(1817 年) で展開した比較生産費説も，スミスの『国富論』(1776 年) に大きく依拠している．リカードの自由貿易擁護論は，穀物の輸入規制を巡る穀物条例論争 (1813-15 年) で，地主階級の輸入規制論に反対したことに現れた．
2) 比較優位があるということは，その財を生産することで，その他の財の生産を放棄しなければならない「機会費用 (opportunity cost)」が小さいことをも意味する．機会費用が小さい財の生産・輸出に特化し，機会費用の大きな財を輸入することが経済厚生を高めることになる，というのが比較生産費説の意味するところである．
3) 未来永劫に比較優位を維持するような産業もまずないだろう (特に，プロダクト・ライフ・サイクル論はそうしたことも示唆する)．事実，例えば戦後の日本産業を見ても，花形産業は 1950 年代には繊維産業，1960 年代は鉄鋼や造船，化学等の重化学工業，1970 年代以降は機械産業，そして今や情報産業等々，産業の浮き沈みには激しいものがある．
4) 輸出に対する関税 (export duties) もあるが，先進国ではまず見受けられない．途上国で，政府歳入の目的で設けられるケースなどがある．
5) NTB の中でも，数量制限などの場合，輸入数量を割り当てられた業者には追加的利潤 (「割り当てレント」) が大きくなる．そのため，汚職・贈賄等の不正行為を招きかねない問題もある．
6) 各国の NTB をはじめとする不公正な貿易政策・慣行に関して，アメリカ政府の通商代表部 (USTR : United States Trade Representative) が，各国の実態を調査し，1986 年以来，"National Trade Estimate Report on Foreign Trade Barriers (NTE)" と題した年次報告書を発表している．NTE は特に 1980 年代には日米貿易摩擦が問題化していたこともあり，日本の貿易障壁に関する記述が多かった．これに対し，日本政府も 1992 年以来，経済産業省 (前身は通商産業省) が『不公正貿易白書』を毎年発表している．こうした報告書は，各国の不公正貿易の実態を見る上で参考になる．
7) 前述した 1985 年の『欧州市場白書』は NTB を，「物理的障壁」，「技術的障壁」，「財政的障壁」の 3 つに大分類している．「物理的障壁」に関しては，モノに対する税関における各種規制と，人の移動に対する出入国や所持品等の検査として種々の障壁が列挙されている．「技術的障壁」に関しては，製品の基準や仕様の違

い，政府調達，職業資格・卒業証書の基準の相違等々が列挙されている．「財政的障壁」に関しては，加盟国間における付加価値税の違いや，酒税やたばこ税など個別消費税の相違が列挙されている．
8) 西田（〔2002〕102 頁）より引用した，原資料は，John C. Renner, "National Restrictions on International Trade", in the Compendium of Foreign Policy Conference sponsored by the Dayton Council, 1971, U.S. International Economic Policy in an Interdependent World Report, July 1971, p. 86.
9) 英語を日本語に直訳すれば，「構造障壁協議」であるが，日本政府が「構造協議」と「障壁」を外しより柔らかなかつ曖昧な表現にしたのは，アメリカが「日本に構造障壁あり」としていることを，日本で前面に出すのを避けたいがため，とも言われた．同じような意図的な「誤訳」は，The United Nations を連合国ではなく国際連合と訳し，deregulation を規制撤廃ではなく規制緩和と訳したことなどにも見られる．
10) 第 5 回米中戦略・経済対話は 2013 年 7 月 11～12 日にワシントン D.C. で行われ，経済面では投資協定の締結交渉開始や，中国が人民元相場を一段と柔軟化すること，通貨の競争的切り下げを回避すること，などが合意された．また，その他にも，不測の軍事衝突を回避するために両国首脳の特別代表の間にホットラインを設けることや，地球温暖化対策で協調することなどが合意された．こうした一方で，サイバー問題や中国の海洋進出などに関して溝は埋まらなかった．

第9章
WTO 体制

　前章で述べた保護主義の台頭に伴って，GATT の自由貿易体制は揺らいだ．しかし，国際貿易体制は，国際通貨の IMF 体制が崩壊したのとは異なり，GATT を発展拡大させた WTO 体制が新たに構築された．本章では，WTO の目的・原則，意義・特徴について概観する．そして，WTO 体制最初の多角的貿易交渉となったドーハ・ラウンドにつき考察する．

1. WTO 設立の背景

　世界貿易機関（WTO：World Trade Organization）は，GATT の限界が顕著になってきたことから，GATT を解消し発展拡大する形で成立した国連の関連機関である．GATT の限界は，主に次の2点に現れている．すなわち，①関税引き下げが進展する一方で非関税障壁や2国間取り決めなど新たな保護主義・貿易制限措置が急増したこと，②国際貿易の複雑化，サービス貿易の拡大，国際投資の増大など新たな現実が生じてきたこと，である．こうしたことは GATT 体制構築時には基本的には想定されていなかった．したがって，GATT には対応する術がほとんどなかったのである．さらに，条約でしかなかった GATT は紛争処理能力も弱く，その強化の必要性が要請されていた．

　WTO 成立に向けた動きは 1990 年 2 月，イタリアのルジェロ貿易大臣が GATT に代わる新たな国際機関の設立を提案したことに始まる．その後 1991 年 11 月，当時の欧州共同体（EC），カナダ，メキシコが，多角的貿易

機関（MTO：Multilateral Trade Organization）設立の骨子を共同提案した．この提案を基に新たな国際機関の設立が，当時開催されていた GATT ウルグアイ・ラウンドで協議された．

　欧州やカナダ，メキシコが新国際機関設立に積極的だった背景には，アメリカで保護主義圧力が高まってきていることに対する懸念があった．一方アメリカは当初，MTO のような超国家的な国際機関の設立には難色を示していた．アメリカの通商政策が制約されかねない，と懸念したためである．しかし，アメリカ政府は，米議会・産業界の保護主義圧力に対処するために，アメリカが国際競争力を有する農業やサービスといった分野での市場開放を目指すことを指向し，新国際機関の設立を容認するようになった．ただ，その名称を MTO から WTO に変更することを求めた．そして，WTO 協定は難航の末に 1994 年 4 月，モロッコのマラケシュ会議で合意・調印され（「世界貿易機関を設立するマラケッシュ協定」），WTO は 1995 年 1 月 1 日に発足した．加盟国は 2013 年 9 月時点で 159 カ国，さらに 20 カ国以上が加盟を申請している．

2. WTO 協定書

　WTO の目的や役割は協定書に明記されているが，その協定書は約 2 万 2 千ページに及ぶ膨大なものである．協定書は前文と 4 つの付属書からなっており，その概要は表 9-1 の通りである．1947 年の GATT 発足以来から，WTO 発足前の 1994 年末までに積み上げられた協定書は，付属書 1 の A：「モノの貿易に関する多角的協定」の中の，①「1994 年の関税と貿易に関する一般協定（通称：1994 年の GATT）」として盛り込まれた．表 9-1 を見れば WTO の役割が GATT に比べいかに広範なものであるかが一目瞭然である．

表 9-1　WTO 協定書

前文：目的と方法

付属書 1
　A：モノの貿易に関する多角的協定
　　① 1994 年の関税と貿易に関する一般協定（1994 年の GATT）
　　②農業に関する協定
　　③衛生植物検疫措置の適用に関する措置…国内基準の国際基準への適合義務（NTB 化回避）
　　④繊維及び繊維製品に関する協定（繊維協定）
　　　・輸出自主規制である MFA（多国間繊維取り決め）の 2005 年廃止，繊維・繊維製品の GATT ルールへの位置づけ
　　⑤貿易の技術的障害に関する協定（TBT 協定：Technical Barriers to Trade）
　　　・技術的障害とは，産品の規格，規格の制定・変更等の制度が貿易歪曲や国内産業保護に利用されること．
　　　・強制規格の立案・制定・適用の禁止，国内基準の国際基準への適合義務，評価認証の相互承認（MRA）奨励等．
　　⑥貿易に関連する投資措置に関する協定（TRIMS：Trade-Related Investment Measures）
　　⑦アンチ・ダンピング協定
　　⑧関税評価に関する協定…関税の課税標準となるべき価格（課税価格）を決定する国際ルールの設定
　　⑨船積み前検査に関する協定…国際ルールの設定
　　⑩原産地規則に関する協定…物品の原産国を決める WTO 手続きの確立
　　⑪輸入許可手続きに関する協定…国際ルールの設定
　　⑫補助金及び相殺措置に関する協定
　　　・補助金の 3 分類：①レッド補助金（禁止される補助金：輸出補助金・国産品優遇補助金等），②グリーン補助金（相殺措置の対象とならない補助金：地域開発補助金・環境補助金等），③イエロー補助金（レッド・グリーンではない補助金で，相殺措置の対象となりうる）．イエローの場合，輸出国政府は輸入国産業に損害を与えないことを立証しない限り，相殺措置を受けうる．
　　　・相殺措置は，補助金を受けた輸入品に対して，補助金と同額を上限とした相殺関税を賦課したり，補助金の廃止・制限・輸出価格の引き上げ等を輸出国に約束させること．
　　⑬セーフガードに関する協定…貿易救済措置
　　　・輸出自主規制や市場秩序維持協定等の「灰色措置」を関係国の政府間で採用することを禁止．但し，業界団体等政府以外の主体が灰色措置を採用することは禁止しておらず，これが抜け道になる可能性は大．
　B：サービスの貿易に関する一般協定（GATS：General Agreement on Trade in Services）
　C：知的財産権の貿易関連の側面に関する協定（TRIPS：Trade-Related Aspects of Intellectual Property Rights）

付属書 2：紛争解決に係わる規則及び手続きに関する了解（DSU：Disputes Settlement Understanding）

付属書 3：貿易政策審査制度（TPRM：Trade Policy Review Mechanism）…各国貿易政策・慣行の透明化確保

付属書 4：複数国貿易協定…締約国の間においてのみ効力を発揮
　①民間航空機貿易に関する協定
　②政府調達に関する協定…国際競争入札実施（一定額以上の政府調達）と手続き詳細の明確化

3. WTO の目的と基本原則

協定の前文に，WTO の3つの目的が述べられている．第1の目的は，生活水準の向上，完全雇用の確保，実質所得及び有効需要の大規模かつ着実な増加，物品及びサービスの生産及び貿易の拡大である．こうした目的のために，「関税その他の貿易障害を実質的に軽減し，また国際貿易関係における差別待遇を廃止する」とある．この目的は，新たにサービス貿易を追加した上で，GATT の目的を踏襲したものである．

第2の目的は「環境」に，第3の目的は「発展途上国」に配慮したもので，これらは従来の GATT には明示されていなかったものである．第2の目的に関しては，「経済開発の水準が異なる各締約国のニーズおよび関心に沿って環境を保護・保全し，そのための手段を拡充することに努めつつ，持続可能な開発の目的に従って世界の資源を最も適当な形で利用すること」とある．環境への配慮は，現代世界の重要なテーマへの対応を示している．

第3の目的に関しては，「開発途上国，特に後発開発途上国がその経済開発のニーズに応じた貿易量を確保することを保証するため積極的に努力する必要がある」と明記されている．こうした途上国への配慮は，発展途上国が GATT 時代には，先進国間で合意された協定を押し付けられ，彼らの利益には結びつかなかったとの思いを根強く持っていたからである．決議に対する投票権が出資割合に応じて主要国に大きく割り当てられた IMF や世界銀行と違い，WTO は1国1票制で，加盟国 159 カ国の内，約8割が途上国と体制移行国（旧計画経済国）となった現在，途上国の積極的な参加を促すために設けられたものである．

WTO には5つの原則がある．この中には GATT の原則を踏まえたものに加え，新たに設けられたものもある．すなわち，①「無差別貿易」（最恵国待遇と内国民待遇）と，②「より自由な貿易」は，GATT の原則を引き継いだものである．それでも自由貿易に関しては，あくまでも「交渉に基づ

く漸進的自由化」に軌道修正している．これは，発展途上国への配慮を重視した結果である．

　WTOの新たな原則として，③「予見性」，④「公正な競争の促進」，⑤「発展と経済改革の推進」が設けられた．「予見性（predictability）」は，協定の拘束力（bindings）と透明性（transparency）によって[1]，1国の政策の将来にわたる見通し・予見性を高めることである．予見性が高まれば，企業の投資・事業活動により明確なヴィジョンが与えられる．そして安定と予見性に基づいて，投資が刺激され，雇用が創出され，消費者は競争のベネフィット――選択と低価格――を確保できるとしている．この原則は，前述したWTO協定書付属書3「貿易政策審査制度」や，貿易関連投資措置（TRIMS），貿易の技術的障害（TBT），輸入許可手続き等々，多くの協定に見受けられる．また，ウルグアイ・ラウンドの農業交渉では輸入数量制限の関税化が実施されたが（例えばコメ），これは透明性が欠如する数量制限よりも，関税による輸入制限の方が透明性が高いためである．

　「公正な競争の促進」は，ただ単に市場原理主義的な自由貿易というよりは，「オープンで公正かつ歪曲されない」貿易体制の構築を目指したものである．公正な貿易を阻害し貿易を歪曲する手段として，輸出に関しては補助金やダンピングなどがある．また，輸入に関しては，アンチ・ダンピングやセーフガード措置の乱用，相殺関税の恣意的な発動，政府調達における国内業者優遇措置，関税評価の恣意的な決定・分類などがある．WTO協定は，以上のような措置に関し新たにルールを設けている．

　「発展と経済改革の推進」は，「交渉に基づく漸進的自由化」と同様，GATT自由化に不満が強かった発展途上国の意向を念頭に設けられた原則である．この原則は，WTO体制が途上国の発展に寄与するものの，途上国がWTO協定を履行するに際し，時間的余裕など柔軟性を持たせようとするものである．この原則は，WTOドーハ・ラウンドでも，特に「途上国対策」として検討課題となっている．すなわち，①WTO協定義務を一部緩和する「実施」問題，②途上国に対する「特別かつ異なる」優遇待遇の強

化・具体化を目指す S&D (Special and Differential Treatment), ③途上国の協定履行能力向上に対する支援であるキャパシティ・ビルディング (CB: Capacity Building), が協議されている.

4. WTOの意義・特徴

前述した原則に則って設立されたWTOの意義・特徴は,特にGATTに比べて,次の諸点が挙げられる.

(1) 法人格化

国際貿易機構 (ITO) の頓挫に伴いGATTが戦後国際貿易体制の礎となったが,GATTは条約にすぎず,事務局もGATT条約を事実上運営する暫定的な組織として発足した.こうしたGATTに対し,WTOは法人格を持った正式な国連の関連機関として発足した.そうした意味合いで,ITOの再生とも言える.

WTOは本部をスイスのジュネーブの旧国際連盟ビルに置き,その機構は閣僚会議,一般理事会,専門理事会,委員会,上級委員会,事務局などからなる.WTOの最高意思決定機関は,加盟国の代表(大統領・首相)からなる閣僚会議で,少なくとも2年に1回開催される.1999年第3回米シアトル閣僚会議では新ラウンドの立ち上げが予定されていたが,途上国の不満が強く,またNGOや労働組合などのデモで混乱したこともあり,立ち上げに失敗した.その時の反省からか,2001年第4回閣僚会議は,デモ隊が参集しづらいような中東カタールのドーハで開かれ,新ラウンド(ドーハ・ラウンド)の開始をうたった閣僚宣言「ドーハ開発アジェンダ (Doha Development Agenda)」が採択された[2].

一般理事会は,閣僚会議が開催されていない期間に,その任務を代行し必要な決定を行うもので,随時開催される(通常年4〜6回).一般理事会の他に,3つの専門理事会――物品貿易理事会,サービス貿易理事会,貿易関連

知的財産権理事会——がある．これらの理事会はそれぞれ，WTO 協定の「モノの貿易に関する協定」，「サービスの貿易に関する一般協定 (GATS)」，「知的財産権の貿易関連の側面に関する協定 (TRIPS)」の実施を担当する．上級委員会は，紛争処理のための常設の上訴機関であり，紛争処理小委員会（パネル）報告の上訴を受け付ける．事務局は常設で，職員は国際公務員であり，2013 年 9 月時点で 629 名（男性 342 名，女性 287 名）となっている．

(2) 対象分野の拡大

前述したように，WTO には 17 の協定があり（付属書 1～3），GATT はその内の 1 つにしか過ぎない．いかに WTO が幅広く協定の対象分野を拡大したかが容易に想像できる．とりわけ，農業，サービス貿易，知的財産権，貿易関連投資措置，に関する協定が重要であり，以下に説明する．これらは，いずれもアメリカが国際競争力を持っている分野およびその関連事項である．

1) 農業

農業は GATT において基本的に自由化義務が免除されていたが，WTO では長期的目標ながら，「市場指向型」の農業貿易体制を確立することが明示され，具体的には 3 つの分野で規定が明確化された．第 1 は市場アクセス（国境措置）で，農産品の輸入数量制限やウェーバー（自由化義務免除），課徴金などの輸入障壁を，原則として関税に置き換えること（関税化）が規定された．そして，関税化によって輸入が困難になるような場合には，2000 年までに国内需要の 5% まで輸入を漸増するミニマム・アクセス機会を与えることとされた．

第 2 は国内支持（補助金）である．協定は，国内農業に係る補助金を貿易歪曲効果の強さの度合いに応じて，「緑」（研究・開発・普及など生産とは切り離された政策），「青」（生産との結びつきを有しているが，生産調整が行われている条件下での直接支払い），「黄」（緑・青以外のもので，生産との結びつきを有し，生産刺激的とみなされる政策）に分類し，黄の政策を保護

削減の対象とした．

　第3は輸出競争である．この中で，農産品に対する輸出補助金は撤廃することとされている．また，輸出信用に関しては国際的な規律を作成し，食糧援助については商業的輸出とリンクしないこと，などが明記された．

　以上のように，農業といえども聖域化することなく，「自由化」することが長期目標とされ，その輸入制限措置には「透明性」を確保することが要求されるようになったのである．

2）サービス貿易

　世界経済の発展やグローバル化，消費者ニーズの高度化・多様化に伴い，世界のサービス貿易は着実に拡大しており，その輸出額は 2012 年には 4 兆 3,499 億ドルと，モノの輸出額の 23.6％ にも達している．サービス分野に対し GATT はルールを定めていなかったが，WTO は 12 の分野（実務，通信，建設・エンジニアリング，流通，教育，環境，金融，健康，観光，娯楽・文化・スポーツ，運送，その他），155 の業種を対象としたサービス貿易に関して，初めての本格的な多角的かつ法的強制力を有する国際ルール「サービスの貿易に関する一般協定（GATS : General Agreement on Trade in Services）」を設定した．同協定では，サービス貿易の自由化約束や義務の留保を行う仕組みを規定し，サービス貿易に関しても最恵国待遇の原則を適用するとした．また，自由化を約束した分野では，内国民待遇などを義務化した．ただ，こうした義務には例外規定も多く設けられている．

　モノの貿易に比べ，サービス分野は，その国や社会の伝統・慣習等に根ざした規制や制限が多い．したがって，サービス分野における国際ルールの設定は画期的なことである．ただ，サービス分野は，次の知的財産権と同様，アメリカや先進国が明らかに優位に立ち，途上国が不利な分野である．このため，GATS は「漸進的な」自由化を主張し，規定には例外事項も多数含まれたものとなっている．

　ちなみに，金融，通信等の分野では 1998-99 年にかけて協定が発効したこ

とに加え、先進各国で規制緩和策が実施されたことから、サービス産業のグローバル競争が激化していった。その結果、例えば日本でも、銀行・証券・保険業務や通信業界などに外資系企業の参入が増え、新たな商品やサービスが導入されたり、外銀が邦銀と同じような業務ができるようになり、競争が強まった。

3) 知的財産権

　知的財産権とは、著作権や商標、特許権、コンピュータ・プログラム、集積回路の設計図等の知的財産（intellectual property）に関する権利の総称である。こうした知的財産に関し、WTO以前にも、例えば国際工業所有権条約といった条約や、世界知的財産権機関（WIPO）といった国連専門機関もあった。しかし、こうした既存の国際ルールは不十分であるとして、既存のルールが定める保護の範囲を補完・強化し、包括的かつ適切な保護を国際的に確保することを目的として、「知的財産権の貿易関連の側面に関する協定（TRIPS : Trade-Related Aspects of Intellectual Property Rights）」が設けられた。この協定の主目的の1つは、批准した国が知的財産権に関する国内法を整備し、海賊版や偽ブランド商品を駆逐することである。海賊版・偽ブランド天国と言われた中国も2001年12月にWTOに加盟し、TRIPSに関しても法整備を約束したことから、海賊版や偽ブランド商品に対処せざるを得なくなった。

　知的財産権の保護に関しては、国によってスタンスが大きく異なる。すなわち、アメリカのような先進工業国は、技術開発能力の高い企業を多数有し、知的財産権の保護が企業の技術開発を促進するインセンティブとなることから、その強化を主張する。しかし、知的財産権の保護強化は、新技術やノウハウの移転の妨げにもなりかねない。途上国は技術開発で遅れ、技術・ノウハウ移転に対する高額な対価の支払いも容易にはできない。このため、途上国は、知的財産権の保護を緩和し、新技術・ノウハウのスムーズな移転・普及を訴える。こうしたことから、知的財産権に係わる規制やルールは国ごと

に大きく異なってきた．ただ，これでは国際取引を展開する上で障害や不透明性に直面するとの観点から，国際的なルール作りが目指されたのである．

本協定は，無差別原則（最恵国待遇と内国民待遇）の適用を原則としている．知的財産権は，ほとんどが先進国，とりわけアメリカに占有されている．したがって，本協定は途上国に対しては様々な経過措置を与え，経過期間を設けている．それでも，途上国の反発が強く，例えばWTOドーハ・ラウンドでは，途上国がエイズやマラリアのコピー薬品に関しては公衆衛生上の配慮が優先されるべきだと強硬に訴え続けた．そこでの論議は，「知的財産権の保護」か「命の救済」かであったが，WTO加盟国は2003年8月，「医薬品特許の例外規定」で途上国の主張を認めた決定に合意した[3]．

4）貿易関連投資措置

WTOは海外直接投資受入れに伴い，投資受入国が，WTOの内国民待遇の原則に反するような，貿易上の制約の措置――ローカル・コンテント要求，輸出入均衡要求，為替規制等――を設けることを原則禁止とした．ローカル・コンテントとは，投資した先での製品の製造に際し，現地企業から一定割合の部品や原材料の調達を義務づけるものである．輸出入均衡や為替規制は，進出した企業に対して，輸入品の購入を自社の輸出額に応じたものなどに制限する措置である．こうした貿易上・為替取引上の制約は，投資受入国の産業基盤の拡充・整備や雇用の確保，国際収支の安定化などを目指した措置で，とりわけ途上国に多く見られる．

しかし，こうした制約は，進出した企業にとって大きな障害になり得る．例えば，工場の海外進出に際し，製造機械が必要になるが，そうした機械――特に先進技術の機械――が途上国で調達できる可能性は低い．また，とりわけ自動車や電機産業などの加工組み立て産業では多くの部品の調達が必要となるが，そうした部品――特に高品質の部品――が安定的に現地で調達できる可能性は少なくとも当面の間は低い．こうした障害は，「貿易に関連する投資措置に関する協定（TRIMS：Trade-Related Investment Measures)」の導入により回避することが可能になりうる．第8章で見たように，企業が企業内国際分業体制と企業内貿易で製品を生産・貿易する現代にあって，TRIMS は有効な手段を提供しよう．

(3) 一括受諾方式の採用

東京ラウンドでは一般協定と12の協定が策定されたが，各国は自国にとって有利なもののみを受諾することもできた．この結果，いわばいいとこ取りのつまみ食いと言った「フリー・ライダー問題」が生じた．WTOではこうした問題を避け，WTO協定の実効性・拘束力を高めるために，協定本文と付属書1・2・3に含まれる17の協定を一括して受諾する一括受諾方式 (Single Undertaking) の義務を負わせた．一方，付属書4は締約国のみで効力を発効する協定である．

(4) 紛争解決機能の大幅な拡充

貿易に紛争はつきもので，GATT においても紛争解決機関が存在していた．しかし，GATT の紛争処理機能は不十分で，かつ前述したようなアメリカのスーパー301条など，GATT に抵触する一方的措置を盛り込んだ国内法などにも有効に対処できなかった．WTO は GATT の紛争手続を整備し，付属書2「紛争解決に係わる規則及び手続きに関する了解 (DSU : Disputes Settlement Understanding)」をまとめた．付属書2は，紛争処理の手続きを明確化し，手続の期限や報復措置の範囲も明らかにした．また，前述したアメリカのスーパー301条のような，WTO 協定の手続きに従わない一方的措置の禁止を明記した．

そして，紛争解決を担当する機関として，紛争解決機関 (DSB : Dispute Settlement Body) が設置された．紛争解決には2審制が採用されており，第1審の小委員会（パネル）の審理結果の報告（パネル報告）に当事者が満足しなければ，第2審の上級委員会に申し立てが出来るようになっている．こうしたパネルの設置や審理結果の報告（裁判の判決に相当），報告に基づ

く被申立国に対する違反措置是正のための「勧告」の実施，勧告が履行されなかった場合の申立国による「対抗措置」に関しても，その手続や期限が明記された．

さらに，審理結果の報告の採択に関しては，全員一致で賛成しない限り採択されなかったGATT時代の「コンセンサス方式」から，全員一致で反対しない限りは採択される「ネガティブ・コンセンサス方式」に変更された．全員一致の賛成を得るのは困難だが，全員一致で反対することはそうそうない．こうした結果，紛争解決の申し立て件数が格段に増えた．事実，GATT時代（1948-94年）には総数314件で年平均6.7件であったものが，WTOになって1995年から2012年末までの13年間では454件に上った．これは，年平均約25.2件であり，GATT時代の約4倍の件数である．WTOは，紛争解決の迅速化と予見性を高めたと言える．

(5) WTOルールの確定化

GATTでは，既存の国内法が優先された．したがって，新たなGATTルールができても，その実効性・拘束力が制限されることがあった．WTOでは，加盟国が国内法をWTO諸協定に整合化させる義務が課された．これにより協定の抜け穴を防ぎ，ルールを広範囲に実効性・拘束力のあるものにすることが可能になった．また，アンチ・ダンピング，補助金，セーフガード等に関するルールも明確化され，不透明な措置や輸出自主規制等の灰色的措置は極力回避する方策がとられた．

5. WTOドーハ・ラウンド

2001年11月14日，カタールの首都ドーハで開催された第4回閣僚会議において新ラウンド（ドーハ・ラウンド）開始の宣言が採択され，同時に中国・台湾の加盟が承認された．ドーハ・ラウンドは正式には「ドーハ開発アジェンダ（DDA：Doha Development Agenda）」と呼ばれ，その呼称は

表 9-2　WTO ドーハ・ラウンドの交渉内容（「枠組合意」）

交渉項目	交渉内容
農業	①市場アクセス（関税引き下げ等），②輸出競争（輸出補助金削減等），③国内支持（国内補助金の削減等）
非農産品市場アクセス（NAMA）	①すべての非農産品（鉱工業品等）の関税引き下げ，②非関税障壁の削減・撤廃等
サービス貿易	①市場アクセス改善（2国間のみならず複数国間による交渉），②ルール策定（国内規制，補助金，政府調達）の交渉等
貿易円滑化	貿易手続きの透明性・予見可能性・公平性の向上，簡素化・迅速化の促進（シンガポール・イシューとして設けられた4分野である，「貿易と投資〔直接投資〕」，「貿易と競争〔国際的枠組整備〕」，「貿易円滑化」，「政府調達の透明性の確保」の内，貿易円滑化だけを交渉することに決定．他の3分野は，ドーハ・ラウンドでは交渉化しないことが決定され，交渉内容は後退した）
WTO ルール ・アンチ・ダンピング（AD） ・補助金 ・地域貿易協定（RTA）	AD 措置濫用防止のための手続き 補助金協定の規律の明確化・改善（特に漁業補助金） RTA に適用される現行の WTO の規律（満たすべき条件）及び手続きの明確化・改善
環境	①既存の WTO ルールと多国間環境協定〔MEAS：⑦モントリオール議定書（オゾン層保護のためのフロン生産禁止），④バーゼル条約（有害廃棄物の越境移動制約等），⑨ワシントン条約（絶滅危惧野生動物等）〕との関係の明確化 ②環境関連物品（エコ・ラベル）の促進（関税引き下げ等）
知的財産権（TRIPS）	TRIPS 協定の改訂作業， 地理的表示（GI：Geographical Indications）の保護
開発 （途上国への特別・優遇措置）	①「実施」：WTO 協定義務の一部緩和と，S&D（Special and Differential Treatment）：途上国に対する「特別かつ異なる優遇待遇」の強化・具体化 ②農業・非農産品交渉における，途上国の市場アクセス改善 ③「貿易のための援助（Aid for Trade）」：生産・流通分野での技術協力，有償・無償資金協力 ④「統合フレームワーク（IF：Integrated Framework）」：後発開発途上国（LDC：Least Developed Countries）の貿易関連技術支援共同イニシアティブ

　GATT 時代の8回にわたるラウンドとは異なっている．これは，今回のラウンドが——GATT 時代とは違って——途上国の経済発展に重きを置いていることをアピールするためである．そうすることによって，GATT ラウンドに批判的だった途上国を取り込み，WTO 下での初のラウンドにこぎつ

けることができたのである．

　ドーハ・ラウンド交渉は，2002 年から本格化した．そして，2003 年 9 月の第 5 回カンクン閣僚会議では交渉の主要項目に関しての合意が図られたが，特に先進国と途上国の対立が激しく交渉は決裂，翌 2004 年 7 月の一般理事会でようやく，表 9-2 に見られる 8 分野を交渉項目（アジェンダ）とすることが合意された（「枠組合意」）．ドーハ・ラウンドの交渉期限は当初 2005 年 1 月 1 日とされたが，交渉は難航し何度も決裂した．こうした事態に，主要国・地域の閣僚会議等が開催され，打開策が幾度となく模索されたが交渉妥結の糸口もつかめず，2011 年 12 月の第 8 回ジュネーブ閣僚会議では，遂にそれまで目指していた交渉分野の「一括合意」が実現不可能であることを認め，進展が可能な分野の「部分合意」，「先行合意」などを積み上げる「新たなアプローチ」に転換（後退）することが決められた．しかし，この新たなアプローチも，有志国・地域がサービス貿易に関して議論を始めた程度で，ほとんど何も進展しなかった．こうした結果，WTO 体制の存在意義そのものが問われる状況となった．

　これまで交渉が難航してきた背景には主に 3 つの要因があった．すなわち，①農産品の関税引き下げに関して，アメリカ，オーストラリア，ブラジル等の農産物輸出国と，農産品純輸入国の日本や，輸出入両方の面を持つ EU 等の間で激しい対立があること，②農業補助金の削減をアメリカが頑なに拒否し続けていること，③途上国が先進国の要求である非農産品の関税引き下げなどに強く難色を示していること，である．しかも，これらの要因が 3 すくみの状態となっていた．ただ，それでも 2008 年 7 月にはドーハ・ラウンド一括合意の一歩手前までいった．しかし，この時，途上国が農産品の輸入急増に対して発動する緊急輸入制限（セーフガード）措置をめぐって，アメリカとインド，中国などとの間で激しい対立が起こり，それをきっかけにすべての交渉が決裂した．

　上記に見られるように，農業はデリケートな問題である．まず，農産物輸出国は，農産物に対する「市場アクセス」を改善するために，①農産品の高

関税率を一律に大幅カットすること，②関税の上限を設けること，③特別の配慮・保護が認められる「重要品目（センシティブ品目）」数を減らすこと，④重要品目の関税割当数量を拡大すること，を要求してきたが，高関税品目を多数持ち，重要品目数が多い日本やEUなどは受け入れられないとしてきた．

一方，農業輸出国であるアメリカも，欧日や途上国から，「貿易歪曲効果」があるとして批判されている国内支持政策の農業補助金の削減を頑なに拒み続けている．アメリカの農家や農業団体は，影響力の強い圧力団体である．特に，綿花や砂糖産業が国内支持の恩恵を受けており，こうした業界からの圧力が強く，補助金の削減は困難だと言われている．またEUも，農産品への輸出補助金が批判されているが，妥協する気配はなかなか出てこない．

貿易——とりわけ農業関連の——交渉の妥結には，アメリカ，日本，EUをはじめ関係各国が強い政治的意思を持ち，果敢な決断を下すことが要求される．しかし，2000年代以降，先進諸国では政治的基盤が弱い政権が多い．とりわけ，アメリカではブッシュ政権（2001-09年）がイラク戦争の泥沼化などで支持率が低迷，国際経済問題でリーダーシップを発揮するような余裕もほとんどなかった．そして，鳴り物入りで2009年1月に発足したオバマ政権も，リーマン・ショック後の景気後退に十分対処できなかったこともあって支持率が低下した．また，EU各国も総じて景気弱含みで推移し，2010年以降は前述したように「ユーロ危機」に振り回されている．そして，日本は1990年のバブル崩壊以降，「失われた20年」と言われるほど景気低迷が続き，しかも2006年以降は毎年首相が変わるような政治混乱に陥った．また，中国やインドも未だ，世界の貿易秩序構築のためにイニシアティブを発揮できるような段階にはない状況である．

途上国の非農産品（鉱工業製品等）の関税引き下げもまた，交渉妥結に向け深刻な障害となっている．先進国は，途上国——とりわけ，経済規模が大きく成長が著しいインド（2005年の非農産品平均関税率は34.3%）やブラジル（同30.8%），中国（同9.1%）等——の関税引き下げが，輸出機会の増

加につながると期待を寄せている．しかし，中国やインド，ブラジルなど新興国は未だ，自国経済の発展に見合った責任を担う意欲に欠けている．途上国の多くは，自国産業の保護のみならず，関税収入の確保の観点からも，鉱工業製品等の関税引き下げには難色を示す．WTO 加盟国（2013 年 9 月時点 159 カ国で）の内約 8 割が途上国である現在，途上国の多数の支持を得なければラウンドの合意はおぼつかない．途上国から妥協を引き出すためには，先進国が，農産品の市場アクセス改善や，表 9-2 にある途上国対策である「開発」交渉を合意に導く必要があるが，これもまた進展していない．

　先進国と途上国の間では，「貿易と環境」や，新たな交渉分野とされている「貿易と労働基準」などに関しても深い溝がある．先進国は環境重視の観点から，大きな環境負荷を伴う開発・経済活動に批判的で，「環境保全を目的とする貿易制限的な措置」の重要性を主張する．これに対し，途上国は「環境に名を借りた保護主義だ」と反発している．また，「貿易と労働基準」では，欧米先進国は，途上国の一部で「児童労働」や「囚人労働」など，基本的人権に抵触するような労働によって生産された製品があり，こうした製品に対し貿易制限措置を設けることを主張している．これに対し，途上国は強く反発している．環境も労働基準も非常に重要な問題であり，こうした問題が貿易の場でも論議されるほど，貿易は広範にグローバルな問題をも扱う場になってきた．ただ，交渉事項が多くなればなるほど，また内容が複雑になればなるほど，妥結・合意は容易ではなくなる．

　いずれにせよ，ドーハ・ラウンドは，交渉開始から 12 年近く経つにもかかわらず，交渉決裂のような状態が続き，WTO の存在意義そのものも疑われた．こうした中，事実上最後のチャンスとみなされていた 2013 年 12 月初旬の WTO 閣僚会議（インドネシア・バリ島）で，①貿易円滑化，②途上国の開発支援，③農業分野の一部（農産物備蓄に対する補助金の特例措置）の 3 分野で，かろうじて合意が得られた．これは，WTO 発足 18 年にして初めての「全体合意」である．しかし，今回の 3 分野に限られた部分合意は，当初掲げた野心的な 8 分野の目標からは程遠い内容で，農業も一部にとどま

っている．12年余りの歳月をかけた交渉の結果がこの程度の成果にとどまっていれば，WTO の存在感は希薄にならざるを得ない．そして，先進国などは WTO の多角的貿易交渉に疲れ，自由貿易協定（FTA）に軸足をシフトしている．

注
1) 予見性や透明性といった概念は，アメリカ政府が好んで用いる言葉である．一方，日本はかつて，政府による「許可」や「窓口規制」など政府の裁量性を温存する手法を多用した．こうした日本政府の手法は，日米，日欧貿易問題の際にたびたび批判された．その結果，日本政府も例えば，「法令適用の可能性を事前に確認する手続である」（経済産業省）『日本版ノーアクションレター』制度を導入した（経済産業省は 2001 年より導入）．この制度は，米証券取引委員会（SEC）の制度を参考に導入されたものである．
2) 前述したように従来の GATT ラウンドは先進国主導で，途上国には「合意内容を押し付けられた」との不満が強かった．したがって，今回は単なる貿易自由化ではなく，途上国にとって優先度の高い「開発」の促進を強調するために，「開発アジェンダ」と名づけられた．
3) カナダ政府は 2007 年 10 月 5 日，この例外規定に基づくエイズ治療薬を割安な価格で，アフリカのルワンダに世界で初めて輸出することを WTO に通報した．

第10章
自由貿易協定の急増・拡大

　自由貿易協定（FTA：Free Trade Agreement）とは，特定の2国間あるいは複数の国の間で，関税や数量制限等の貿易障壁を撤廃し，貿易自由化を図り，経済関係を強めようとする取決めのことである．こうした協定は，単にモノの貿易のみならず，投資やサービス，人の移動の自由など広範な分野の自由化を含むものも多数ある．WTOはこうした協定を，「地域貿易協定（RTA：regional trade agreement）」といった用語で表している．FTAは，狭義の意味合いでは，地域貿易協定の基本的な1類型である（コラム参照）．しかし，一般的にはあらゆる地域貿易協定を表す用語としてFTAが広義の意味合いで用いられることが多い．本書でも，以下適宜広義の意味合いで使用する．

　本章ではまず，FTAが1990年代以降急増した要因について述べる．そして，各国――とりわけ日本――のFTAの動向について考察する．

1. FTAの急増

　FTAは，GATT・WTOに通報される．その内241件が2013年3月までに発効している．発効済みFTAは，表10-1に見られるように1990年代以降に急増している．事実，発効済み241件のFTAの内，9割以上が1990年以降に，7割以上が2000年以降に発足した．

　1990年代以降にFTAが急増した背景には，主に3つの要因がある．第1は，GATT・WTOラウンドが，参加国の増加と交渉分野の多様化・複雑

コラム

地域統合の類型

　自由貿易協定等に基づく地域経済統合は，統合（integration）の内容・度合いによって種々分類されるが，例えば通商産業省（現，経済産業省）の『通商白書2000年版』は下表の5つの類型を用いている．「自由貿易協定（狭義）」は域内関税の撤廃を行うもので，これに対外共通関税を設けたものが「関税同盟」である．そして，さらにより深化した経済統合として，「共同市場」（投資・サービス・労働移動も自由化），「経済同盟」（租税措置，各種規制・経済政策も共通化），「完全経済同盟」（予算制度や通貨措置の一本化も行う）に分類されている．ただ，現実の世界では，2013年3月時点までで241件ものFTAが発効しており（件数はWTOによるが，WTOはFTAではなくRTA：Regional Trade Agreementの用語を使用している），それぞれが様々な取り決め内容を持っており，厳密に分類することは困難である．最近では，単にモノの貿易の協定というよりは，サービス貿易や，投資，人の移動，商慣行，政府調達等々を含む，より統合の度合いが深化した地域統合が増えている．

類型	政策	EU（欧州連合：加盟28カ国）	NAFTA（北米自由貿易協定：米・加・メキシコ）	メルコスール（南米南部共同市場：南米5カ国）	AFTA（ASEAN自由貿易地域：加盟10カ国）
自由貿易協定	域内関税撤廃	○	○	○	○（0～5%）
関税同盟	＋対外共通課税	○		○	
深化した統合 ・共同市場 ・経済同盟 ・完全経済同盟	＋投資・サービスの自由化	○	○	○	目標設定合意
	＋労働市場の統合	○		○	協議中
	＋各種規制・経済政策の共通化	○		○	
	＋通貨統合	○（18カ国）			

注：この5類型は経済学者ベラ・バラッサ（Balassa）による．
出所：通商産業省『通商白書2000年版』を一部加筆．加盟国数は2014年1月時点．

化もあって，合意達成に時間がかかるようになったことである．実際，第8回目のGATTウルグアイ・ラウンドは，7年半と当初予定4年間の倍近い時間がかかった．また，1999年のWTOシアトル閣僚会議では予定されていた新ラウンド開始も合意できず，その合意は2年後のドーハ閣僚会議まで

表 10-1 世界の発効済み FTA 件数の推移（年代別）

年代	1955-59	1960-69	1970-79	1980-89	1990-99	2000-13*
件数	1	3	9	7	47	174

注：*2013 年は 3 月末までの発効件数．
資料：WTO ホームページ（2013 年 3 月末時点）．

持ち越しとなった．さらに，その WTO ドーハ・ラウンドも，当初予定では 3 年後の 2005 年 1 月 1 日が合意期限であったが，交渉は頓挫を繰り返し，2013 年 12 月に漸く一部の合意に達しただけであり，WTO の意義そのものが問われるような事態になっている．WTO ラウンドでは，加盟各国の利害が複雑に交錯し，交渉に時間が掛かり，しかも合意に達する保証はないのである．こうしたことから，特定の少数の国で，利害が合致しやすい国同士で，しかも短期間で合意達成できる可能性の高い効率的な FTA に注目が集まっているのである．

第 2 は，FTA により，貿易・投資アクセスが改善・拡大し，「規模の経済」を追及することが可能になることである．今や経済グローバル化もあって，多くの企業では規模の経済を追求し，国際競争力を向上することが必須となっている．規模の経済を追求するなら WTO が第 1 目標になろうが，その WTO ラウンド交渉は行き詰り，次善の策として FTA が注目されている．

第 3 は，いわゆる「デファクト・スタンダード（de facto standard）」の確立である．すなわち，未だ国際ルール化されていない分野（例えば電子商取引，政府調達，競争政策等々）に関し，FTA を通じて当該分野のルールを先取りして決め，そのルールを WTO の場を通じて国際ルール化することも可能となりうる．こうしたデファクト・スタンダードが確立できれば，明らかに国際競争上優位に立てるのである．

2. 世界の主要なFTAの動向

　先進国の中でFTAに以前から積極的であったのは，自らが経済統合体のメンバーを拡大してきた欧州連合（EU）である．アメリカはGATT体制構築にリーダーシップを発揮した国で多国間主義を堅持していたが，1987年の米加自由貿易協定を皮切りにFTAに積極的に乗り出し始めた．こうした中，日本は輸出競争力が強かったこともあってか，当初FTAに積極的ではなく，最初のFTAは2002年11月発効のシンガポールとのFTAと，欧米に比べ相当に出遅れた．アジア諸国も総じてFTAの波に出遅れたが，その後，特にASEAN（全体として，また個別の国として），韓国，中国も積極姿勢に転換した．それ以外の地域では，メキシコやチリなどが極めて積極的で，FTAのハブ的存在となっている．

(1) 欧州

　欧州諸国は，従前から経済統合に非常に積極的であった．前述したように，1958年にはフランス，西ドイツ，イタリア，オランダ，ベルギー，ルクセンブルグの6カ国が，共同市場を目指して欧州経済共同体（EEC）を設立した．EECは1967年，欧州石炭鉄鋼共同体（ECSC）および欧州原子力共同体（EURATOM）と合体され，欧州共同体（EC）となり，翌1968年には関税同盟となった．その後ECは1993年1月，モノやサービスの域内取引の障壁を撤廃し，統合市場（単一市場）となった．そして，同年11月には，経済分野のみならず，「共通外交・安全保障政策」および「司法・内務協力」をも推進する欧州連合（EU）に発展した．EUは経済面では単一通貨の創設も指向し，1999年1月1日に当時のEU加盟国15カ国の内11カ国が通貨統合を行い，単一通貨ユーロが誕生した（2014年1月時点のユーロ加盟国は18カ国）．その後，2002年1月1日には紙幣・硬貨が流通し，ユーロは名実ともに単一通貨となったのである．

こうした経済統合や政治統合の深化とともに，加盟国数も1970年代以降拡大が続き，EU発足時点の1993年では12カ国，ユーロ誕生時点の1999年では15カ国となった．そして，2004年には旧東欧諸国等10カ国が加盟し25カ国，その後も2007年1月にはさらに2カ国，2013年7月には1カ国が参加し，28カ国にまで増えた．EU28カ国は先進国の経済圏としては世界最大の人口を持ち，そのGDPは北米自由貿易協定（NAFTA）に比肩できる規模である．

　EUは域内のみならず，域外諸国とのFTAにも積極的である．すなわち，EUは2012年12月時点までに，メキシコ，南アフリカ，トルコ，韓国をはじめ既に28件のFTAを締結，2013年10月にはカナダとFTAを締結することで基本合意に達した．また，南米南部共同市場（メルコスール），アフリカ・カリブ・太平洋諸国・地域（ACP），湾岸協力会議（GCC，中東湾岸地域6カ国），ASEANなどとも交渉中である．このように見てくると，EUのFTA網はほぼ世界各地に広がりつつあるのが分かる．そして，EUのFTA締結国（発効済み）との貿易額のEUの貿易全体に占める割合（FTAカバー率）は，2012年で28.6％に上っている（表10-2参照）．これにEU28カ国域内の貿易の割合を加えれば，FTAカバー率は実に80％弱にも達する．EUはさらに2013年3月，アメリカとのFTA交渉入りを共同発表したが，米・EU両国で世界のGDPの半分弱を占めることもあり，その行方に大いなる注目が集まる．そして，米・EUは「包括的な貿易・投資パートナーシップ」を目指すとしており，その内容には製品の基準統一なども含まれている．米欧で統一基準が合意されれば，その多くが前述した「デファクト・スタンダード」になる可能性が高く，世界に与える影響力も大きいだろう[1]．

(2) アメリカ

　アメリカは欧州とは異なり，元々はGATTの多角主義を重視して，欧州のFTA攻勢にも懐疑的であった．事実，アメリカにとって最初のFTAは

表 10-2 主要国・地域の FTA カバー率（発効済み，2012 年）

(単位：％)

日本	アメリカ	EU	ASEAN	韓国	中国
18.9	39.4	28.6	60	35.4	25.6

資料：経済産業省『通商白書 2013 年版』など．

1985 年のイスラエルとの協定であるが，本協定の場合には政治的・安全保障面での配慮が強かった．多角主義を重視していたアメリカも，1987 年に隣国カナダとの間に米加自由貿易協定を締結した．さらに 1994 年には米加両国にメキシコを加えて，北米自由貿易協定（NAFTA）を発足させた．

NAFTA は，アメリカが国境を接する，しかもそれまでも経済的結びつきが非常に強いカナダ，メキシコと FTA 協定を結ぶことによって，世界最大規模の GDP を誇る FTA 圏となった．先進国のカナダとはともかく，新興国であったメキシコとの FTA 締結に関しては，米国内では特に労働組合や環境団体などから激しい反発があった．労働組合は職業機会が賃金の安いメキシコに流出することに反発し，環境団体は環境規制が緩いメキシコでの生産拡大を憂慮していたのである．しかし，当時の民主党クリントン政権は，経済グローバル化のメリットのみならず，FTA によるメキシコとの賃金格差是正や同国への直接投資の増加を通じて，メキシコからの不法移民を減らそうとする政治・社会的な観点も重視し，推進した．

NAFTA は，1994 年 12 月の米州サミットで，2005 年までに南北アメリカ全域（キューバ 1 カ国のみを除くアメリカ大陸 34 カ国）に拡大することが宣言された（米州自由貿易地域構想，FTAA：Free Trade Agreement of Americas）．しかし，FTAA 構想は 2003 年頃から意見対立が先鋭化し，交渉は 2005 年 11 月の米州サミットで事実上中断が決まった[2]．そうした背景には，①アメリカが関税撤廃のみならず，投資・サービス・政府調達の自由化や知的財産権の保護など，中南米各国で国内改革が必要な措置を強硬に求めたのに対し，ブラジルをはじめとする多くの国が難色を示したこと，そして②中南米諸国がアメリカに農業自由化・農業補助金の撤廃を要求したもの

の，ブッシュ政権が農業補助金に関して頑なに拒否したこと，が主要因としてある．そして，より奥深いところでは，ブラジルやベネズエラなど多くの国が，ブッシュ政権が貿易自由化のみならず国内改革を要求してアメリカン・スタンダードを押し付けようとしており，アメリカの経済支配が強まる，との懸念を抱いたことがある[3]．

そうした懸念の背景には，中南米が「アメリカの裏庭」と呼ばれたような歴史的な経緯に加え，中南米諸国をはじめ世界の多くの国が反対したにもかかわらずイラク戦争に突き進むなど，ブッシュ政権の対外政策が単独行動主義的な傾向を強めていたことが大きく影響していたのである．そして，中南米・カリブ地域のGDPの約3割を占める大国のブラジルは，アメリカとのFTAよりも，自らが盟主となっている「南米南部共同市場（メルコスール）」をハブとして，欧州やアジア，その他諸国とのFTAを拡大させ，アメリカを牽制しようしたのである（ただ，その後メルコスールのFTA網拡大は特に進んでいない）．アメリカとブラジルやベネズエラ等々の関係が上手くいっていない現状では，FTAA交渉中断を打開する方策はまず見当たらない．

アメリカは，近隣地域以外でもFTA交渉を急速に進め，既にヨルダン，シンガポール，チリ，オーストラリア，モロッコ，バーレーン，韓国とFTAを締結し，今や締結済み・妥結済みFTAは2012年末時点で14件に上る．そして，そのFTAカバー率は39.4％にまで達する（表10-2参照）．さらに，アメリカは2008年9月，環太平洋パートナーシップ（TPP，詳細後述）協定の交渉開始の意図を表明し，それ以来TPPを積極的に推進している．そして，前述したように2013年3月にはEUとのFTA交渉入りを表明し，第1回交渉会合が同年7月に開催された．

こうしたアメリカの積極姿勢は，アメリカの貿易・経常収支赤字の巨額化，中国経済の台頭，などがその背景にある．中東地域へのFTA拡張には，ブッシュ政権がイラク戦争に伴って中東地域を民主化しようとした方策の一環といった外交的・政治的要素が強く存在していたが，その後特に進展は見ら

れない．

(3) アジア諸国

日本を含めアジア諸国は総じて，元々はFTAに消極的であった．しかし，1990年代後半には各国とも積極姿勢に転換し，それ以降特にASEAN諸国（地域全体と，シンガポール，タイ，インドネシア，マレーシア，ベトナム，フィリピンなどが各国独自に），韓国，中国などがFTAの交渉や検討に取り組み始めた．

ASEAN（東南アジア諸国連合）は元々1967年，インドネシア，マレーシア，フィリピン，シンガポール，タイの5カ国が，対共産圏の地域協力機構として発足したものである．ASEANは1990年代に入ってからは経済統合にも動き出し，1992年1月の首脳会議で，1993年より15年以内（後に10年に短縮された）にASEAN自由貿易地域（AFTA：ASEAN Free Trade Area）を創設することに合意した．このようにまずは域内でのFTA樹立に動いたASEANも，2013年現在では加盟10カ国となり，ASEAN全体として，また各加盟国が個別に，日中韓やオーストラリア，インド，アメリカ，欧州諸国等々ともFTA交渉を締結済み，あるいは交渉中である．そして，今やASEANの貿易のFTAカバー率は実に60％にも達する（表10-2参照）．

中国や韓国も，近隣諸国のみならず，世界各国にFTA交渉を働きかけている．中国はFTAの交渉スピードが速く，2002年11月にはASEANと「中ASEAN包括的経済協力枠組み協定」に合意，2005年には発効させている．中国が締結したFTAは2012年末で9件だが，そのFTAカバー率は25.6％に上る（表10-2参照）．また，湾岸協力会議（GCC）諸国や南アフリカ，オーストラリアといった資源保有国ともFTAを交渉中である．中国は，高度経済成長の継続で資源の輸入増加が見込まれており，そうした供給源を確保することを最大の目的として，これらの諸国とのFTA締結に動いている．また，2012年5月2日には韓国との，同月12日には日中韓3カ

国間の FTA の交渉開始で合意した．

　韓国は 2003 年以降，積極的に FTA 政策を展開してきた．そして，2006 年 6 月にはアメリカと交渉を開始し，早くも 1 年後の 2007 年 6 月には署名にこぎつけ，2012 年 3 月に発効させた．また，EU とも 2007 年 5 月に交渉を開始し，2010 年 10 月に合意・署名，2011 年 7 月に発効させた．韓国の FTA 件数は 2012 年末時点で 10 件と日本より少ないものの，アメリカ，EU，ASEAN，インドなど重要で経済規模の大きな貿易相手国・地域が多い．実際，韓国とその FTA 締結国の GDP の合計は世界の 56％ を占め，韓国の FTA カバー率は 35.4％ と高くなっている．その韓国は現在，最大の貿易相手国である中国との FTA 交渉を積極的に展開している．

　韓国は，日本との FTA 交渉を 2003 年 12 月に開始したものの，2004 年 11 月以降交渉は中断している．そうした一方で，韓国はアメリカや EU と着実に FTA を締結した．米韓・韓 EU の FTA により韓国製品の対米・EU 輸出の関税が撤廃されることから，日本の競合製品が不利になる．このため，日本政府は危機感を抱き，アメリカや欧州連合との経済連携協定（EPA）の検討に入った．ただ，アメリカとの EPA となれば，日本が強く抵抗している農産品の自由化を迫られることから，実現は容易ではない．

(4)　その他諸国

　上記の国・地域以外にも，例えば，チリ，メキシコなどは FTA に積極的に取り組み，両国とも全方位的に既に 40 件以上の FTA を締結している．両国とも，FTA のハブ的存在を指向している．メキシコとチリはそれぞれ，3 つの先進国・地域である，アメリカ（メキシコ 1994 年，チリ 2004 年），EU（同 2000 年，同 2003 年），日本（同 2005 年，同 2007 年）と既に FTA を発効させており，その経済効果は大きいと言われている．チリはまた，中国や韓国との FTA も締結済みである．

3. 日本のFTA・EPA政策

(1) 日本のFTA・EPAの現状

　日本はアジア諸国同様元々，GATTの多角主義を重視しFTAには積極的ではなかった．日本の輸出急増から対米，対欧貿易摩擦が生じるほど，日本製品の輸出競争力が強かったことが影響していた面もあるだろう．また，FTAが地域ブロックに陥り，保護主義的な傾向が強まることを懸念したということもある．しかし，1990年代末に日本政府は方針を転換し，FTA外交を積極的に推進し始めた．日本政府は自由貿易協定（FTA）という用語を使わず，経済連携協定（EPA：Economic Partnership Agreement）という用語を使用している．これは，モノの貿易のみならず，投資やサービス，人の移動など広範な分野を含むことを目指しているためと言われている．しかし，FTAに乗り遅れ，別の用語を模索した結果だとの批判も聞かれる．実際，投資やサービス，人の移動などの項目を含んだFTAは世界に多々存在しているのである．

　日本がEPAで，モノの貿易のみならず投資自由化にも力点を置いているのは，日本企業にとって，特にアジア地域では貿易と直接投資が密接不可分の状態になっているためである．前述したように，日本の製造業は今や多くのアジア諸国に現地企業や提携企業を設け，こうした企業と国際分業体制を敷き，企業間貿易を行っているのである．したがって，効率的な事業運営・生産を行うためには，モノの自由化のみならず，投資や人の移動の自由化も必要なのである．

　日本にとって最初のEPAは，2002年11月に発効したシンガポールとのEPAである．その後，2013年6月時点までに発効済みとなったEPAは12カ国・1地域（シンガポール，メキシコ，マレーシア，チリ，タイ，インドネシア，ブルネイ，ASEAN，フィリピン，スイス，ベトナム，インド，ペルー），交渉中が5カ国4地域（EU，オーストラリア，GCC〔湾岸協力会

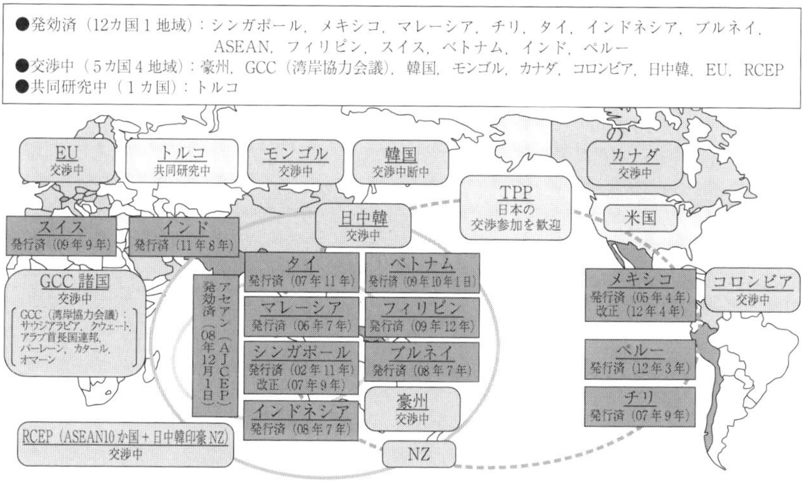
●発効済（12カ国1地域）：シンガポール，メキシコ，マレーシア，チリ，タイ，インドネシア，ブルネイ，ASEAN，フィリピン，スイス，ベトナム，インド，ペルー
●交渉中（5カ国4地域）：豪州，GCC（湾岸協力会議），韓国，モンゴル，カナダ，コロンビア，日中韓，EU，RCEP
●共同研究中（1カ国）：トルコ
EU 交渉中
トルコ 共同研究中
モンゴル 交渉中
韓国 交渉中断中
カナダ 交渉中
TPP 日本の交渉参加を歓迎
米国
日中韓 交渉中
スイス 発行済（09年9月）
インド 発行済（11年8月）
GCC諸国 交渉中
GCC（湾岸協力会議）：サウジアラビア，クウェート，アラブ首長国連邦，バーレーン，カタール，オマーン
アセアン（AJCEP）発効済（08年12月1日）
タイ 発行済（07年11月）
ベトナム 発行済（09年10月1日）
マレーシア 発行済（06年7月）
フィリピン 発行済（09年12月）
シンガポール 発行済（02年11月）改正（07年9月）
ブルネイ 発行済（08年7月）
インドネシア 発行済（08年7月）
豪州 交渉中
NZ
RCEP（ASEAN10か国＋日中韓印豪NZ）交渉中
メキシコ 発行済（05年4月）改正（12年4月）
コロンビア 交渉中
ペルー 発行済（12年3月）
チリ 発行済（07年9月）

資料：経済産業省『通商白書2013年版』

図10-1　日本のEPA取り組み状況

議〕，韓国，モンゴル，カナダ，コロンビア，日中韓，RCEP〔東アジア地域包括的経済連携協定〕）である（図10-1参照）．ただ，韓国との交渉は，前述したように4年間にわたった後に中断された．EPA交渉・実現に奔走している日本ではあるが，発効・署名済みのEPAは2013年6月時点で13件と，前述したEU（28件）やアメリカ（14件）に比べ少ない．そして，日本の貿易全体に占めるFTA・EPA締結国との貿易額の割合（FTAカバー率）は18.9%と，表10-2に見られるように，アメリカやEU，ASEAN，韓国に比べ相当に低いものとなっている．

日本のEPA政策は，これまで大きな問題を抱えてきた．それは，交渉に時間が掛かり，また合意に達しないケースもあることである．これは，FTA・EPAの場合，関税撤廃等の輸入自由化が双方に要求されるが，日本が特に農産品の輸入自由化に関しなかなか踏み切れないからである．これには，農業関係者・団体の圧力のみならず，政府部内や与野党内部でも激しい対立があり，そうした圧力や対立を政治のリーダーシップがなかなか収めら

れない，といった問題があるからである．

オーストラリアのような農業大国は勿論，途上国も多くは農産品輸出のアクセス改善を要求している．FTA・EPAには重要品目（センシティブ品目）として自由化例外措置を設けることも可能であるが，日本には重要品目が多すぎることも問題となっている（そうした観点からすると，輸出がほぼ工業製品に限られているシンガポールとの，日本初のFTAは，日本にとって合意しやすいものであったと言える）．実際，日本は，死守すべき「聖域」として，コメ（58品目），麦（109品目），牛肉・豚肉（100品目），乳製品（188品目），砂糖等甘味資源作物（131品目）の重要5項目586品目も指定している．

こうした586品目を含め，日本が過去一度も関税を撤廃したことのないものが929品目（内，農産品834品目，工業製品95品目）ある．その数は，日本が関税を課している全品目9,018品目の10%以上に上る．こうしたことから，日本がこれまで締結したEPAの自由化率（関税撤廃する品目の全体に占める割合）は80%台半ばから後半と，米豪や米韓をはじめ世界大半のFTAの自由化率が97〜100%になっているのと比べて相当低いレベルにとどまっている．

また，フィリピンはEPAに際し，「人の移動」で，看護師・介護福祉士の就労機会を要求したが，日本では当初，関係団体等の反対もあり交渉は難航した．また，合意後も，資格試験が難しく厳格だとか，受け入れ可能となった枠が小さい，就労条件が厳しい等々の批判もある．こうした日本の問題は，スピード感を持って交渉に当たる欧米諸国や中国，ASEANに比べ特に目立つ．少子高齢化で労働力人口が減少している日本にとって，EPA実現に伴う「人の移動」の自由化は，国民経済・生活を維持して行く上で一解決策になりうるが，「外国人に職を奪われる」との意識が労働者や組合の間で強く，外国人労働者の受け入れは容易ではない．こうした観点からすると，FTAではなく，わざわざEPAを用いた根拠がより一層不明確になる．

（2） 日豪 EPA

　農産品の自由化が最大のポイントとして注目されたのは，2007 年 4 月に政府間交渉が開始されたオーストラリアとの EPA 交渉である．日豪は，双方にとって重要なモノの貿易相手国である．すなわち，オーストラリアにとって日本は中国に次ぎ 2 番目に大きな貿易相手国であり，日本にとってもオーストラリアは第 4 番目の貿易相手国である．オーストラリアから日本への輸出は，石炭，LNG，鉄鉱石が約 4 分の 3 を占め，次いで牛肉，穀物，乳製品等農産品が 10％ 強となっている．一方，日本からオーストラリアへの輸出は約 8 割が機械製品で，中でも自動車が半分以上を占める．

　このように日豪貿易構造は相互補完関係が極めて強く，関税撤廃等の措置を含む EPA の実施によって，貿易が一段と拡大する可能性が高い．日本のオーストラリアからの資源・エネルギー分野の輸入は，既にほとんどが関税ゼロである．したがって，オーストラリアは，日本が高関税等で保護している農産品——とりわけ牛肉，乳製品，小麦，砂糖等——に対するアクセス改善を求めている．オーストラリアは農業大国であり，農産品の競争力は概してアメリカ以上に強い．日豪 EPA が実現すれば，オーストラリアの農産品の対日輸出は確実に増加し，日本市場でのシェアを拡大するだろう．オーストラリアは，農産品を中心に，日豪 EPA で大きなメリットを享受することができるだろう．また，日本の消費者も，農産品価格低下のメリットを享受することになるだろう．

　一方，日本は，日豪 EPA によって，オーストラリアの自動車・自動車部品の関税（5～10％）や，電気製品等工業製品の関税撤廃・引き下げのメリットが得られる．その結果，日本製品が，米豪 FTA でアメリカからの工業製品に対し負っていた関税のハンディをなくすことができる．日本政府はまた，オーストラリアを資源・エネルギーの安定供給源にできることも期待している．したがって，日本は日豪 EPA に，資源・エネルギー分野への投資の自由化や，資源・エネルギーの対日輸出規制等を禁止する内容も含めたいとしている．オーストラリアにおける資源・エネルギーの供給源確保は，特

に隣国である中国が高度成長・経済発展の維持のために資源・エネルギー外交を積極的に展開し，オーストラリアとも既に 2005 年 5 月から FTA 交渉を行っていることに鑑みても，日本にとっては喫緊の課題である．オーストラリアは政治的に安定した先進国であり，ペルシャ湾のホルムズ海峡を経由する中東とは異なって，その日本への輸送ルートも安全度が高いのである．

　以上のように，日豪 EPA は，日本にも経済的メリットが大きいと思われる．しかし，その一方で，日本の農業が——例外品目の設定や関税撤廃の段階的措置があるものの——大きな打撃を受ける可能性が高い．また，既に約 4 割となった日本の食料自給率（カロリー・ベース）はさらに低下する可能性がある．日豪 EPA が実現すれば，対日農産品輸出でハンディを負うことになるアメリカやカナダなども，日本に農産品輸入の自由化を迫ってくるだろう．FTA は時代の流れで，欧米に比べて出遅れた日本が，EPA 政策を積極的に展開する必要もあるだろう．そうした意味合いで，日本の農業は大きな課題に直面する．

　こうした問題を抱えた EPA だが，日豪政府とも環太平洋パートナーシップ（TPP）交渉に弾みをつけるために妥結を急いだ．実際，日豪両政府は 2013 年 6 月中の最終合意を目指していた（それは，日本がオーストラリアからの冷凍牛肉の関税率を現行の 38.5％ から約 30％ まで段階的に引き下げる一方，オーストラリアが 5％ の自動車関税を段階的に撤廃するといった内容が含まれていた）．しかし，6 月 27 日に政権労働党のギラード首相が退陣に追い込まれ，9 月 7 日に総選挙があり，自由党アボット党首が代表の保守党連合が勝利，政権交代が起こったことから，合意達成は 2014 年以降となった．

(3) 環太平洋パートナーシップ協定

　これまで日本で最も論議を呼んだ FTA は，環太平洋パートナーシップ（TPP：Trams-Pacific Partnership）協定だろう．TPP は元々，2006 年 5 月に発効したシンガポール，ニュージーランド，チリ，ブルネイの 4 カ国による

FTA で，通称「P4 協定」と呼ばれる．その後，アメリカが 2008 年に TPP 交渉開始の意向を表明したことから，TPP がにわかに脚光を浴びるようになった．そして，2010 年には P4 協定 4 カ国に，アメリカ，オーストラリア，ペルー，ベトナム，マレーシアが加わった．さらに，2012 年 10 月にはカナダとメキシコが参加し，TPP 交渉国は太平洋を囲む 11 カ国となった．合意されれば，世界の GDP の約 4 割を占める世界最大規模の FTA 地域となる．

日本は 2010 年 10 月，当時の民主党菅首相が所信表明演説で「TPP 交渉への参加を検討」と表明した．しかし当時，TPP 参加検討——および消費税増税——が，野党のみならず，与党民主党内部でも党分裂を来すような論議を呼び，交渉参加表明は延び延びとなった．そして，交渉参加が正式に表明されたのは，2 年半後の 2013 年 3 月 15 日，自民党安倍首相によってであった．その後，日本は，同年 7 月 15〜25 日に開催された第 18 回 TPP 交渉会合の途中の 23 日午後から，漸く正式に交渉に参加できるようになった．

日本で国論を 2 分するようになった TPP の最大の争点は，TPP が，「10 年以内の例外なき関税撤廃」といった「高水準のモノの貿易自由化」を指向していることである．例外なき関税撤廃で，日本が重要品目として自由化の例外措置としている農産品も「聖域」ではなくなる可能性がでてくる．自由化されれば，農業大国である米豪などから競争力のある農産品が流れ込み，日本の農業は「壊滅」すると考える多くの農業関係者，団体，族議員などが TPP に強硬に反対している．また，輸入の増加により，約 4 割に落ち込んでいる食料自給率がさらに低下し，食料安全保障に深刻な影響が及ぶとも主張されている．

TPP 協定は，「物品市場アクセス（関税撤廃）」に加え，「原産地規則」，「貿易円滑化」，「衛生植物検疫」，「貿易の技術的障害」，「貿易救済」，「政府調達」，「知的財産」，「競争政策」，「越境サービス」，「一時的の入国」，「金融サービス」，「電気通信」，「電子商取引」，「投資」，「環境」，「労働」，「制度的事項（TPP 協定の運用ルール）」，「紛争解決」，「協力（新興国への技術支援）」，「分野横断的事項」と合計 21 分野からなり（表 10-3 参照），各分野の作業部

表 10-3　TPP 交渉で

- TPP 協定交渉では 21 の分野が扱われている．
- そのうち，我が国がこれまでの投資協定・経済連携協定において独立の分野として扱ったことがな

(1) 物品市場アクセス (作業部会としては，農業，繊維・衣料品，工業) 物品の貿易に関して，関税の撤廃や削減の方法等を定めるとともに，内国民待遇など物品の貿易を行う上での基本的なルールを定める．	(2) 原産地規制 関税の減免の対象となる「締約国の原産品 (＝締約国で生産された産品)」として認められる基準や証明制度等について定める．	(3) 貿易円滑化 貿易規則の透明性の向上や貿易手続きの簡素化等について定める．
(6) 貿易救済 (セーフガード等) ある産品の輸入が急増し，国内産業に被害が生じたり，そのおそれがある場合，国内産業保護のために当該産品に対して，一時的にとることのできる緊急措置 (セーフガード措置) について定める．	(7) 政府調達 中央政府や地方政府等による物品・サービスの調達に関して，内国民待遇の原則や入札の手続き等のルールについて定める．	(8) 知的財産 知的財産の十分で効果的な保護，模倣品や海賊版に対する取締り等について定める．
サービス		
(11) 一時的入国 貿易・投資等のビジネスに従事する自然人の入国及び一時的な滞在の要件や手続き等に関するルールを定める．	(12) 金融サービス 金融分野の国境を越えるサービスの提供について，金融サービス分野に特有の定義やルールを定める．	(13) 電気通信 電気通信の分野について，通信インフラを有する主要なサービス提供者の義務等に関するルールを定める．	(14) 電子商取引 電子商取引のための環境・ルールを整備する上で必要な原則等について定める．
(17) 労働 貿易や投資の促進のために労働基準を緩和すべきでないこと等について定める．	(18) 制度的事項 協定の運用等について当事国間で協議等を行う「合同委員会」の設置やその権限等について定める．	(19) 紛争解決 協定の解釈の不一致等による締約国間の紛争を解決する際の手続きについて定める．

資料：内閣官房「TPP をともに考える地域シンポジウム——説明資料」2012 年 3 月．

会で自由化，規制緩和，ルール作りなどが議論されている．そうした結果，例えば，①食品安全基準の見直しで日本の「食の安全」が脅かされる，②医薬品の審査迅速化で「医薬品の安全」が脅かされる，③混合診療の解禁で日本の「皆保険制度」が脅かされる，④かんぽ生命の業務が限定される，等々日本人の日常生活に甚大な影響が及ぶと主張し，反対する人々がいる．

そうした一方で，①輸入品の価格が低下する，②日本の輸出が増加し，日

扱われる分野

いのは「環境」,「労働」,「分野横断的事項」の3分野．

(4) SPS（衛生植物検疫） 　食品の安全を確保したり，動物や植物が病気にかからないようにするための措置の実施に関するルールについて定める．	(5) TBT（貿易の技術的障害） 　安全や環境保全等の目的から製品の特質やその生産工程等について「規格」が定められることがあるところ，これが貿易の不必要な障害とならないように，ルールを定める．
(9) 競争政策 　貿易・投資の自由化で得られる利益が，カルテル等により害されるのを防ぐため，競争法・政策の強化・改善，政府間の協力等について定める．	サービス (10) 越境サービス 　国境を越えるサービスの提供（サービス貿易）に対する無差別待遇や数量規制等の貿易制限的な措置に関するルールを定めるとともに，市場アクセスを改善する．
(15) 投資 　内外投資家の無差別原則（内国民待遇，最恵国待遇），投資に関する紛争解決手続き等について定める．	(16) 環境 　貿易や投資の促進のために環境基準を緩和しないこと等を定める．
(20) 協力 　協定の合意事項を履行するための国内体制が不十分な国に，技術支援や人材育成を行うこと等について定める．	(21) 分野横断的事項 　複数の分野にまたがる規制や規則が，通商上の障害にならないよう，規定を設ける．

本の製造業の海外現地生産への傾斜に歯止めがかかり国内の生産・雇用を守ることができる，③投資の自由化や政府調達・国有企業改革等々で新たなビジネス・チャンスが開ける，④FTA・EPAに乗り遅れた分を取り戻すことができる，などといった経済的な要因のみならず，⑤日米，日豪関係などの強化に寄与し，対日関係で強硬姿勢を強める中国や韓国を牽制することができる，と外交安全保障面の要因からもTPPに賛成する人もいる．

日本の輸出増加については，乗用車（現行輸入関税：米 2.5％，カナダ 6.1％，豪 5％，マレーシア 15％，ベトナム 74％ など），トラック（米 25％，カナダ 6.1％，豪 5％，メキシコ 20％ など），液晶テレビ（米，カナダ，豪 それぞれ 5％，ベトナム 18％ など），蓄電池（米 3.5％，カナダ 7％，豪 5％，ベトナム 25％ など）をはじめ多くの製品で期待されている．そして，韓国がアメリカや EU と FTA を発効させたことから，競争上不利な立場となる日本の自動車や電気産業などが輸出機会を取り戻しうるといった意味合いでも期待が膨らんでいる．そうした自動車産業と電気産業の国内生産額は約 100 兆円に達し，その約 6 割は輸出に回る．両産業は日本の主力産業で，その下請企業が多いことから裾野産業と呼ばれ，多数の国内雇用を生み出している．そうした国内生産・国内雇用を維持・拡大するために，TPP 参加が不可欠であるとする意見も多い．

　本来的には，上述したようなメリットとデメリットを比較考慮し，日本の将来を見据えて，TPP 参加の是非に関して国民的議論が重層的に展開される必要がある．TPP を「製造業対農業の対立」の議論に持ち込む人達がいるが，それはいささか筋違いの議論で生産的とは思われない．それに，生産者のみならず，「消費者の利益」も十二分に考慮されるべきである．しかし，実態は，農業関係者など TPP 参加によって大きな打撃を受ける可能性の高い「少数派」の影響力が強い一方で，薄い利益を幅広く享受するような「多数派」である消費者や製造業従業員の声は大きくない．そして，政府・自民党の交渉姿勢も，コメ・乳製品等重要品目の「聖域」をどこまで死守するのかといった，いわば守りの姿勢が目立ち，関税引き下げのみならず国有企業改革，政府調達の自由化等々により，新たなビジネス・チャンスをいかに見出し確保するかといった，前向きの姿勢はなかなか出てこない．

　アメリカやチリ，シンガポール，ニュージーランドなどは，自由化率を 100％ にすることを主張している．自由化率は，今後交渉の結果幾分下げられる可能性もあるだろうが，それでも 100％ 近い自由化率が求められるだろう．日本の場合，関税を課しているのは全部で 9,018 品目あり，そのうちコ

メ，麦，牛肉・豚肉，乳製品，甘味資源作物のいわゆる重要5項目586品目の関税を継続すれば，自由化率は93.5％にとどまる．したがって，自由化率を高めるためには，重要品目の「聖域」にも手を付けざるを得なくなるが，その場合日本の対応が厳しく試されることになる．政府・自民党は，5項目のうちそれぞれの副次的な産品である「調整品・加工品」など223品目——これらの関税をすべて撤廃すれば自由化率は約96％となる——の関税を撤廃する可能性を探っているが，その場合でも業界・族議員などの抵抗にいかに対応していくのか，対応していけるのか，予断を許さない．ましてや，それ以上の自由化率が要求されれば，日本政府がどこまで対応できるのか全く不明である．

　TPP反対派の最大の根拠となっている「農業壊滅論」に対して，識者からは懐疑の声が上がっている．事実，日本の農業は，FTA・EPAの有無にかかわらず，これまで関税や補助金，税制措置などにより手厚く保護されてきたものの，長期にわたって「縮小傾向」にある．実際，農業産出額は1984年に11兆7千億円のピークを付けたあと減少に転じ，2011年には8兆2千億円と，ピーク時に比べ3割近くも減少している．特に，コメの産出額は，同期間に3兆9千億円から1兆8千億円と半減以下となった．消費者のコメ離れに加え，コメ価格低下の影響が大きいためである．この同じ期間に90兆円以上の農水関連予算が投じられたにもかかわらず，農業産出額は大幅に減少したのである．したがって，「補助金漬けが農業の競争力を弱めてきた」と農政を批判する声も上がっている．

　耕地面積も1984年の540万haから2012年には455万haにまで減少，耕作放棄地が40万haと全体の9％余りに達し，大きな問題となっている．同期間，農業就業者数も453万人から251万人と44.6％も減少した．251万人の内，60％が65歳以上の高齢者で，農業就業者の平均年齢は65.8歳にまで達している．実際，日本の農業では，若者・後継者・担い手不足が日増しに深刻化しているのである．こうした背景には，日本の農業が「低収益体質・過酷な労働」の産業となっており，農家の多くが低所得に陥っている，

という現実が大きく反映している．日本の農業の現状は，これまでの農政の欠陥もあり総じて「魅力のある産業」ではなく，このままだと先行きはさらに暗くなるというのが実態なのである．

　自由化となれば，最大の話題になるのがコメである．農業生産額に占めるコメの割合は約2割である．しかし，米作農家数は全体の約半分を占める．要するに，小規模な米作農家が多いのである（しかも，その内約8割が「兼業農家」である）．そして，政治家にとっては，必ず投票所にいってくれる「農民票」の数が重要なのである．したがって，政治家の多くは，競争力を高めるための農地集約・大農業化にはこれまで消極的だった．また，コメの部分開放を飲んだ1993年のGATTウルグアイ・ラウンド合意の際，米作農家などの圧力を受け，当時の政府・自民党は8年間で約6兆円にも及ぶ対策費を決定した．しかし，この対策費は半分以上が公共事業（農業農村整備事業）に使われ，なぜか温泉施設も全国で26カ所も建設された．要するに，対策費の大半は「強い農業」の育成といった本来的な目的のためには使われず，結局「強い農業」は実現しなかったのである．

　今回も，安倍首相のTPP交渉参加入り表明を受けて，政府・自民党などでは早くも，ウルグアイ・ラウンド対策費を上回る額の支援を要請する声が上がっている．TPP参加に際し，農業支援は必要だろうが，その支援は——ウルグアイ・ラウンド対策費の二の舞にならぬよう——真に「強い農業」を指向したものにすべきである．TPPを奇貨として，「強い農業」，「若者にも魅力のある産業としての農業」を創造する意志と知恵が日本には求められている．

　TPP参加国は，アメリカ，カナダ，オーストラリア，シンガポールなど豊かな国が多く，その参加国のGDPの合計は世界の約4割を占める．また，人権・民主主義・市場経済といった価値観を共有している．こうした国々が中心となって，貿易・投資のみならず，知的財産権や競争政策，電子商取引，政府調達等々でルール作りを行えば，それが世界のデファクト・スタンダードになる可能性が高い．TPP交渉に参加し，そうしたルール作りに積極的

に関与することができれば，領土問題などを契機に対日姿勢を強硬化させている中国や韓国を牽制することも可能になりうるだろう．

そうしたTPPを最も積極的に進めているのが，アメリカのオバマ政権である．オバマ政権は2014年11月の中間選挙を控え外交上の成果を得たいこともあり，2013年内の妥結を目指していた．しかし，2013年12月に開かれた閣僚会議（シンガポール）では，①関税撤廃，②知的財産，③国有企業改革，④環境の4つの分野で妥協点が見いだせず，妥結は2014年以降となった．関税の分野に関しては，日米2国間協議で，日本が農産物の関税撤廃を拒否する一方，アメリカは自動車の関税撤廃を受け入れず，行き詰っている．また，知的財産，国有企業改革，環境の分野では，アメリカと新興国の間で激しく対立している．今後，①日米間で関税撤廃に関し妥結し，日米両国がTPP全体を引っ張っていけるのか，あるいは溝が埋まらずTPP妥結に向けて足を引っ張るのか，②アメリカと新興国との間で対立が解けるのか，はたまた前述したFTAAのように行き詰ってしまうのか，が先行きを見通す上で重要なポイントになる．

(4) 日中韓FTAとRCEP

日中韓3カ国は2013年3月26日，日中韓FTA交渉を開始した．日中韓FTAは元々，2003年に民間共同研究が開始され，2012年5月の日中韓首脳会議で年内の交渉開始が合意された．しかし，その後，尖閣列島や竹島問題などのために，日中，日韓関係は急速に悪化し，中韓両国は日本とのFTA交渉への意欲を後退させた．そこには，日本の政局混乱でスピーディな交渉進展が望めないといった要因もあった．そして，中韓両国は2国間で交渉を先行させ，「日本外し」のような状態になった．

そうした中国，韓国が日中韓FTA交渉開始に前向きになったのは，安倍首相が2013年3月15日にTPP参加表明をしたことが大きく影響している（また，3月25日に，日EU間のEPA交渉開始の宣言がなされたことも影響している）．中国が日中韓FTAに前向きになったのは，TPPがアメリカ

主導で進み，日本の参加でアジア地域にアメリカの存在感が増すことを嫌ったためである．中国は未だに国有企業の存在が大きな経済で，国有企業改革を含む市場経済化を指向した「高水準のFTA」を目指すTPPとは利害が一致しない．中国は，そのTPPを，太平洋回帰を進めるアメリカ主導の「中国包囲網」と見る．中国は，アジア地域の貿易秩序構築に，主導権を発揮しようとしているのである．

日本にとって中国は最大の貿易相手国であり，韓国は第4番目である．しかも，両国とも日本の工業製品に対し幅広く関税を課し，関税率が高いものも多い．例えば，中国は乗用車に25%，工作機械に9.7%，液晶デバイスに5〜12%，韓国も板ガラスに8%，ギヤボックスに8%，化学品に5〜6.5%，など比較的高い関税を設けている．このため，日中韓FTAは日本にとってもメリットが大きい．しかも，TPPとは異なり，必ずしも「高水準のFTA」ではなく，例外品目もより多く認められる可能性が高い．したがって，日本としてもTPPよりは取り組みやすいFTAと言える．日中韓のGDPは世界全体の約2割，アジアの約7割を占め，その存在意義は大きい．ただ，日中韓FTA交渉は，特に日中韓の政治問題が障害となる可能性が高い．さらに，中国が，日韓が要求する工業分野での自由化にどれほど応じるのかも不明である．また，韓国は，先端部品や素材の多くを日本からの輸入に依存し，慢性的な対日貿易収支赤字を抱え，産業界は日本とのFTAに余り乗り気ではない．

日中韓，ASEAN 10カ国，それにインド，オーストラリア，ニュージーランドを加えた16カ国によるFTAである東アジア地域包括的経済連携協定（RCEP：Regional Comprehensive Economic Partnership）も2012年11月20日，交渉開始が宣言された．RCEPは，物品・サービス・投資に加え，知的財産や競争政策，経済協力，紛争解決を対象とし，2015年末までの妥結を目指している．中国は元々，アジアのFTAにオーストラリアやインドが参加することに難色を示していた．しかし，TPPの進展に加え，最大の輸出先であるEUが「ユーロ危機」で景気が減速，そのあおりを受けて

中国の対 EU 輸出が減少していることなどから，RECP にも前向きになった．日本としては，当該地域・国が重要な貿易相手国ということのみならず，日本企業が当該地域・国との間で生産ネットワークを構築し企業内国際分業を積極的に展開しているという観点からしても，RCEP は意義深い FTA である．しかし，先進国，途上国が入り混じった RCEP は，交渉は容易ではなく，自由化度を高めるのも難しい．また，日中韓のみならず，中・印，中・ベトナム，中・フィリピン間などでも外交政治問題を抱え，RCEP 合意には，高いハードルが横たわる．

(5) 日 EU・EPA

日本と EU は 2013 年 3 月，電話での首脳会談で EPA 交渉を開始することに合意した．EU は，日本にとって，中国，アメリカに次ぐ世界第 3 位の貿易相手であり，投資関係も重層的である．そうした観点からして，日 EU・EPA は大きな意味を有している．さらには，韓国 EU・FTA が 2011 年 5 月に暫定発効したことから，電気・電子製品や自動車などで競合関係の強い韓国に対し日本企業が競争上不利になることから，特に日本の製造業にとっては，日 EU・EPA の早期実現が望まれる．

4．FTA の効果と WTO との関係

(1) FTA の効果

FTA には，好ましい効果と，好ましくない効果がある．好ましい効果として挙げられるのが，貿易創造効果，市場拡大効果，競争促進効果，直接投資効果である．域内の貿易障壁撤廃により，域内貿易が拡大するのが貿易創造効果であり，市場が拡大し規模の経済による費用逓減が可能となるのが市場拡大効果である．また，競争促進効果は，域内市場開放により国内市場への競争圧力が強まり，生産性が高まる効果である．市場拡大によって，直接投資が活発化するのが直接投資効果である．さらに，日本政府は FTA が国

内の構造問題を改善する効果もあるとしているが，これはかつて日本国内の構造改革のために，貿易摩擦に伴う「外圧」を利用したことと同じような発想とも言える．以上のような好ましい効果の反面，FTA 域内の貿易障壁撤廃に伴い，同域外の効率的（低コスト）な生産国からの輸入が，同域内からのより高コストな輸入に転換される好ましくない効果が貿易転換効果である．

(2) FTA と WTO との関係

FTA はその性格上，GATT・WTO の無差別原則に反する．この点，GATT は，協定第 24 条「関税同盟・自由貿易協定」で，こうした同盟・協定が，①域外に対する貿易障壁を地域協定設立以前より高くしないこと，②域内の貿易障壁は実質上すべて撤廃すること，③中間協定を締結する時は合理的期間内に完成すること，を条件に承認している．これは，GATT 成立以前に存在していたベネルクス関税同盟を追認した，いわば無差別原則の例外と言える．ちなみに，前述の①の条件は，好ましくない貿易転換効果を回避しようとするものである．

WTO は GATT の例外規定に加え，サービス貿易についても GATS 第 5 条で地域協定を新設した．さらに，1996 年 2 月 6 日の一般理事会で「地域貿易協定に関する委員会」を新設し，地域統合の WTO ルールへの適合性の審査を実施することにした．そして，FTA を，WTO を補完するものとして容認した．

こうした GATT や WTO の判断は，現状追認的な色彩が強い．本来的には，FTA は前述したような効果を考慮して，そのあり方の是非が問われるべきである．しかし，効果予想が困難なことや時間が掛かることもあり，実態が遥かに先行しているのが現実である．しかも，政治的意図が大きく作用している FTA もある．

実態先行に加え，「FTA から取り残されるがためのデメリット」は種々顕在化している．例えば，メキシコが NAFTA のみならず EU とも FTA を結び，日本が取り残されたために，メキシコの輸入に占める日本の割合は

減少した．これは，米欧からの輸入品には関税がかからないが，日本からの輸入品には従来からの関税が賦課され，日本製品が価格競争上不利になったことが大きな要因となっている．また，アメリカとEUといった2大市場に無税で輸出できるため，日本の自動車メーカーなどがメキシコへの現地生産に乗り出し，国内の工場が規模縮小・閉鎖されたといった問題も生じた．さらに，メキシコは政府調達市場をFTA相手国のみに開放し，石油・電気事業案件等の入札もFTA締結を条件にしたという問題もあった．こうしたマイナス面の影響が，日本政府をしてメキシコとのFTA交渉を急がせたのである．要するに，日本・メキシコ間の場合，日本がFTAから取り残されるデメリットが大きかったのである．さらに，日本の工業製品――特に自動車，電気・電子機器――は韓国と競合することが多いが，その韓国がアメリカ，EUとFTAを締結したことから日本のメーカーは不利な競争条件におかれ，また円高・ウォン安もあって，テレビなどではシェアが大幅に侵食された．

FTA評価に対しては，意見が2分している．FTAは開かれた多角的な自由貿易システムを前進させる「踏み石」となるのか，あるいは頓挫させる「つまずく石」となるのか，評価には時間がかかるだろう．現実が先行しているとはいえ，FTAは「開かれた地域主義」であるべきである．「閉ざされた地域主義」的なFTAが続出すれば，世界貿易の自由化に対する障害となる．また，戦前のようなブロック経済圏の確執とまでは言わないが，FTA間で摩擦や紛争が生じる可能性も否定できない．ただ，FTAに取り残された国にとってはデメリットが大きいのも現実で，各国はFTA実現を競い合っており，FTAは実態が遥かに先行しているのである．

注

1) 米EU間FTAの第1回交渉会合が2013年7月に開催され，迅速に協議を進め，2014年中の妥結も視野に入れることが合意された．ただ，関税撤廃や農業問題，規制の統一などで交渉は難航が予想されており，その先行きは予断を許さない．
2) ブッシュ政権は，34カ国にも上るFTAAをベースに，当時難航していたWTOドーハ・ラウンド交渉を牽制し，合意達成を迫ろうとしていたが，その意

図は実現することなく潰えた．

3) 当時，対米批判の急先鋒は，2013 年 3 月に亡くなったベネズエラのチャベス前大統領である．チャベスは，2002 年 4 月に同大統領を追い落とすようなクーデター未遂が起こったことに関し，この事件の背後に米政府や米系石油企業の支援があったとして，アメリカを痛烈に批判した．この結果，両国関係が急速に悪化していった．アメリカは当時石油輸入の 10％ 以上をベネズエラに依存しており，長年軍部の交流も行ってきた．しかし，チャベスは 2004 年 7 月にブッシュを「悪の帝王」と批判，2005 年には米国との軍事交流の中止を通告する一方，米政府が積極的に推進しようとしていた FTAA を，アメリカの経済支配を強化するものとして強硬に反対した．チャベス死後行われた総選挙で大統領の座に就いたのは，チャベス政権で副大統領であったマドーロである．

そうしたチャベスに同調したのが，ボリビアのモラレス大統領である（2005 年 12 月 18 日の総選挙で当選，2009 年にも再選され現職）．モラレスは，社会主義運動党（MAS）党首，左派先住民指導者であり，資源ナショナリズム等を通じて，チャベスと反米路線で協調しだした．チャベスもモラレスも，自国で多数となっている貧困層の救済を訴え，政治的支持を集めていた．彼らは，アメリカが主導する市場経済主義には抵抗を示し，FTAA に反対した．そして，資源の国有化政策を遂行した．

また，ブラジルも 2003 年 1 月には左派労働党のルラ政権が誕生，同政権は 2 期 8 年間続いた．ルラ大統領はチャベスやモラレスに比べて現実主義的穏健派であったが，貧困対策など社会政策を重視し，多数の国民の支持を得ていた．ルラ政権はメルコスールを重視し，FTAA がアメリカ主導で進むことに警戒心を持っていた．2011 年ルラ政権を継いだのは，同政権で官房長官を務めていたルセフだが，ルセフ政権はルラ政権以上にアメリカとの距離を置こうとしている．

参考文献

I 部関連と全般的な参考文献

明石康〔2006〕『国際連合――軌跡と展望』岩波新書
秋元英一・菅英輝〔2003〕『アメリカ 20 世紀史』東京大学出版会
五十嵐武士〔2006〕『アメリカ外交と 21 世紀の世界――冷戦史の背景と地域的多様性をふまえて』昭和堂
石田勇治〔2005〕『20 世紀ドイツ史』白水社
岩本武和・奥和義・小倉明浩・金早雪・星野郁〔2001〕『グローバル・エコノミー』有斐閣アルマ
エルウッド，ウェイン〔2003〕渡辺雅男・姉葉暁訳『グローバリゼーションとはなにか』こぶし書房（Ellwood, Wayne〔2001〕 *The No-Nonsense Guide to Globalization*, New International Publications Ltd., U.K.）
ガディス，J.L.〔2007〕河合秀和・鈴木健人訳『冷戦――その歴史と問題点』彩流社（Gaddis, John Lewis〔2005〕 *The Cold War: A New History*）
カプチャン，チャールズ〔2003〕坪内淳訳『アメリカ時代の終わり（上・下）』日本放送出版協会（Kupchan, Charles〔2002〕 *The End of the American Era*, Alfred A. Knoff）
河音琢郎・藤木剛康〔2008〕『G.W. ブッシュ政権の経済政策』ミネルヴァ書房
河村哲二〔2003〕『現代アメリカ経済』有斐閣アルマ
ギルピン，ロバート〔2001〕古城佳子訳『グローバル資本主義――危機か繁栄か』東洋経済新報社（Gilpin, Robert〔1987〕 *The Challenge of Global Capitalism— The World Economy in the 21st Century*, Princeton University Press, Princeton, U.S.A.）
小浜裕久・深作喜一郎・藤田夏樹〔2001〕『アジアに学ぶ国際経済学』有斐閣アルマ
坂本正弘〔2001〕『パックス・アメリカーナと日本――国際システムの視点からの検証』中央大学出版部
佐々木雄太・木畑洋一（編）〔2005〕『イギリス外交史』有斐閣アルマ
澤田康幸〔2003〕『国際経済』新世社
清水耕介〔2003〕『テキスト国際政治経済学――多様な視点から「世界」を読む』ミネルヴァ書房
下斗米伸夫〔2011〕『日本冷戦史』岩波書店
鈴木克彦〔2007〕『国際経済学の基礎』関西学院大学出版会

高橋克秀〔2001〕『グローバル・エコノミー』東洋経済新報社
ドブズ，マイケル〔2013〕『ヤルタからヒロシマへ──終戦と冷戦の覇権争い』白水社（Dobbs, Michael〔2012〕*Six Months in 1945 FDR, STALIN, CHURCHILL, AND TRUMAN—FROM WORLD WAR TO COLD WAR*, Alfred A. Knopf.）
野林健・大芝亮・納家政嗣・山田敦・長尾悟〔2003〕『国際政治経済学・入門』有斐閣アルマ
萩原伸次郎・中本悟（編）〔2005〕『現代アメリカ経済──アメリカン・グローバリゼーションの構造』日本評論社
福田茂夫・佐藤信一・堀一郎（編著）〔2003〕『世界転換期の国際政治史』ミネルヴァ書房
藤井良広〔2007〕『EUの知識（第14版）』（日経文庫）日本経済新聞社
藤原帰一・李鍾元・古城佳子・石田淳一（編）〔2004〕『国際政治講座③──経済のグローバル化と国際政治』東京大学出版会
花井等・岡部達味（編著）〔2005〕『現代国際関係論』東洋経済新報社
松田武（編著）〔2005〕『現代アメリカの外交──歴史的展開と地域の諸関係』ミネルヴァ書房
松村文武・関下稔・藤原貞雄・田中素香（編）〔2003〕『現代世界経済をとらえるVer. 4』東洋経済新報社
宮崎勇・丸茂明則・大来洋一（編）〔2012〕『世界経済読本（第8版）』東洋経済新報社
村岡健次・木畑洋一（編）〔2004〕『イギリス史3──近現代』山川出版社
吉川直人・野口和彦（編）〔2006〕『国際関係理論』勁草書房
渡邊啓貴（編）〔2002〕『ヨーロッパ国際関係史──繁栄と凋落，そして再生』有斐閣アルマ
Calleo, David P. and Benjamin M. Rowland〔1974〕*America and the World Political Economy—Atlantic Dreams and National Realities*, Indiana University Press, Bloomington, U.S.A.
Gilpin, Robert〔1987〕*The Political Economy of International Relations*, Princeton University Press, Princeton, U.S.A.
Spanier, John〔1998〕*American Foreign Policy Since World War II*, Congressional Quarterly Press, U.S.A.
Thirlwall, A.P.（ed.）〔1976〕*Keynes and International Monetary Relations*, The Macmillan Press Ltd., London, U.K.

II 部関連

アイケングリーン，バリー〔2003〕勝悦子・林秀毅訳『国際金融アーキテクチャー──ポスト通貨危機の金融システム改革』東洋経済新報社（Eichengreen, Barry〔1999〕*Towards a New International Financial Architecture: A Practical Post-*

Asia Agenda, Institute of International Economics, Washington, D.C., U.S.A)
―――〔2012〕小浜裕久監訳『とてつもない特権――君臨する基軸通貨ドルの不安』勁草書房（Eichengreen, Barry〔2011〕*Exorbitant Privilege: The Rise and Fall of the Dollar and the Future of International Monetary System*, Oxford University Press, U.K.）

有吉章（編）〔2003〕『図説国際金融』財経詳報社

尾上修悟〔2003〕『国際金融論――グローバル金融危機の構造』ミネルヴァ書房

嘉治佐保子〔2004〕『国際通貨体制の経済学』日本経済新聞社

クルーグマン, P.R., オブズフェルド, M.〔2011〕山本章子訳『クルーグマンの国際経済学――理論と政策（下）金融編』朝日新聞出版社（Krugman, Paul R., Obstfeld, Maurice〔2011〕*International Economics: Theory & Policy, Eighth Edition*）

ケイブス，リチャード・E.，ジェフリー・A. フランケル，ロナルド・W. ジョーンズ〔2003〕伊藤隆敏監訳・田中勇人訳『国際経済学入門②――国際マクロ経済学編』日本経済新聞社（Caves, Richard E., Jeffery A. Frankel and Ronald W. Jones〔2002〕*World Trade and Payments: An Introduction*, Ninth Edition）

紺井博則・上川孝夫（編）〔2003〕『グローバリゼーションと国際通貨』日本経済評論社

地主敏樹・村山裕三・加藤一誠（編著）〔2012〕『現代アメリカ経済論』ミネルヴァ書房

白井早由里〔2002〕『メガバンク危機とIMF経済政策――ホットマネーにあぶり出された国際機関の欠陥と限界』角川書店

スキデルスキー，ロバート〔2010〕山岡洋一訳『なにがケインズを復活させたのか？――ポスト市場原理主義の経済学』日本経済新聞社（Skidelsky, Robert〔2009〕*Keynes: The Return of the Master*）

高木信二（編）〔2003〕『通貨危機と資本逃避――アジア通貨危機の再検討』東洋経済新報社

日本経済新聞社（編）〔2009〕『大収縮――検証・グローバル危機』日本経済新聞出版社

根本忠宜〔2003〕『基軸通貨の政治経済学』学文社

秦忠夫・本田敬吉〔2002〕『国際金融のしくみ』有斐閣アルマ

藤原秀夫・小川英治・地主敏樹〔2001〕『国際金融』有斐閣アルマ

室山義正〔2002〕『米国の再生――そのグランドストラテジー』有斐閣

毛利良一〔2001〕『グローバリゼーションとIMF・世界銀行』大月書店

モリス，チャールズ・R.〔2008〕山岡洋一訳『なぜ，アメリカ経済は崩壊に向かうのか――信用バブルという怪物』日本経済新聞社（Morris, Charles R.〔2008〕*The Trillion Dollar Meltdown*, Public Affairs, U.S.A）

吉冨勝〔2003〕『アジア経済の真実――奇蹟，危機，制度の進化』東洋経済新報社

吉野昌甫・藤田正寛（編）〔1979〕『国際金融論――金融経済論的アプローチ』有斐閣

リカーズ，ジェームズ〔2012〕藤井清美訳『通貨戦争──崩壊への最悪シナリオが動き出した』朝日新聞出版社（Rickards, James〔2012〕*Currency Wars: The Making of the Next Global Crisi*.）

ルービニ，ヌリエル，スティーブン・ミーム〔2010〕山岡洋一・北川知子訳『大いなる不安定──金融危機は偶然ではない，必然である』ダイヤモンド社（Roubini, Nouriel and Stephen Mihm〔2010〕*Crisis Economics* The Penguin Press, U.S.A.）

Gilpin, Robert〔2000〕*The Challenges of Global Capitalism: The World Economy in the 21st Century*, Princeton University Press.

Meier, Gerald M.〔1973〕*Problems of A World Monetary Order*, Oxford University Press, Oxford, U.K.

Stiglitz, Joseph E.〔2003〕*Globalization and Its Discontents*, W.W. Norton &Company, New York

Williamson, John〔1977〕*The Failure of World Monetary Reform*, 1971-74, Thomas Nelson and Sons Ltd., Nairobi, Kenya

Zakaria, Fareed〔2008〕*The Post-American World*, W.W. Norton & Co. Inc.

III 部関連

馬田啓一・浦田秀次郎・木村福成（編著）〔2005〕『日本の新通商戦略──WTO と FTA への対応』文眞堂

江戸雄介〔1990〕『日米構造協議の読み方』日本実業出版社

ケイブス，リチャード・E.，ジェフリー・A. フランケル，ロナルド・W. ジョーンズ〔2003〕伊藤隆敏監訳・田中勇人訳『国際経済学入門①──国際貿易編』日本経済新聞社（Caves Richard E., Jeffery A. Frankel and Ronald W. Jones〔2002〕*World Trade and Payments: An Introduction*, Ninth Edition）

小室程夫〔2003〕『ゼミナール国際経済法入門』日本経済新聞社

西田勝喜〔2002〕『GATT／WTO 体制研究序説──アメリカ資本主義の論理と対外展開』文眞堂

プレストウィッツ Jr.，クライド・V.〔1988〕国弘正雄訳『日米逆転──成功と衰退の軌跡』ダイヤモンド社（Prestowitz Jr., Clyde V.〔1988〕*Trading Places*, Basic Book Inc. New York, U.S.A.）

ブレマー，イアン〔2012〕北沢格訳『「G ゼロ」後の世界──主導国なき時代の勝者はだれか』日本経済新聞社（Bremmer, Ian〔2012〕*Every Nation for Itself*）

マンキュー，N. グレゴリー〔2005〕足立英之他訳『マンキュー経済学（第 2 版）マクロ編』東洋経済新報社（Mankiw, N. Gregory〔2004〕*Principles of Economics, Third Edition*, South-Western）

宮里政玄・国際大学日米関係研究所編〔1990〕『日米構造摩擦の研究』日本経済新聞社

あとがき

　筆者は北海学園大学経済学部で「国際事情」の講義を担当しており，本書で扱う通貨と貿易の大半は 1 学期でカバーしている．この講義を担当して早 11 年が経過した．この間 7,000 人以上の学生が履修してくれた．このうちどれ程の学生が，筆者の講義に「及第点」を付けてくれたのかは分からない．ただ，筆者は，学生から「世界の出来事に興味を持つようになった」，「通貨や貿易関係のニュースに関心を寄せるようになった」，「実家は農家だけど，自由貿易協定のことを真剣に考えるようになった」等々の話を聞くたびに，それなりの満足を覚えている．

　筆者は，講義中に学生に質問を投げかけ意見を求めている．それは，筆者がかつてイギリスに留学していた際に「対話型」の講義に接し，深い感銘を受けたことが大きく影響している．また，友人が留学していたアメリカの大学の講義にもぐり込んだが，同じように対話型の講義を行っていた．筆者の講義は多人数だが，意見を述べてくれる学生はそう多くはない．まさか，昔よく言われた「沈黙は金」が今の世にもまかり通っているとは思わないが，小学校から高校まで討論主体の授業がほとんどなかったことが影響しているのかも知れない．筆者は，学生には自分の頭で考え，その考えを自分自身の言葉で，積極的に伝えられるような人間になって欲しいと心底思っている．

　学生には，通貨・貿易に限らず，世界の出来事に目を見開いてもらいたいとも思っている．世界中で何が起こっており，何故そのようなことが生じているのか，世界や日本にどのような影響があり得るのか等々に関して思いを巡らして欲しいと思っている．そして，外国人とも積極的にコミュニケーションを取れるようになってもらいたいが，その手段のひとつが語学である．英語教育の必要性・重要性は日々の話題に上っている．その反面，日本人の

海外留学生数が減少している現実を見せつけられると寂しいものがある．
　学生達に，「積極的になれ」，「目を見開け」，「英語を勉強しろ」と言うのは簡単だが，ふと我々教える立場にある教員はどうなのか，と思うことがある．かつてよく言われた「子は親の背中を見て育つ」と言うのは少し大げさだと思うが，「率先垂範」という格言は的を射ていると思う．本書を上梓するに際し，そうした「率先垂範」の考えを今一度思い起こし，日々の教育に努めていきたいと思う．

索引

［欧文］

AIG　112-5, 139
ASEAN（東南アジア諸国連合）　202-3, 206, 208-10, 220
　——自由貿易地域（AFTA）　206
BIS　96
CDS　⇨クレジット・デフォルト・スワップ
COMECON　26, 28
EC　29-30, 84, 117, 119, 168, 182, 202
ECB　⇨欧州中央銀行
ECSC　⇨欧州石炭鉄鋼共同体
EEC　⇨欧州経済共同体
EFSF　⇨欧州金融安定ファシリティー
EFSM　⇨欧州金融安定メカニズム
EMS　⇨欧州通貨制度
EMU　⇨経済通貨同盟
EPA　⇨経済連携協定
ERM　⇨為替相場メカニズム
ESM　⇨欧州安定メカニズム
EU　20, 28, 30, 41, 95, 121-6, 130, 137, 140, 145, 152, 162, 164, 196, 202-3, 205, 208, 216, 220-3
FRB　113-4, 130-2, 140
FTA　151, 153, 167, 179, 198-208, 210, 214-5, 216, 220-3
　——カバー率　203, 205-7, 209
FTAA　204-5, 219, 223-4
G20：Group of 20　130-2, 140
GATS　⇨サービスの貿易に関する一般協定
GATT　10-11, 21, 35-6, 43, 143-6, 148, 151-4, 162, 168, 172, 178-80, 182-3, 185-9, 192-4, 199, 203, 208, 222
　——ウルグアイ・ラウンド　148, 163, 165, 183, 200, 218
　——ケネディ・ラウンド　168

——11条国　36
——11条国への移行　22
——体制　30, 56, 168, 179
——ラウンド　10, 153, 198
IBRD　⇨世界銀行
IMF　8-9, 57, 59, 79-80, 87-96, 111, 123-4, 185
　——協定　52, 58, 78
　——体制　21, 47-8, 56-7, 59-60, 64-5, 83, 86, 97, 168, 182
　——8条国　59, 146
　——8条国への移行　21, 30, 36
IMF・GATT体制　3, 11, 15, 18-9, 21, 22, 30, 34, 150, 167, 168
ITO　10-1, 187
JPモルガン・チェース　108, 113, 139-40
MFN　⇨最恵国待遇
NAFTA　⇨北米自由貿易協定
NATO　26, 28, 37, 41, 121
NTB　149, 151, 162-8, 180, 182
OAPEC　99, 101, 138
OECD　25, 36
OPEC　99, 102, 138
PIIGS　124-6, 128
QE　⇨量的金融緩和
RCEP　209, 220-1
RMBS　⇨住宅ローン担保証券
TPP　205, 212-3, 216-20
WTO　11, 145, 148, 151-2, 163, 165, 167, 172, 179-80, 182-3, 185-94, 197-201, 222
　——体制　182, 195
　——ドーハ・ラウンド　130, 152, 186, 191, 193, 201, 223
1934年互恵通商協定法　18

[あ]

アジア危機　76, 78, 81, 83, 86, 93
アジア通貨危機　88, 91-2, 95
アジア通貨基金（AMF）　96
安倍首相（政権）　132, 213, 218-9
アベノミクス　132
アラブ石油輸出国機構　⇨OAPEC
安全基準　166
安全保障理事会　5, 42
アンチ・ダンピング（AD）　151-2, 186, 193
安定成長協定（SGP）　122
安保理　⇨安全保障理事会

[い]

一方主義　172, 178-9
移転収支　62-3
イラク戦争　138-9, 196, 205
インターバンク市場　72

[う]

ウィルソン大統領　3, 6, 18-9
ウルグアイ・ラウンド　149, 151
　　──対策費　218

[え]

円高不況　67, 74, 77, 80

[お]

欧州安定メカニズム（ESM）　125, 129
欧州共同体　⇨EC
欧州金融安定ファシリティー（EFSF）　123-6, 140
欧州金融安定メカニズム（EFSM）　123-4
欧州経済共同体（EEC）　29-30, 149, 202
欧州経済協力機構（OEEC）　25-6
欧州原子力共同体（EAEC, 通称 EURATOM）　29, 202
欧州石炭鉄鋼共同体（ECSC）　20, 29, 41, 202
欧州中央銀行（ECB）　113, 120, 124, 126, 129, 134, 137
欧州通貨制度（EMS）　119-20

欧州連合　⇨EU
オバマ大統領（政権）　131, 170, 196, 219
オプション　50, 78, 103-6

[か]

外貨準備　50, 87, 110, 136
　　──高　49, 75, 80, 82, 137
外国為替市場　72, 74
貨幣供給量　55, 60
カレンシー・ボード制　87
為替安定　56, 59
為替介入　62, 74-5, 80, 85-88, 119
為替規制　56, 59, 191
為替切り下げ競争　56
為替自由化　56, 59
為替制限　21, 56, 59
為替相場　6, 34, 47, 52, 54, 57, 59, 64, 67-72, 75-6, 81, 83, 103-4, 111, 119
　　──安定機能　52-3
　　──メカニズム（ERM）　84-5, 119
為替リスク　78, 103-4
為替レート　6-7, 34, 47, 80, 82, 122
菅首相　213
関税化　148, 163, 165, 186
関税障壁（TB）　162
関税撤廃　204, 209, 211-3, 219, 223
関税同盟　30, 164, 200, 202
関税引き上げ　148
　　──競争　13, 18
関税引き下げ　10, 12, 18, 143-4, 146, 148-9, 153-4, 164, 168, 174, 182, 195-7, 216
関税法301条　172-3
完全変動相場制　88
環太平洋パートナーシップ　⇨TPP
管理相場制　13, 133
管理通貨制度　43
管理変動相場制　88
管理貿易　174, 178

[き]

機会費用　180
企業間貿易　208
企業内国際分業　221

索引

──体制　157, 192
企業内貿易　157-8, 192
基軸通貨　47-8, 56, 60, 65-6, 72, 96-8, 110, 117, 120, 130, 135-6, 138
基軸通貨国　55
　──の特権　59-60
規制緩和　109, 181, 190, 214
基礎的諸条件　83
基礎的不均衡　58
北大西洋条約機構　⇨NATO
規模の経済　157, 201
拒否権　5, 9, 42, 144
金　13, 16, 47, 51-7, 59, 61, 64-6, 71
　──準備　54-5, 61
　──の二重価格制　63
緊急輸入制限　⇨セーフガード
銀行同盟　126-7
金ドル本位制　47, 57, 59-60, 64, 120
　──の矛盾　59
金プール　63
　──協定　61-2
金平価　53
金本位制　13, 48, 51-3, 55-7, 65, 120
金融イノベーション　97-8, 103, 108, 111, 113
金融サービス近代化法　107
金融自由化　97-8, 103, 105, 107-8, 111, 139
金融デリバティブ（金融派生商品）　50, 103, 106
金利スワップ取引　50
近隣窮乏化政策　14, 18, 133, 162

［く］

グラス＝スティーガル法　107
グラム＝リーチ＝ブライリー法　107
グリーンスパン，アラン　114
クリントン大統領　144-5, 176-8, 204
クレジット・デフォルト・スワップ（CDS）　106, 112, 114-5, 140

［け］

経済協力開発機構　⇨OECD
経済通貨同盟（EMU）　119-20
経済（の）ファンダメンタルズ　71, 81, 83, 91

経済連携協定（EPA）　207-12, 215, 217, 219, 221
経常移転収支　49-50
経常収支　49-50, 56, 70-1, 75, 81, 83, 91, 102, 135-6, 177, 205
ケインズ，ジョン・メイナード　6-7, 18
結果主義　173, 178
ケネディ大統領　61, 149
　──・ラウンド　149-150
検疫制度　165

［こ］

高関税　12, 146, 162, 211
　──率　163, 196
構造協議　181
ゴールド・ラッシュ　61-3, 149
ゴールドマン・サックス　114, 139
顧客間市場　72
国際協調主義　18-9
国際収支　6, 7, 34, 47-8, 52, 55, 58-62, 64, 70-1, 76, 102, 122, 146, 150-1, 167, 191
　──不均衡の自動調整機能　52, 54, 81
国際通貨　47, 65
国際通貨基金　⇨IMF
国際復興開発銀行（IBRD）　⇨世界銀行
国際貿易機構　⇨ITO
国際流動性　59
　──欠如　55, 57
国際連合　⇨国連
国際連盟（連盟）　3, 5, 11, 17, 19
国内基準　166
国内支持　188, 196
国連　3, 5, 19, 100-1, 181
　──安保理　42, 101
　──軍　32, 42
固定相場制（度）　14, 47, 57-60, 64-5, 78, 80, 83-4, 86-7, 97, 119, 132-4, 76, 79
コミンフォルム　25
孤立主義　19
ゴルバチョフ，ミハイル　43

［さ］

サービス収支　49

サービスの貿易に関する一般協定（GATS）　188-9, 222
サービス貿易　151, 182, 185, 187-9, 200, 222
最恵国待遇（MFN）　35-6, 143-5, 148, 185, 189, 191
　無条件——　18, 143-4
裁定取引　53-4
債務担保証券（CDO）　106, 112, 114
先物　50, 106
　——取引　104
サブプライム・ローン　111-2, 115, 139
　——問題　113, 135
産業空洞化　77
産業内貿易論　157
サンフランシスコ講和条約　32-3, 42
直物　103
　——取引　104

[し]

資産担保証券（ABS）　105
市場アクセス　188, 195, 197
市場指向・分野選択型協議（MOSS）　174
市場の失敗　160-1
シティ（ロンドン）　51, 56, 65
シティ（金融機関）　108, 114-5
資本収支　49-50, 62
周恩来　63
自由化　21-2, 90, 148, 174, 177, 186, 189, 207-8, 211-4, 216, 218, 220, 223
　——率　216-7
修正主義者　178
住宅ローン担保証券（RMBS）　105, 139
集団安全保障体制　3, 5-6
自由貿易　4, 11-2, 14, 16-8, 21, 30, 39, 51, 56, 145, 154, 159, 161, 168, 172, 179-80, 182, 185-6, 223
　——協定　⇨FTA
重要品目（センシティブ品目）　196, 210, 213, 217
準備通貨　47, 76
証券化商品　105-6, 108, 111-2, 114-5, 135
常任理事国　5-6
消費者の利益　178, 216

所得収支　49-50
ジョンソン大統領　37, 62
新宮沢構想　96

[す]

スーパー301条　173, 192
数量制限　145-6, 168-9, 180, 186, 199
裾野産業　161, 216
スターリン，ヨシフ　5, 23-4, 39-40, 43
スミソニアン合意　64, 80, 119
スムート＝ホーレイ法　12, 18
スワップ　78, 103, 105-6
　——取極　62

[せ]

政府調達　151, 165, 186, 201, 204, 213-4, 216, 218, 223
勢力均衡　6, 18
セーフガード　36, 145-8, 152, 169, 186, 193, 195
　——暫定措置　147-8
世界恐慌　12-3, 21
世界銀行　8-10, 22-3, 25, 89-90, 93-4, 96, 185
世界戦争　14
世界大戦　3, 5, 16, 19, 21, 29
　第1次——　3, 5-6, 12-4, 16, 18-9, 33, 41, 47, 53, 56, 68, 100
　第2次——　3-6, 14-5, 17, 19-21, 27, 30, 40-1, 47-8, 56, 66, 98, 100, 145, 157, 160, 167
世界の工場　51, 137
世界の成長センター　86, 91
世界不況　3
世界貿易機関　⇨WTO
石油危機　97
　第1次——　99, 101-2, 150, 171
　第2次——　101-2, 120
石油輸出国機構　⇨OPEC
ゼネラル・モーターズ（GM）　170

[そ]

相互承認協定（MRA）　166-7

索引

[た]

大恐慌　3, 12, 17-8, 43, 56, 106, 116, 130
大西洋憲章　4, 6, 23
多角主義　151, 153, 179, 203-4, 208
多角的貿易交渉（ラウンド）　143, 148
多国間主義　11, 16, 151, 202
田中角栄　63
単一市場　164, 202
単独主義　179
ダンバートン・オークス会議　5

[ち]

地域主義　151, 179
知的財産　190, 213, 219-20
知的財産権　151, 176, 179, 188-91, 204, 218
　——の貿易関連の側面に関する協定
　　（TRIPS）　151, 188, 190
チャーチル首相　4-5, 17, 23, 40
中東戦争　100
　第4次——　99, 101
調整可能な釘付けシステム　58
朝鮮戦争　32, 34, 39, 42, 136
直接投資　62, 77, 157-8, 191, 204, 208, 221

[つ]

通貨危機　74-6, 79, 81-3, 87-8, 90-2, 93, 95-6
通貨供給量　54
通貨(の)切り下げ　12-4, 18
　——競争　13, 56, 131, 133
通貨交換性　21
通貨先物　78
　——取引　103-4
通貨スワップ　50
　——協定　96
通貨戦争　84, 86, 131, 133
通貨の交換性　30, 57
通商法　168, 172

[て]

鉄のカーテン　23
デリバティブ　73, 108

[と]

ドイツの脅威　23, 28
東京ラウンド　150-1, 192
ドーハ・ラウンド　182, 187, 197
　——交渉　195
トービン・タックス　95
トヨタ　42, 77, 170, 172
ドラギ ECB 総裁　126
ドラッグ・ラグ　166
ドル　6, 13, 22, 34, 47, 53, 57, 59-61, 64-7, 69, 72, 76-7, 81, 84, 86, 96-8, 102-3, 106, 110, 113, 117, 119, 122, 131, 135-6
　——過剰　60
　——危機　117
　——不足　22, 24, 57, 60, 102, 115, 136
ドル・ペッグ制　87-8
トルーマン大統領　10, 24-5, 40, 42
　——・ドクトリン　24, 26
ドル本位制　97-8

[な]

内外無差別　165
内国民待遇　143, 145, 165, 185, 189, 191

[に]

ニクソン大統領　63-4
　——・ショック　59-60, 64, 80
2国間協議　36, 153, 173, 178, 219
2国間主義　151, 153, 179
2国間取り決め　153, 168-9, 182
2次関税　165
　——率　163
20ヵ国・地域（G20）　94, 130
日米構造協議（SII）　174, 176, 178
日米包括経済協議　176-8
日中韓 FTA　219-20

[の]

農業自由化　204
農業補助金　195, 204-5
農産品　147, 162, 164, 189, 195-7, 207, 209, 211-3

[は]

バーナンキ，ベン　132
パックス・アメリカーナ　22, 37, 39, 40, 47, 98, 101
パックス・ブリタニカ　40, 47, 55
パックス・ロマーナ　40
ハル，コーデル　18
バンク・オブ・アメリカ（BOA）　108, 113

[ひ]

比較生産費説　155-6
比較優位　154-6, 159, 161
東アジア地域包括的経済連携協定　⇨RCEP
非関税障壁　⇨NTB
ビッグ3　170-1
ヒトラー，アドルフ　14, 41

[ふ]

ファンダメンタルズ　83
封じ込め政策　24
武器貸与法　16-7, 19, 20
不公正な貿易政策　180
不公正貿易　168, 172-3
ブッシュ（父）大統領　144, 174
ブッシュ，W. 大統領　112, 130, 139, 170, 196, 205, 223-4
不動産ローン担保証券（MBS）　131
フルシチョフ首相　27, 43
ブレトン・ウッズ　8, 21, 52, 130
　──体制　8, 56, 59, 64
フロート制　65
ブロック経済圏　12-3, 223
紛争解決　192, 220
　──機関（DSB）　192
紛争処理　192

[へ]

ベアー・スターンズ　113, 139
米加自由貿易協定　179, 202, 204
米州自由貿易地域構想　⇨FTAA
米中2国（G2）論　179
米中戦略・経済対話　179, 181

ヘッジ・ファンド　73-4, 76, 86, 95, 108, 112
ベトナム戦争　37, 39, 62, 63
ベルリン　27-8
　──の壁　27-8
　──の封鎖　27-8
変動相場制　13, 59, 65, 67, 70, 78-81, 83-4, 86-8, 91-2, 97, 103, 111, 119, 120, 133-4

[ほ]

貿易関連知的財産権　151
貿易自由化　10, 15, 30, 36, 143, 198-9, 213
貿易収支　49, 54, 62, 82, 102, 168, 173, 178, 220
貿易に関連する投資措置に関する協定（TRIMS）　191
貿易の技術的障害（TBT）　184, 186, 213
法定平価　53
北米自由貿易協定（NAFTA）　172, 179, 203, 204, 222
保護主義　12-5, 18, 36, 130, 151, 154, 159-61, 167-8, 170-2, 179, 182-3, 197, 208
補助金　151, 186, 188, 193, 196-7, 217
ホワイト，ハリー・デクスター　6-8
ホンダ　171-2

[ま]

マーシャル　24
　──・プラン　15, 25-6, 28-30, 38, 41

[み]

ミニマム・アクセス　163, 188

[む]

無差別原則　144-5, 152, 191, 222
無差別主義　146, 153

[め]

メリル・リンチ　113, 140

[も]

毛沢東　31, 63
モラル・ハザード　74, 93
モルガン・スタンレー　114-5

モンロー・ドクトリン　19

[や]

ヤルタ会談　5, 23, 24, 40

[ゆ]

優雅な無視　60, 64
有事のドル買い　66, 72
ユーロ　28, 95, 97-8, 117, 119-24, 126-7, 134-7, 138, 140, 202-3
　――危機　95, 115, 122-3, 127, 129, 196, 220
　――共同債　126-7, 129
　――圏　97, 121, 123-7, 129
　――体制　122-3, 125, 127-9
輸出自主規制（VER）　36, 168-70, 172, 193, 170-1
輸出奨励　159
輸出補助金　164, 189, 196
輸入関税（import duties）　162
輸入禁止　159
輸入自由化　160, 209
輸入数量制限　21, 35, 145, 186, 188
輸入数量割当　163
輸入制限　159, 164, 170

[よ]

幼稚産業　160-2
吉田首相（内閣）　33-5

[ら]

ラウンド　148-51, 187, 193-4

[り]

リーマン・ショック　92-5, 97, 106, 114, 117, 124, 130-1, 136, 138, 140, 196
リーマン・ブラザーズ　113
流動性のジレンマ　59, 97
量的金融緩和（QE）　131-2
倫理欠如　74, 93

[れ]

冷戦　22-3, 27-8, 33, 36-7, 39, 63
連合国　3, 5, 10-11, 16-8, 31, 33, 41
連邦公開市場委員会（FOMC）　132
連邦準備制度理事会　⇒FRB

[ろ]

ローズヴェルト大統領　4-5, 17-9, 24, 40

[わ]

ワシントン・コンセンサス　88, 90
ワルシャワ条約機構　26, 28, 38

著者紹介

野崎久和(のざきひさかず)

北海学園大学経済学部教授．1952 年大阪市生まれ．75 年京都大学法学部卒．丸紅㈱調査部，国際業務部，プロジェクト金融部，米国ワシントン D.C.出張所勤務等を経て現職．この間，79 年英国ワーリック大学大学院修士号（M.A.），80 年英国ケンブリッジ大学大学院修士号（M. Phil.）取得．87 年米国ブルッキングス研究所客員研究員，2005 年 1～2 月カナダ・レスブリッジ大学交換教授

主著（単著）：

『ブッシュのイラク戦争とは何だったのか―大義も正当性もない戦争の背景とコスト・ベネフィット―』梓出版社，2006 年

『国際経済システム読本―国際通貨・貿易の今を考える―』梓出版社，2008年

「『パックス・アメリカーナ第 2 期』の実相(1)」，『北海学園大学経済論集』第 59 巻第 1 号，2011 年 6 月

「『パックス・アメリカーナ第 2 期』の実相(2)―ブッシュ父政権と国際政治経済秩序―」，『北海学園大学経済論集』第 59 巻第 3 号，2011 年 12 月

「『パックス・アメリカーナ第 2 期』の実相(3)―クリントン政権と国際政治経済秩序―」，『北海学園大学経済論集』第 60 巻第 1 号，2012 年 6 月

「『パックス・アメリカーナ第 2 期』の実相(4)―ブッシュ政権と国際政治経済秩序―」，『北海学園大学経済論集』第 60 巻第 3 号，2012 年 12 月

通貨・貿易の問題を考える
現代国際経済体制入門　　シリーズ　社会・経済を学ぶ

2014 年 3 月 30 日　第 1 刷発行

定価（本体 3000 円＋税）

著　者　野　崎　久　和
発行者　栗　原　哲　也
発行所　株式会社　日本経済評論社
〒101-0051　東京都千代田区神田神保町 3-2
電話 03-3230-1661／FAX 03-3265-2993
E-mail: info8188@nikkeihyo.co.jp
振替 00130-3-157198

装丁＊渡辺美知子　　　　太平印刷社／根本製本

落丁本・乱丁本はお取替いたします　　Printed in Japan
© NOZAKI Hisakazu 2014
ISBN978-4-8188-2321-1

・本書の複製権・翻訳権・上映権・譲渡権・公衆送信権（送信可能化権を含む）は，㈳日本経済評論社が保有します．
・JCOPY 〈㈳出版者著作権管理機構　委託出版物〉
本書の無断複写は著作権法上での例外を除き禁じられています．複写される場合は，そのつど事前に，㈳出版者著作権管理機構（電話 03-3513-6969，FAX 03-3513-6979，e-mail：info@jcopy.or.jp）の許諾を得てください．

シリーズ社会・経済を学ぶ
(全12冊)

価格表示は既刊

木村和範　格差は「見かけ上」か　所得分布の統計解析
所得格差の拡大は「見かけ上」か．本書では，全国消費実態調査結果（ミクロデータ）を利用して，所得格差の統計的計測にかんする方法論の具体化を試みる．　**本体3000円**

古林英一　現代社会は持続可能か　基本からの環境経済学
環境問題の解決なくして人類の将来はない．環境問題の歴史と環境経済学の理論を概説し，実施されている政策と現状を環境問題の諸領域別に幅広く解説する．　**本体3000円**

小坂直人　経済学にとって公共性とはなにか　公益事業とインフラの経済学
インフラの本質は公共性にある．公益事業と公共性の接点を探りつつ，福島原発事故をきっかけに浮上する電力システムにおける公共空間の解明を通じて，公共性を考える．　**本体3000円**

小田　清　地域問題をどう解決するのか　地域開発政策概論
地域の均衡ある発展を目標に策定された国土総合開発計画．だが現実は地域間格差は拡大する一方である．格差是正は不可能か．地域問題の本質と是正のあり方を明らかにする．　**本体3000円**

佐藤　信　明日の協同を担うのは誰か　非営利・協同組織と地域経済
多様に存在する非営利・協同組織の担い手に焦点をあて，資本制経済の発展と地域経済の変貌に伴う「協同の担い手」の性格変化を明らかにし，展望を示す．　**本体3000円**

野崎久和　通貨・貿易の問題を考える　現代国際経済体制入門
ユーロ危機，リーマン・ショック，TPP，WTOドーハラウンド等々，現代の通貨・貿易に関する諸問題を，国際通貨貿易体制の変遷を踏まえながら考える．　**本体3000円**

奥田　仁　地域の未来を考える　北海道経済概論
日本は先進国でも稀にみる過疎化が進み，北海道はとりわけ深刻な状況にある．地域の特質を形成した歴史的経過を踏まえつつ，ポスト工業化時代に対応した地域発展の展望を試みる．

越後　修　企業はなぜ海外へ出てゆくのか　多国籍企業論への階梯
多国籍企業論を本格的に学ぶ際に，求められる知識とはどのようなものか．それらを既に習得していることを前提としている多くの類書を補完するのが，本書の役割である．

板垣　暁　日本経済はどのように歩んできたのか　現代日本経済史入門
戦後の日本経済はどのように変化し，それにより日本社会はどう変化したのか．その成長要因・衰退要因に着目しながら振り返る．

笠嶋修次　貿易自由化の効果を考える　国際貿易論入門
貿易と投資の自由化は勝者と敗者を生み出す．最新の理論を含む貿易と直接投資の基礎理論により，自由化の産業部門・企業間および生産要素間での異なる経済効果を解説する．

市川大祐　歴史はくり返すか　近代日本経済史入門
欧米技術の導入・消化とともに，国際競争やデフレなど様々な困難に直面しつつ成長をとげた幕末以降から戦前期までの日本の歴史について，光と陰の両面から考える．

徐　涛　中国の資本主義をどうみるのか　国有・私有・外資企業の実証分析
所有制と産業分野の視点から中国企業の成長史を整理し，マクロ統計資料と延べ約1千万社の企業個票データをもちいて，国有・私有・外資企業の「攻防」を考察する．